ISBN 978-0-656-57104-8
PIBN 11027272

English
Français
Deutsche
Italiano
Español
Português

www.forgottenbooks.com

Mythology Photography **Fiction**
Fishing Christianity **Art** Cooking
Essays Buddhism Freemasonry
Medicine **Biology** Music **Ancient
Egypt** Evolution Carpentry Physics
Dance Geology **Mathematics** Fitness
Shakespeare **Folklore** Yoga Marketing
Confidence Immortality Biographies
Poetry **Psychology** Witchcraft
Electronics Chemistry History **Law**
Accounting **Philosophy** Anthropology
Alchemy Drama Quantum Mechanics
Atheism Sexual Health **Ancient History**
Entrepreneurship Languages Sport
Paleontology Needlework Islam
Metaphysics Investment Archaeology
Parenting Statistics Criminology
Motivational

BONNER BEITRÄGE ZUR ANGLISTIK

HERAUSGEGEBEN VON PROF. DR. M. TRAUTMANN.

HEFT XII.

SAMMELHEFT.

Untersuchungen zur Guthlac-Legende

von

Dr. H. Forstmann.

Untersuchungen zu Ratis Raving und dem Gedicht the Thewis of Gud Women

von

Dr. Ludwig Ostermann.

Die Mittelenglische Stabzeile im 15. und 16. Jahrhundert

von

Dr. Adolf Schneider.

Festländische Einflüsse im Mittelenglischen

von

Dr. W. Heuser.

Bonn 1902.

P. Hanstein's Verlag.

INHALT.

UNTERSUCHUNGEN ZUR GUTHLAC-LEGENDE.

1. Das ae. Gedicht Guthlac der Einsiedler und die Vita des Felix.

Bis in die neueste Zeit hinein sind die widersprechendsten Ansichten geäussert worden über das Verhältnis des altenglischen Gedichtes Guthlac der Einsiedler und der Vita Sancti Guthlaci des Felix von Croyland. Während die Einen behaupten, dass dieses Gedicht ebenso wie das unter dem Namen Guthlacs Tod bekannte auf die genannte Vita zurückgehe, stellen es die Anderen als gänzlich unabhängig von dieser dar. Ich bringe zunächst die Ansichten derjenigen Gelehrten, die sich für eine Abhängigkeit des Gedichtes von der Vita ausgesprochen haben, und schliesse daran diejenigen, die sich dagegen wenden. Vorausschicken möchte ich noch, dass in der Ausgabe von Grein-Wülker 'Guthlac der Einsiedler' bis Vers 790 reicht.

Der Erste, der sich für eine Abhängigkeit 'Guthlac des Einsiedlers' von der Vita des Felix ausspricht, ist Fritzsche in seinem Aufsatz über den Andreas in der Anglia II, 461. Er wendet sich darin gegen einen Artikel von Charitius im vorhergehenden Bande der Anglia, auf den ich im folgenden noch zurückkommen werde. Fritzsche äussert sich folgendermassen: „Die Ansicht von Charitius, erst von Vers 791 sei die Vita des Felix von Croyland benutzt, ist unhaltbar." Fritzsche ist der Meinung, dass „entschieden von Vers 500 an der ags. Dichter eine Bekanntschaft mit der Vita verrät".

Ihm schliesst sich an Lefèvre (Das altenglische Gedicht vom hl. Guthlac, Anglia VI 181—240). Seiner Meinung nach hat Cap. II, 19 der Vita des Felix als Vorlage für die im Gedicht erzählte Versuchung Guthlacs in der Hölle gedient. „Im Allgemeinen können wir von der Art und Weise, wie

sich der Dichter seiner Quelle gegenüber verhält, sagen, dass
er sich derselben anfangs mit der grössten Freiheit bedient,
erst von 940 ab schliesst er sich enger und genauer an."
S. 229 bringt Lefèvre einige Stellen des Gedichtes mit der
Vita in Beziehung.

Aehnlich äussert sich Körting (Grundriss der Geschichte
der engl. Litteratur, III. Aufl. 1899, S. 51): „Quelle des Gedichtes
ist die von Felix v. Croyland verfasste Vita Sancti Guthlaci.
Der Verfasser schaltet mit der lat. Vorlage sehr frei, geht oft
seine eigenen Wege, namentlich im ersten Teile (bis V. 790
oder doch bis 500)."

Der Letzte, der sich in diesem Sinne ausgesprochen hat,
ist Wülker (Geschichte der englischen Litteratur, 1896, S. 43).
Ich will hier vorweg bemerken, dass Wülker sich in seinem
Grundriss zur Geschichte der angels. Litteratur eines Urteils
über unsere Frage enthält. Er äussert sich an der erwähnten
Stelle wie folgt: „Beide (Gedichte über Guthlac) beruhen auf
dem lateinischen Leben dieses Heiligen, das Felix von Croyland im 2. Viertel des 8. Jahrhunderts schrieb. Allein der
Verfasser der ersten Dichtung beruft sich ausserdem auf das
Zeugnis noch lebender Zeitgenossen des Guthlac und stellt sich
der Vorlage unabhängiger gegenüber als der Verfasser der
zweiten."

Den bisher erwähnten Anschauungen stehen nun eine Reihe
von Forschern mit der Behauptung entgegen, 'Guthlac der Einsiedler' sei unabhängig von der Vita des Felix.

Zuerst äusserte sich in diesem Sinne Rieger (Zachers
Zeitschr. I, 326 Anmerk.). „Das Gedicht (nämlich 'Guthlac der
Einsiedler') ist auch in der That ganz unabhängig von der
Vita des Felix."

Ebenso äussert sich Charitius (Anglia II, 307): „Guthlac
der Einsiedler (oder wie Charitius kürzer sagt G. A.) ist unabhängig von der Vita des Felix."

Dieselbe Ansicht finden wir bei Ten Brink (Geschichte
der engl. Litteratur 1899, II. Aufl., S. 67): „Mündlicher Ueberlieferung folgend" werde das Leben des Heiligen in 'Guthlac
der Einsiedler' geschildert; 'Guthlacs Tod' gehe dagegen auf
die Vita des Felix zurück.

Eine Entscheidung über diese Frage kann nur durch eine
Vergleichung des Gedichtes und der Vita getroffen werden.

Abgesehen von den dürftigen Angaben in Lefèvre's Artikel scheint eine solche noch nicht in genauer Weise gemacht worden zu sein. Wenigstens beschränken sich alle bisher erwähnten Gelehrten, die sich mit der Frage beschäftigt haben, auf die Feststellung ihrer Meinung, ohne im Einzelen die Gründe für dieselbe klarzulegen. Ich gehe deshalb nunmehr dazu über, das Gedicht 'Guthlac der Einsiedler' mit der Vita des Felix zu vergleichen. Da erhebt sich zunächst die Frage: Was wissen wir über die Quellen der Vita und des Gedichtes? Felix sowohl wie der Dichter berufen sich wiederholt auf die Angaben von Zeitgenossen des hl. Guthlac. Ich gebe im folgenden die Belege.

1. Vita des Felix.

Prologus, § 2: Quoniam igitur exegisti a me, ut de vita S. Guthlaci vel conversatione tibi scriberem; quemadmodum coeperit, quidve ante propositum fuerit, vel qualem vitae terminum habuerit, prout a dictantibus idoneis testibus, quos scitis, audivi, addendi minuendique modum vitans, eadem orthodemia depinxi.

Ibid.: Non enim sine certissima inquisitione rerum gestarum aliquid de tanto viro scribere, nec tandem ea quae scripsi, sine subtilissima indubiorum testium cantione, libratim scribenda quibusdam dare, praesumpsi; quin potius diligentissime inquirens, quantacumque scripsi, investigavi a reverendissimo quodam Abbate Wilfrido, et a Presbytero purae conscientiae, ut arbitror, Cissan, vel etiam ab aliis, qui diutius cum viro Dei conversati, vitam illius experte noverant.

Caput II, § 16: Igitur ut de S. Guthlaci solitaria vita, sicut proposui, scribere exordiat; sicut a frequentatoribus ejus Wilfrido et Cissan audivi, eodem ordine quo comperi, easdem res narrare curabo.

Caput V, § 35: Habitat ergo cum eo sub illo tempore unus Frater, Beculinus, nomine, cujus relatione, hæc de obitu viri Dei Guthlaci descripsimus.

2. Guthlac der Einsiedler.

V. 79: Hwæt! wē hȳrdon oft,   þæt sē hálga wer
in þā ærestan   ældu gelufade
frēcnessa fela;

V. 124:   He gecostad wearð
       in gemyndigra   monna tīdum;
V. 372: sē an ōretta   ussum tīdum
       cempa gecȳðed,   þæt him Crīst fore
       woruldlīcra mā   wundra gecȳðde;
V. 724: Hwæt! we þissa wundra   gewitan sindon:
       Eall þæs geēodon   in usserra
       tīda tīman.

Felix sowohl wie der Dichter beruft sich also auf mündliche Ueberlieferung als Quellen für seine Angaben. Aus dieser Gleichartigkeit der Quellen müssen sich naturgemäss gewisse Aehnlichkeiten in der Behandlung des Stoffes ergeben. Es bleibt nun zu untersuchen, ob die Aehnlichkeiten, die thatsächlich zwischen Vita und Gedicht bestehen, aus der Verwandtschaft der Quellen herrühren, oder ob der Dichter die Vita als Vorlage benutzt hat.

Ich vergleiche jetzt das Gedicht mit der Vita. Beide beginnen mit einer Art Prolog, deren Inhalt ich im Folgenden kurz angebe.

1. Vita § 1—3: Felix sagt, er schreibe auf Wunsch des Königs Athelwald von Ostangeln. Sodann bittet er den Leser in längeren Ausführungen wegen seiner Schreibweise um Nachsicht; endlich giebt er seine Quellen an; ich habe bei der Aufzählung derselben (S. 9) die bezüglichen Stellen angeführt.

2. Gedicht: Vers 1—63. Der Dichter klagt über die Schlechtigkeit der Welt. Denen, die irdischen Reichtum über alles in der Welt lieben, stellt er die gegenüber, die alles Irdische verachtend Gott in den Einöden dienen und dafür ewigen Lohn erlangen.

Es ist selbverständlich, dass zwischen diesen beiden Prologen keine Spur von Verwandtschaft vorhanden ist.

Die Vita schildert nunmehr in Cap. I, § 4—13 Guthlacs Jugendgeschichte und seinen Eintritt in ein Kloster. Felix weiss genaueres über Guthlacs Familie mitzuteilen; wir erfahren unter anderem die Namen seiner Eltern. Eingehend wird geschildert, welch gewaltiges Aufsehen ein Wunder erregte, das bei Guthlacs Geburt geschah. Eine Hand wies vom Himmel mit einem goldnen Kreuz auf das Haus, in dem das

Kind geboren war. In § 8 haben wir einen Bericht über die Taufe und eine Erklärung des Namens Guthlac. Betont wird sodann, dass der Knabe sich in jungen Jahren vor Kindern seines Alters durch sein frommes Leben ausgezeichnet habe. Plötzlich erwacht in ihm eine kriegerische Stimmung; mit einem Haufen von Gefährten zieht er aus und besiegt viele Feinde. Gott veranlasst ihn, seinen Gegnern die Hälfte der Beute wiederzugeben. Acht Jahre führt er ein solches Leben, als plötzlich der Gedanke an das Ende seines sündhaften Wandels in ihm erwacht. Er beschliesst, sein Leben Gott zu weihen. Vergebens suchen seine Gefährten ihn von seinem Vorhaben abzubringen. Guthlac begiebt sich in das Kloster Ripadum und empfängt dort die Tonsur. Bald wird er den Mönchen dort verhasst, weil er sich aller geistigen Getränke enthält. Felix weiss nicht genug die Tugenden Guthlacs zu rühmen.

Von all diesen Dingen, die das ganze Capitel I bei Felix ausfüllen, erfahren wir in unserem Gedicht so gut wie gar nichts. Die ganz kurzen Bemerkungen über Guthlacs früheres Leben lassen sich durchaus nicht auf die breiten Ausführungen bei Felix zurückführen. Sie sind dafür zu allgemein gehalten:

V. 79: Hwæt! wē hȳrdon oft,   þæt sē hālga wer
    In þā ǣrestan   ældu gelufade
    frēcnessa fela;

V. 67: . . . man eall forseah,
    eorðlīc æþelu, . . .

Es ist etwas Aussergewöhnliches, dass ein Mann ein Leben voll Ruhm und Reichtum verlässt, um Einsiedler zu werden; kein Wunder deshalb, dass man diese Thatsache nie vergass zu erwähnen, wenn man von G. erzählte. Eine Beziehung zwischen dem Bericht bei Felix und im Gedicht erscheint mir daher hier nicht vorhanden.

Charakteristisch verschieden schildert der Dichter die Bekehrung Guthlacs. Ein guter und ein böser Engel streiten sich um ihn, bis Gott schliesslich dem ersteren den Sieg verleiht.

Der Verfasser der Vita geht nun dazu über in Cap. II, § 14—15 eingehend zu schildern, wie Guthlac durch das Lesen von Legenden veranlasst wird, sich in die Einöde zu begeben und ein Einsiedler zu werden. Nach langem Suchen gelingt es ihm, endlich eine Einöde zu finden, die seinen Wünschen entspricht.

Unser Dichter weiss auch von diesen Einzelheiten nichts, sondern begnügt sich damit, die Thatsache festzustellen, dass Guthlac ein Einsiedler wurde.

In Cap. II, § 16 finden wir nun eine Schilderung des Ortes, wo Guthlac lebt. Ich will darauf jetzt nicht eingehen, sondern die gesamten Schilderungen von Orten, die sich in der Vita und im Gedicht finden, im Zusammenhange mit einander vergleichen. Jetzt beschränke ich mich darauf, den Gang der Ereignisse mit einander zu vergleichen. Auch die Angaben über die Lebensgewohnheiten des Heiligen will ich später im Zusammenhang behandeln.

In der Vita wie im Gedicht haben wir nun eine Reihe von Geschichten von Versuchungen, die so grundverschieden von einander sind, dass kein Zusammenhang zwischen ihnen gefunden werden kann.

1. Vita § 17. Als Guthlac eines Tages betet, wird er von dem Teufel versucht; die Versuchung wird mit einem Pfeil verglichen, der sich in des Heiligen Seele heftet. Guthlac beginnt zu verzweifeln an seinem Beginnen; er fürchtet seine früheren Sünden nicht büssen zu können. Drei Tage quälen ihn diese Gedanken, bis endlich nach Anrufung der göttlichen Hülfe der hl. Bartholomäus vom Himmel erscheint und ihn seines Schutzes versichert.

Das Gedicht hat nichts Ähnliches.

2. Vita § 18. Bei einer anderen Gelegenheit erscheinen dem Guthlac zwei Teufel, die ihm Vorwürfe machen, dass er im Vergleich zu Moses, Elias und Christus viel zu wenig faste; er müsse jeden Tag fasten. Guthlac lässt sich dadurch nicht bekümmern; er ruft Gott an, worauf die Teufel ihn wiederum verlassen.

Auch hierfür findet sich im Gedicht nichts Ähnliches.

3. Vita § 19. Als Guthlac eine Nacht mit Gebet zubringt, füllt sich plötzlich das ganze Haus mit Teufeln von schrecklichem Äusseren. Sie fesseln Guthlac und schleppen ihn so durch Sümpfe und Dickichte. Endlich befehlen sie ihm, die Wildnis zu verlassen; Guthlac aber ruft Gott an. Die Teufel geisseln ihn nun und heben ihn hoch in die kalten Regionen

der Luft. Hier stösst ein neues Heer von Teufeln zu ihnen; mit diesen vereint wird Guthlac von den bösen Geistern zur Hölle geschleppt.

Diese Erzählung ist dem Dichter ebenfalls fremd. Ich gebe nun kurz die Versuchungengeschichten, die sich in unserem Gedicht finden.

Vers 159—180. Guthlac wird von vielen Versuchungen bedrängt. Die Teufel drohen ihm den Feuertod, wenn er nicht wieder zur Welt zurückkehre. Guthlac fürchtet sich vor diesen Drohungen nicht; ihm hilft Gott. Wehklagend müssen die Teufel ihre Niederlage zugestehen.

Vers 205—232. Die Teufel drohen ihm nun, mit grösseren Schaaren gegen ihn anzustürmen. Aber Guthlac fürchtet sich auch jetzt nicht; im Vertrauen auf Gott verachtet er alle Drohungen seiner Widersacher.

Vers 233—293. Die Teufel umstehen in grossen Schaaren Guthlacs Wohnsitz; dadurch dass sie ihm den Hungertod vor Augen stellen, suchen sie ihn zur Rückkehr zur Welt zu bewegen; auch drohen sie wiederum ihn mit grösseren Schaaren erdrücken zu wollen. Auch dies bleibt ohne Einfluss auf Guthlac; er will sich nicht mit dem Schwerte verteidigen, weil Gott sein Beschützer ist; dieser schenkt ihm auch jeden Tag seines Lebens Unterhalt.

Vers 295—380. Guthlac hat nun einige Zeit Ruhe vor seinen Widersachern; so oft sie auch in der Folge wiederkommen, immer zeigt sich Guthlac ihren Angriffen gewachsen; immer hoffen die Teufel, dass in Guthlac die Liebe zur Heimat wieder erwachen möchte. Oft spricht Guthlac, dass wenn die Teufel auch seinen Leib antasten dürfen, sie doch seiner Seele nichts anhaben dürfen.

Vers 380—484. Die Teufel heben Guthlac nun in die Lüfte und zeigen ihm das üppige Leben in den Klöstern, um dadurch zu beweisen, dass Gottesfurcht auf Erden aufgehört habe. Guthlac lässt sich dadurch nicht irre machen; er weist darauf hin, dass die Teufel ihm nur das Leben der Schlimmeren gezeigt hätten, das der guten Menschen wollten sie nicht kennen.

Noch viel hatte Guthlac zu erdulden, bis die Teufel ihn schliesslich zum Höllenthore bringen.

Es bedarf keines Beweises, dass diese Versuchungen, die den Hauptteil unseres Gedichtes bilden, mit denen der Vita nichts gemein haben.

Wir kommen nunmehr zur Darstellung einer Episode aus dem Leben des Heiligen, die sich sowohl in der Vita wie im Gedicht findet und deren Übereinstimmungen wohl am meisten zu der Annahme beigetragen haben, dass das Gedicht von der Vita abhängig sei.

In der Vita (§ 19, 2. Hälfte) wie im Gedicht (Vers 529 bis 704) finden wir einen Bericht über Guthlacs Höllenfahrt. Im äusseren Verlauf sind beide Erzählungen gleich; Guthlac wird von den Teufeln zur Hölle geschleppt; man droht, ihn in das ewige Feuer zu werfen; da erscheint der hl. Bartholomäus vom Himmel und befiehlt den bösen Geistern, Guthlac wieder nach seiner Heimat zu bringen. Betrachten wir nun einmal den genaueren Hergang der Dinge und sehen zu, ob auch hier Übereinstimmungen zwischen Vita und Gedicht zu finden sind. Bereits oben habe ich die etwas verwickelte Irrfahrt geschildert, die Guthlac mit den Teufeln macht, um endlich an der Hölle anzukommen.

Unser Dichter weiss davon nichts; er beschränkt sich auf die Feststellung der einfachen Thatsache, dass der Heilige zur Hölle gebracht wird (529—531).

Die Vita fährt nun fort zu schildern, wie Guthlac beim Anblick der Höllenqualen alle vorher überstandenen Mühsale vergisst. Er sieht, wie die bösen Geister sich in die Flammen stürzen und die Seelen der Verdammten peinigen.

Auch hierüber schweigt unser Dichter.

In der Vita reden nun die bösen Geister auf Guthlac ein: „Ecce nobis potestas data est te trudere in has pœnas, et illic in atrocissimarum gehennarum tormento variis cruciatibus nobis te torquere commissum est. En ignis, quem in delictis tuis accendisti, te consumere paratus est: en tibi patulis hiatibus igniflua erebi ostia patescunt: nunc stygiae fibrae te vorare volunt, tibi quoque aestivi Acherontis voragines horrendis faucibus hiscunt".

Unser Gedicht 541—562 sagt, dass die Geister Guthlac durch die Drohung, ihn in das ewige Feuer zu werfen, zur Verzweiflung bringen wollen. Sie sagen ihm: Du bist kein treuer Diener Gottes, dafür sollst Du nun in die Hölle kommen; zu viel hast Du gesündigt; wir wollen Dir dafür Deinen Lohn geben.

Man kann nicht behaupten, dass der Dichter für diese Zeilen die entsprechenden der Vita als Quelle benutzt habe. Der Gedankengang in beiden ist ganz verschieden. Nur der eine allgemein christliche Gedanke ist beiden gemeinsam, dass die Höllenqualen die Strafe der Sünde sind. Auf diesen Gedanken können natürlich Felix sowohl wie der Dichter ganz unabhängig gekommen sein.

In der Vita wird nun gesagt, dass Guthlac die Drohungen der Geister verachtend, so zu ihnen redet: „Vae vobis, filii tenebrarum, semen Cain, favilla cineris. Si vestrae potentiae sit istis me tradere poenis, en praesto sum: ut quid falsivomis pectoribus vanas minas depromitis".

Unser Dichter lässt den Heiligen ohne Umschweife sofort antworten. Anstatt der wenigen Zeilen der Vita haben wir eine lange Rede 564—656; der erste Satz der Vita fehlt hier gänzlich, für den zweiten liessen sich höchstens die Verse 564 —567 als entsprechend anführen:

> Dōð efne swā,   gif ēow dryhten Crīst,
> līfes lēoht-fruma,   lyfan wylle,
> weoruda waldend,   þæt gē his wergengan
> in þone lāðan lēg   lædan mōtan!

Aber hier die grosse Verschiedenheit; im ersten Falle „wenn ihr die Macht habt", im zweiten „wenn Gott es Euch erlauben will". Wir haben also auch diese Stellen für unabhängig von einander zu erklären. Folgendes ist der Gedankengang der Rede Guthlacs (564—656): „Verwirklicht Eure Drohungen, wenn Gott es Euch erlaubt; seinen Befehlen will ich gehorchen: Ich will immer sein Lob verkünden, was Ihr nicht thun dürft; Ihr müsst dafür in der Hölle klagen. Da Ihr den Bund gebrochen habt, seid Ihr aus dem Himmel verstossen worden und für immer dem Tode verfallen; nie werdet Ihr erlöst werden. Ich vertraue aber Gott, dass er mich nie im Stiche lassen wird; für ihn habe ich lange gekämpft; er wird deshalb nie zugeben, dass Ihr mich in die Hölle zieht. Ich freue mich auf das ewige Leben, das Ihr nie

erringen werdet. Ihr wolltet Gott gleich sein, deshalb ver-
senkte Euch Gott in die ewige Qual. So soll's ewig bleiben.
Des ewigen Lebens verlustig, seid Ihr nicht im Stande, mich
in das ewige Feuer zu schleudern. Ihr sollt ewig leiden, ich
dagegen im Himmel ewige Freuden geniessen."

Für diese Rede bietet die Vita nichts Aehnliches.

In der Vita heisst es nun, dass die Teufel sich auf Guthlac
stürzen, um ihn in das ewige Feuer zu werfen.

Der Dichter erwähnt hiervon nichts.

Weiter schildert Felix, wie der hl. Bartholomäus vom
Himmel zu Guthlacs Beistand erscheint: „Ecce S. Bartholomaeus,
cum immenso caelestis lucis splendore, medias furvae noctis
infuso lumine interrumpens tenebras, sese ab aethereis sedibus
radiantis olympi coram illis, aures fulgore amictus, obtulit".

In dem Gedicht wird dagegen ganz einfach gesagt
Vers 656 ff.:

                Ða cwōm dryhtnes ār
hālig of heofonum,   se þurh hlēoðor abēad
ufancundne ege   earmum gæstum.

Ganz verschieden wird nun geschildert, wie die Teufel in
Furcht geraten:

Vita: „Maligni vero spiritus, non sustinentes caelestis
splendoris fulgorem, frendere, tremere, fugere, timere coeperunt."

Gedicht Vers 657 f.:

                sē þurh hlēoþor abēad
ufancundne ege   earmum gæstum.

Der heilige Bartholomaeus befiehlt nun den bösen Geistern
Guthlac wiederum heimzuführen. Auch hier haben wir eine
gänzlich verschiedene Wiedergabe der Worte.

Vita: „Tunc deinde S. Bartholomaeus catervis satellitum
jubet, ut illum in locum suum cum magna quietudine sine
ulla offensionis molestia, reducerent."

Gedicht: Zunächst heisst es in indirekter Rede 659—663:

Hēt eft hraðe   unscyldigne
of þam wræcsīðe   wuldres cempan
lædan limhālne,   þæt sē lēofesta
gæst gegearwad   in godes wære
on gefēan fērde.

Vers 670—693 haben wir dann eine längere Rede des hl. Bartholomäus, deren Inhalt ich kurz wiedergebe: „Nicht dürft Ihr Guthlac verwunden oder ihm sonst einen Schaden thun; sondern Ihr sollt ihn gesund wieder dorthin bringen, wo Ihr ihn genommen habt; Ihr könnt ihm nicht verwehren, dort zu wohnen. Gott hat mich gesandt, Euch zu sagen, dass Ihr Guthlac gehorsam sein sollt. Ich bin einer der Zwölfe, die Christus am liebsten hatte. Er hat mich gesandt, weil Ihr seinen Diener zu sehr peinigtet. Guthlac ist mein lieber Bruder; ich bin sein Freund und will ihn jetzt oft besuchen; seine Werke und Worte soll ich Gott mitteilen."

Gänzlich verschieden wird nun auch die Ausführung des Befehls geschildert.

Vita: „Nec mora, praeceptis Apostolicis obtemperantes, dicto citius jussa facessunt. Nam illum revehentes cum magna suavitate velut quietissimo alarum remigio, ita ut nec in curru nec in navi modestius duci potuisset, subvolabant."

Gedicht: 696—704.

Gearwe stōdun

hæftas hēarsume,	þā þæs hālgan word
lȳt oferlēordun.	Ongon þā lēofne sīð
dragan dōmēadig	dryhtnes cempa
tō þām onwillan	eorðan dæle.
Hȳ hine bæron	and him bryce hēoldon,
hōfon hine hondum	and him hryre burgun.
Wæron hyra gongas	under godes egsan
smēþe and gesēfte.	

Ganz verschieden ist nun auch der Ausgang dieser Höllenfahrt in den beiden Berichten.

Vita: Unterwegs treffen die Teufel ein Heer von Engeln, welche singen: „Ibunt de virtute in virtutem".

In dem Gedicht steht darüber nichts.

Im Folgenden berichtet die Vita, dass Guthlac bei Tagesanbruch wieder auf seinem Berge ankommt. Als er nun in gewohnter Weise sein Morgengebet verrichtet, sieht er zwei Geister, welche weinen; auf seine Frage nach dem Grunde ihrer Klagen, erklären sie ihm, dass sie ihre durch Guthlac

gebrochene Kraft beweinten; sie dürften ihn jetzt nicht mehr
berühren. Darauf verschwinden die Geister.

Auch hiervon weiss unser Dichter nichts, er erzählt uns
nur, dass Guthlac siegreich zurückkehrt, und dass die Vögel
ihn bei seiner Rückkehr jubelnd begrüssen (704—708).

Überblicken wir noch einmal die Erzählungen von Guthlacs
Höllenfahrt, so sehen wir, dass beide in der Hauptthatsache,
der Rettung des Heiligen durch den hl. Bartholomaeus, übereinstimmen.

Woher kommt es nun, dass beide Berichte über Guthlac
diese Thatsache anführen? Die einfachste Erklärung ist wohl
die, dass unter allen Versuchungen, die der Heilige zu bestehen
hatte, diese die hervorstechendste ist. Sie bedeutete den Sieg
über alle teuflischen Anschläge und war so recht ein Beweis
für das innige Verhältnis zwischen Guthlac und dem Himmel.
In Betracht zu ziehen ist auch noch die grosse Rolle, welche
die Hölle in der Phantasie der Menschen jener Zeit spielte.
So kehrte wohl ein solcher Bericht über die Höllenfahrt
Guthlacs in allen Berichten der Zeitgenossen wieder, mit mehr
oder weniger Ausschmückungen, aber mit Festhalten der Hauptthatsache. Von diesem Standpunkte aus haben wir auch die
uns hier vorliegenden Berichte über Guthlacs Höllenfahrt zu
betrachten. Ganz entsprechend den Quellen, die für Vita und
Gedicht genannt wurden, haben wir hier eine Übereinstimmung
in der äusseren Thatsache und gänzliche Verschiedenheit in der
Ausführung der Einzelheiten. Getreu seiner Neigung möglichst
viele wunderbare Dinge von Guthlac zu erzählen, schmückt
Felix seinen Bericht mit allerlei Nebeneräugnissen aus; und
anderesteils verleiht der Dichter seinem Bericht durch die
langen Reden des Guthlac und des Bartholomäus ein ganz
anderes Gepräge. Die Übereinstimmung in der Hauptthatsache
kann kein Beweis dafür sein, dass die beiden Berichte abhängig
von einander sind; vielmehr weisen die grossen Unterschiede
darauf hin, dass Felix und der Dichter unabhängig von einander sind. Die Gleichartigkeit der Quellen hat es bewirkt,
dass Felix sowohl wie der Dichter Kunde von der Höllenfahrt
Guthlacs erhielten, und sie dann jeder nach seiner Weise
bearbeitete. Ebenso ist auch zu erklären, dass beide früher
von Versuchungen berichten, dieselben aber jeder nach seiner

Weise darstellten. Bei der Höllenfahrt treten dann Übereinstimmungen auf aus den oben angeführten Gründen.

Im Gedicht (Vers 708—713) finden wir nun Guthlacs Vertrautheit mit den wilden Thieren geschildert; ich komme darauf
zurück, wenn ich von Guthlacs Lebensgewohnheiten spreche.

Verse 713—753 berichten, dass Guthlac weiter unter
dem Schutze Gottes die Einöde bewohnte; ausserdem wird das
Lob Gottes gesungen.

Die Vita hat nichts, was sich hiermit in Beziehung
bringen lässt.

Verse 752—756 schildern Guthlacs Tod:

> Swā wæs Gūðlāces   gæst gelæded
> engla fæðmum   in ūprodor
> fore onsȳne   ēces dēman,
> læddon lēoflīce.

Die Vita redet in Cap. V in grösster Ausführlichkeit von
dem Leiden und dem Tode Guthlacs. Die Erzählung davon
bildet bekanntlich den Hauptteil des anderen altenglischen
Gedichtes, das über den Heiligen erhalten ist. Der Tod
Guthlacs selbst wird dort geschildert wie folgt: „Extendens
manus ad altare, munivit se communione Corporis et Sanguinis
Christi, atque elevatis oculis ad caelum extensisque manibus,
animam ad gaudia perpetuae exultationis emisit." Wir haben
hier gar keine Berührungen zwischen Vita und Gedicht.

Verse 756—791 preisen diejenigen, welche hier auf Erden
Gottes Gebote erfüllen, und dadurch die ewige Heimat erlangen.

Auch hierfür lässt sich nichts Ähnliches aus der Vita
anführen.

Ausser den bisher behandelten Stellen enthält nun die
Vita noch eine Reihe Erzählungen aus dem Leben des Heiligen,
für die sich nichts entsprechendes im Gedicht finden lässt.

Cap. II, § 20. Nach der Versuchung in der Hölle füllt
sich eines Nachts das ganze Haus, wo Guthlac wohnt, mit
Teufeln. Einer derselben schlägt den Heiligen nieder und
hebt ihn auf der Spitze seiner Lanze in die Luft. Guthlac
ruft nun Gott an, worauf die Teufel verschwinden.

Cap. II, § 21. Der Teufel verleitet einen Gefährten des
Heiligen, Guthlac zu ermorden. Dieser merkt aber den

Anschlag und es gelingt ihm, seinen Genossen zur Reue zu bringen.

Cap. II, § 22. Ein anderes Mal füllt sich das ganze Haus mit Teufeln von .schrecklichem Áusseren; sie verschwinden aber wieder, als Guthlac es ihnen im Namen Gottes befiehlt.

Cap. III, § 23. Ein Rabe stiehlt ein Schriftstück, welches durch ein Wunder Guthlacs wiedergefunden wird.

§ 24. 25 enthält eine Belehrung, welche Guthlac an seine Vertrautheit mit zwei Schwalben knüpft.

§ 26 berichtet, wie Guthlac auch verborgene Dinge zu ergründen weiss, und wie durch ein Wunder zwei Handschuhe, die von Raben entwendet waren, wieder gefunden werden.

§ 27. Guthlac heilt einen vom Teufel besessenen Menschen.

§ 28 enthält eine ähnliche Geschichte.

Cap. IV, § 29 enthält wiederum eine Geschichte über Guthlacs Gabe, verborgene Dinge ans Tageslicht zu bringen.

Cap. IV, § 30 eine ähnliche Geschichte.

§ 31 berichtet über Heilungen von Krankheiten.

§ 32 erzählt, wie Bischof Hedda Guthlac zum Priester weiht; Guthlac liefert einen neuen Beweis seiner Prophetengabe.

§ 33. Die Aebtissin Ecburgh schickt dem Heiligen einen Sarg und ein Leichentuch. Auf ihre Frage weissagt Guthlac, wer sein Nachfolger sein wird.

§ 34. Guthlac prophezeit dem König Athelbald Sieg über seine Feinde.

Cap. V, § 35. 36 giebt einen Bericht über Guthlacs Tod und die Wunder, die sich dabei ereignen.

§ 37. 38 erzählt von der Bestattung Guthlacs.

§ 39. Guthlac erscheint dem König Athelbald.

§ 40 berichtet über die Heilung eines Blinden.

Von all diesen Wundern weiss unser Dichter nichts.

Bisher haben wir die Thatsachen miteinander verglichen, wie sie uns die Vita und das Gedicht berichten. Es bleibt uns nunmehr noch übrig, die Angaben über Guthlacs Lebensgewohnheiten und seinen Wohnsitz zu vergleichen; endlich müssen wir noch von der Auffassung des ganzen Gegenstandes durch Felix und den Dichter reden.

Es ist ganz natürlich, dass in den Berichten über Guthlacs Wohnsitz eine gewisse Übereinstimmung zu Tage tritt.
Ganz kurz nach seinem Tode wurde nämlich an dieser Stelle
ein Kloster errichtet, das bald ein berühmter Wallfahrtort
wurde. Da der Verfasser der Vita und der Dichter die münd-
lichen Angaben von Zeitgenossen des Heiligen benutzen, so
muss gerade in derartigen Beschreibungen, die sich auf so
äusserliche Dinge wie den Wohnsitz richten, eine gewisse
Übereinstimmung herrschen.

Die Vita berichtet in Cap. II, § 14—16, dass Guthlac auf
einem Hügel wohne, der sich auf einer Insel befinde. Die
Insel liege inmitten eines grossen Sumpfes. Der bösen Dämone
wegen hatte vorher dort niemand zu wohnen gewagt. Über
Guthlacs Haus heisst es, dass der Heilige in einer Art Cisterne
gewohnt habe, über die er sich ein Dach errichtet habe.

Unser Dichter spricht nur ganz allgemein von dem Wohnsitz Guthlacs, der sich auf einem einsamen Berge befinde.
(Verse 72. 110. 111. 117. 146.) Auch weiss er, dass der Berg
von Dämonen bewohnt ist, daran knüpft er zu wiederholten
Malen den Gedanken, dass Guthlac von den Teufeln versucht
werde, weil er sie ihrer Wohnung berauben wolle. V. 144—50
heisst es, dass Guthlac sich ein Kreuz habe aufgerichtet.

Es ist sehr gut anzunehmen, dass diese Angaben unabhängig von einander beide auf Grund mündlicher Überlieferung
niedergeschrieben wurden.

Ganz von selbst versteht sich auch, dass die Vita und das
Gedicht beide von dem anspruchlosen Leben des Heiligen reden;
diese Bedürfnislosigkeit bildet ja ein wesentliches Merkmal
jedes Einsiedlers. Wir finden aber hier wieder charakte-
ristische Unterschiede, wie sie sich ergeben, wenn zwei
Menschen unabhängig von einander einen ihnen beiden bekannten Stoff behandeln.

Die Vita ist in ihren Angaben viel präciser als das Gedicht. Cap. II, 16. Guthlac verschmäht danach alle Kleider
von Wolle oder Leinen, sondern kleidet sich in Felle. Seine
Nahrung besteht aus Brot und Wasser.

Das Gedicht spricht viel allgemeiner über Guthlacs
Lebensgewohnheiten.

Vers 135 ff. heisst es, dass er sich aller Weltfreuden enthalten habe; ganz versagt habe er sich Gelage, die eitlen Freuden der Augen und prächtige Kleidung. Ähnlich wird Vers 307—309 gesprochen.

Felix sowohl wie der Dichter berichten über Guthlacs Vertrautheit mit den Thieren, besonders mit den Vögeln. Der Umgang mit diesen war die einzige weltliche Freude, welche der Heilige genoss. Seine Besucher sahen, wie die Vögel um ihn flogen und von ihm gefüttert wurden. Felix sowohl wie der Dichter werden davon gehört haben und berichten nun unabhängig von einander.

Vita § 23—25. Die Geschichte von dem Raben, der die Handschrift stiehlt, habe ich bereits oben erwähnt. In § 24 heisst es, dass der Heilige mit Geduld das Treiben der diebischen Raben ertrug. Weiter heisst es: „Erga enim omnia eximiæ caritatis ipsius gratia abundat, intantum ut incultae solitudinis volucres et vagabundi coenosae paludis pisces, ad vocem ipsius, veluti ad pastorem, ocius natantes volantesque devenirent: de manu enim illius victum, prout uniuscuiusque natura indegebat, vesci solebant" (§ 24); § 25 berichtet, wie zwei Schwalben sich ohne Scheu auf den Heiligen setzen und in seiner Wohnung ein Nest zu bauen beginnen.

Unser Dichter erzählt nur, dass die Vögel den Heiligen bei seiner Rückkehr von der Höllenfahrt jubelnd begrüssen; dann heisst es, dass Guthlac den Vögeln oft Nahrung reichte, wenn sie hungrig um seine Hand flogen.

Auch hier darf man nicht aus der Thatsache, dass die Vita und Felix beide über ein Ereignis im Leben des Heiligen berichten, schliessen, dass Felix und der Dichter abhängig von einander sind. Beide haben Kunde von der Vertrautheit Guthlacs mit den Thieren erlangt und berichten nun jeder nach seiner Weise.

Überblicken wir noch einmal den Vergleich zwischen Vita und Gedicht, so sehen wir, dass beide gewisse Ähnlichkeiten zeigen. Dieselben rühren her 1. von der Gleichartigkeit des behandelten Stoffes und 2. von der Gleichartigkeit der Quellen, aus der Felix sowohl wie der Dichter schöpft. Aus letzterem Umstand rührt vor allem die Ähnlichkeit in denjenigen Dingen, die äusserlich in die Erscheinung treten. Den grössten Unterschied finden wir in der Darstellung der Versuchungen entsprechend deren geistigem Charakter.

Innerlich sind beide Darstellungen gänzlich verschieden. Felix will im Auftrage des Königs Ethelbald Geschichte schreiben; ihm kommt es darauf an, möglichst viele Einzelheiten aus dem Leben des Heiligen zu sammeln. Ganz anders der Dichter; ihm dienen wenige Momente im Leben des Heiligen dazu, weitläufige theologische Erörterungen anzuknüpfen. Diese nehmen den grössten Raum ein, hinter ihnen treten die Thatsachen ganz in den Hintergrund. Von Wichtigkeit ist hier zu betonen, dass keiner von den Gedanken, die sich in diesen theologischen Erörterungen finden, in der Vita vorkommt.

Man ist deshalb wohl berechtigt, zu behaupten, dass Vita und Gedicht unabhängig sind, weil die wenigen Ähnlichkeiten zu geringfügig sind gegenüber den grossen Verschiedenheiten.

Gestützt wird diese Ansicht durch die Angaben des Dichters selbst, der wohl, wenn ihm eine Schrift als Quelle zur Verfügung gestanden hätte, dieselbe nach Art mittelalterlicher Dichter zur Stützung seiner Autorität angeführt hätte; er nennt jedoch nur Angaben von Zeitgenossen als Quelle.

Benutzten ferner mittelalterliche Dichter ein Buch als Quelle, so schlossen sie sich enge daran an, wie z. B. der Dichter von Guthlacs Tod, der sich in allem ganz sklavisch an die Vita anschliesst. Hätte der Dichter die Vita gekannt, so hätte er, abgesehen von Thatsachen, auch einige Gedanken seiner Vorlage übernommen; das letztere ist aber in unserem Fall durchaus nicht geschehen.

Das Ergebnis unserer Untersuchungen ist also, 1. dass 'Guthlac der Einsiedler' unabhängig von der Vita des Felix ist, und dass 2. die wenigen vorkommenden Ähnlichkeiten sich aus der Behandlung desselben Stoffes ergeben oder eine Folge der gleichartigen Quellen ist, aus denen Felix und der Dichter schöpften.

II. Die mittelenglische Legende vom hl. Guthlac.

1. Überlieferung.

Die mittelenglische Legende vom hl. Guthlac ist uns in drei Handschriften überliefert.

1. Ms. Cott. Jul. D. IX, 295 b—299 b, vell. 8°; XV. Jahrhundert (Brit. Mus.).

2. Ms. Bodl. 779; 163—164; XV. Jahrhundert.

3. Ms. C. C. C. Cambridge 145; vell. kl. 2°; XIV. Jahrhundert.

Über Ms. Cott. Jul. D. IX äussert sich Horstmann in Altengl. Legenden XXVI: „Ms. Cott. Jul. D. IX in kl. 8° Pergament ist nichts weiter als eine orthographisch freie Abschrift des Ms. Ashmole 43, ... nur dass am Ende einige Legenden hinzugefügt sind". Zu diesen hinzugefügten Legenden gehört auch unsere Guthlac Legende. Die Handschrift ist gut erhalten; nur auf Seite 299 a sind eine Reihe Worte unleserlich geworden, die jedoch meist aus den Resten der Buchstaben wieder hergestellt werden konnten.

Ms. Bodl. 779 wird ebenfalls von Horstmann in Altengl. Legenden XXXIV beschrieben: „Die letzte der grossen Legendensammlungen ist Ms. Bodl. 779 zu Oxford aus dem 16. Jahrhundert; ein dicker Folioband aus Papier, im ganzen 310 Blätter enthaltend. Die Seite enthält durchschnittlich 56 Zeilen".

Unser Gedicht ist in dieser Fassung sehr leserlich geschrieben; es trägt hier die Überschrift Seint Godlak in roten Buchstaben umgeben von blauen Verzierungen.

Über Ms. C. C. C. Cambridge 145 handelt Zupitza in Anglia I, 392. Nach ihm ist unser Gedicht von einer jüngeren Hand hinzugefügt; es ist auf einen ausradierten lat. Text in roter Schrift übergeschrieben.

2. Verhältnis der Handschriften.

Die drei Versionen der Guthlaclegende sind an Länge sehr verschieden. Es zählt: Cotton Ms. 292 Verse, Bodl. Ms. 104 Verse, C. C. C. Cambr. Ms. 174 Verse.

Welche Handschrift bietet uns nun den ursprünglichen Text? Ohne Frage die Cotton Handschrift. Die Darstellung, die wir dort finden, ist eine vollständig gleichmässige, lückenlose. Bis zum Schluss bleibt sich der Dichter treu in der äussersten Anlehnung an seine Quelle; auf letztere komme ich im folgenden Abschnitt zu sprechen.

Ganz anders steht in dieser Beziehung Ms. Bodl. 104. Bis Vers 82 deckt sich diese Fassung mit Cotton Jul. D. IX; abgesehen von den orthographischen Abweichungen und vereinzelten Abweichungen in der Wortstellung. Von Vers 82 bis zum Schluss wird die Darstellung ganz anders; für diese Verse lässt sich nichts entsprechendes aus der Vorlage anführen. Vermutlich erschien dem Bearbeiter dieser Version die ursprüngliche Fassung zu lang und brachte er deshalb das Gedicht durch einige Verse eigener Phantasie zu einem raschen Abschluss.

Ms. C. C. C. Cambridge ist nach Birch: (Memorials of St. Guthlac) aus dem Gedächtnis niedergeschrieben; dabei wurde das Gedicht um etwa 120 Verse kürzer.

Die Cotton-Handschrift ist nicht das Original selbst, sondern nur eine diesem sehr nahestehende Abschrift. Wieviel Zwischenstufen anzunehmen sind, lässt sich nicht ermitteln, jedenfalls steht von den drei überlieferten Versionen diese dem Original am nächsten. Dass wir es mit einer Abschrift zu thun haben, zeigt die zweimal vorkommende Verbesserung in der Reihenfolge der Verse 45/46 und 149/150.

Ebenso der Fehler in Vers 192, wo p^t, das irrtümlich aus der vorhergehenden Zeile übernommen, zu streichen ist.

3. Quelle.

Die Quelle unseres Gedichtes ist ohne Zweifel die Vita Sancti Guthlaci (Acta Sanctorum, 11. April). Geradezu erstaunlich ist die Gedankenarmut unseres Dichters; abgesehen von den Wendungen, in denen er sich an seine Zuhörer wendet, Vers 146—147; 207, bringt er keinen einzigen neuen Gedanken vor; für fast jeden Vers lässt sich eine entsprechende Zeile in der Vita anführen. Aus der Fülle von Eräugnissen, die Felix berichtet, hat der Dichter eine geschickte Auswahl getroffen; er hütet sich peinlich, etwas hinzuzufügen. Die Reihenfolge in den Eräugnissen ist ebenfalls beibehalten. Kleine Irrtümer und Abweichungen kommen natürlich vor.

Ich mache in der folgenden Aufzählung auf die wichtigsten aufmerksam.

Vers 5, Vita, Cap. I, § 4: Quidam vir de egregia Merciorum stirpe.

Gedicht: of the march of Walis.

Vers 25: Auffallend ist hier, dass die kriegerischen Thaten, die der Heilige in seiner Jugend vollbrachte, ebenso wie seine Bekehrung, die die Vita in Cap. I ausführlich schildert ganz übergangen werden. Vielleicht ist dies aus dem Bestreben zu erklären, den Heiligen in einem möglichst guten Lichte erscheinen zu lassen.

Vers 25, Vita: Guthlac tritt im Alter von 24 Jahren in ein Kloster.

Gedicht: giebt das Alter auf 23 Jahre an.

Vers 29, Vita, Cap. II: Nach zweijährigem Aufenthalt im Kloster, sucht Guthlac die Wildnis auf.

Gedicht: lässt ihn 24 Jahre Mönch sein, bevor er in die Wildnis geht.

Vers 32, Vita: sagt Cap. II, dass die Wildnis gelegen habe „haud procul a castello quod dicunt nomine Gronte“.

Die altengl. Übersetzung (ed. Goodwin) giebt dies richtig wieder mit Granteceaster.

Der Dichter sagt dafür Grauntebregge (älterer Name für Cambridge), das nur wenige Meilen von Grantchester entfernt liegt und sicher auch damals schon bekannter war, als das unbedeutende Grantchester.

Vers 62, Vita, hat nur: In tribulatione mea invocavi Dominum.

Der Dichter fährt an dieser Stelle im Sinne der Vulgata fort: Et exaudivit de templo sancto suo vocem meam. Etwas einfacher als die Vita erzählt der Dichter die Geschichte von dem Raub der Urkunde. Vers 210 ff.

4. Text.

Die mittelengl. Legende vom hl. Guthlac ist bisher noch nicht veröffentlicht worden. Birch: Mem. of St. Guthlac giebt von Cotton Jul. D. Vers 1—24 und 105—124. Vom Bodl. Ms. nichts, und von C. C. C. Cambridge Vers 1—24.

Ich habe das Cotton Ms. und das Bodl. Ms. abgeschrieben und gebe ersteres links, letzteres rechts. Zum Schlusse drucke ich noch die von Birch veröffentlichten Verse des C. C. C. Ms. Cambridge; letztere Handschrift konnte ich leider durch einen unglücklichen Zufall nicht selbst abschreiben. Die Abkürzungen habe ich aufgelöst; ich gebe sie durch schrägen Druck wieder. Das in eckigen Klammern stehende ist von mir ergänzt und findet sich nicht in der Handschrift. Runde Klammern bezeichnen unleserliche Stellen der Handschrift. In dem Abdruck der Legende habe ich mich aller Verbesserungen enthalten, abgesehen von den Stellen, in denen die Handschrift unleserlich ist oder wenn offenbare Versehen des Schreibers vorliegen.

Ms. Cott. Jul. D. IX.

    Seint Gutlac was ibore here in Englonde;
Of his lif ic mot telle þat ic vnþerstonde.
Be þe kings dai of Englond Aþeldreþ þe king
A man of noble kende and hey þorou al þing
5 Of þe march of Walis Penwald his name was
Spouseþe a noble maide as God gef þat cas.
Tette was þis maide iclupeþ þat clene was and milde,
So long þat þis holi þing ibroȝt was with childe.
þo þat child was ibore, from þe eir op an hey
10 A red hond and cler ynou, as þat folc ysey,
Aliȝte and blesseþe þe dore as þis womman inne [was];
And suþþe fley op aȝen, here was a suete cas.
þat folc þat stod and bihuld wondreþe in hor þoȝt;
Adoun hi folle akne anon and iesus crist bisoȝte
15 þat he sente hom som tokning what þilke signe were.
þo ern þerout a womman of þe nexte halle þere
And sede: 'a child is nou ibore here in þis place
þat noble word in Godes riche and fol of Godes grace'.
þis was sone wide icouþ so þat in a stounde
20 Al þe contre spec þerof ar þe sonne ȝede to grounde.
þe eigteþe dai evene þat þis dede was ido
Ybaptiseþ was þis child and Gutlac iclepeþ also.
þo þis child eldor was þat hit go and speke couþe
Neuer mo an vuel word ne com out at his mouþe.
25 þo he was of þre and twenty ȝer to Ripoun he com;
þere he let him crouny and þe habit of clerc nom.
No mete þer afterward ne moste him come with inne,
Bote þe hardost and þe worste þat he miȝte wynne.
þo he hadde four and twenty ȝer with clerkis abit ibe,
30 He desireþe wildernesse ȝif he miȝte hit ise.
As he wente and soȝte aboute, a wilde more he fond
    In þe contre of Grauntebregge þat was al weste lond
Op þe water of Graunte and tilde norþ and souþ.
þo he fond þis place þat somdel was wide coup
35 He soȝte habbe ileueþ þer and oft eschete hou hit were.
Men tolde him of more wildernesse ȝut þan were þere;
A man he beþ him lede þuþer þat he þere fond,

Ms. Bodl. 779.

Seint Godlak.

f. 163.

Seint Gutlac was a goodman ibore here in Ingelonde;
Of his lif ich mot telle þat ic ondirstonde.
By þe kyniges day of Ingelond þat Achilred het þe king
Amon of nobil kende *and* hy þoroug alle þing
5 Of þe march of Walis Penwold his name was
Ispousid to a noble mayde as god gef þat cas;
Tette was þis mayde icleped þat so clene was *and* mylde,
So longe þat þis holy þing ibrougte was myd childe.
þo þat child cholde be bore, from þe eir up an hyȝ
10 Ared hond *and* cler ynoug bare, as þat folk iseyg,
He alygt *and* blessed þe dore as þis woman in was;
And suþþe fley up an hy, her was aswete cas.
þat folc þat stod *and* behold wondrid in her þougte;
Adoun hy fille a kne anon *and* iesus crist bysougte
15 þat he send hem sum tokenyng what þilke syngie were.
þa ern þerout a woman of þe nexte alle þere
And seide: 'a child is noug ibore here in þis place
þat noble worþ in goddes rygt *and* ful of goddes grace'.
þis was sone wide coup so þat in a stounde
20 Alle þe contre speke þer of ar þe sonne ȝede to grounde.
þe (*eigteþe*) day euen þat þis dede was idon
Ibaptisid was þis childe and Gutlac icleped also.
þo þis child eldor was þat hit gon *and* speke coupe
Neuer more non euel word com out of his mouþe.
25 þo he was of þre and twenty ȝer to Ripon he com;
þer he let hym crouny *and* þe abit of clerke nom.
Non mete þer afterward ne moste him come with inne,
But þe hardost *and* þe worst þat he mygte awynne.
þo he hadde four *and* twenty ȝer in clerkes abyte ibe,
30 He desirid wildernesse ȝif he mygt hit byse.
As he wente *and* sougte aboute, a wilde more he fonde
In þē contre of Grauntebriȝȝe þat was a west londe
Up þe water of Graunte and tildeþ norþ *and* souþ.
þo he fond þis place þat somdel was wide *and* couþ
35 He þougt habbe ibleued þere *and* oft askid how hit were.
Men told him of more wildirnesse ȝut þan was þere;
A man he bede him lede þedir þat he þer ifounde,

And he ladde þis holiman to þe yle of Croilond.
þere was wilderness ynou, þere ne dorste neuer er
40 Noman bifore for drede alone wonye þer.
Ac þis holiman Seint Gutlac tocht to godes grace
And woneþe alone þer in þilke wilde place
A seint Bartolomeus day his lif forto amende.
þis holiman seint Gutlac in to yle ferst wende.
45b Sone so he þer inne com, he made an biheste,
  a For he truste in sein Bartolomeu *and* loueþe him *with*
                                    [þe meste.
þat he nolde out of þe yle neuer alive go.
He ne wereþe no wollen cloþ ne lynnen na þe mo,
Ac felles *and* rowe skynnes of bests þat he founde.
50 He ne et no day ne dronc, ar þe sonne gede to grounde;
And þanne noȝt bote barlich bred *and* wory water þerto;
For cler water him þoȝte to god; longe he liueþe so.
þe deuel oft þoghte þat he was in such godnesse ilope.
He fondeþe in a time to bring him in wanhope.
55 þorou þe deuel he was a time in such wanhope ibroȝt,
þat he hadde ynome so hard lif þat he ne miȝte hit dur
                                    [noȝt.
He careþe whiþer he mighte wende *and* was þer of in
                                    [gret þoght.
As he þoghte heron þe dridde nyght, hit was *with* him
                                    [wel toght.
His herte he gan to changy *and* stod agen faste
60 *And* þoȝte to holde þilke penaunce, þe while his lif ilaste.
'Our lord in tribulacon iclupeþ ich haue' he sede
'And he me haþ nou ihurd aboute in gret brede'.
As he song þis fers of þe sauter, sein Bartolomeu he sey;

þo gan he to torne him *and* song al an hey:
65 'Our lord is myn helþ *and* icholle forsake myn fon'.
Seint Bartolomeu spec *with* him *and* comforteþe him anon
And bihet forto helpe him in euerich of his wo.
    Seint Gutlac was þo strong ynou *and* stude fast euer mo;
    And þe deuel ne fondeþe him nomor in wanhope to bringe;
70 For whanne þe schreue has ifondeþ a man *with* eny þinge
And is þerwit ouer come, he fel *with* al his lore
Wit þilke synne þane man fondi neuer eft more.

And he ladde þis holiman to þe /ile of croylonde.

þer was wildernesse inoug, þer ne dorste neuer er

40 Noman byfore for drede alone wonye þer.

As þis holyman seint Gotlac toke him to goddes grace

And þer his lif woned alone in þilke wilde place

· A sein Bartolmeu is day his lif for to amende.

þis holiman seint Gotlac to þe ile furst he wente,

45 For he trist in sein Bartolmeus and loued him myd þe
[meste.

Sone as he þer inne come, he made a byheste,

þat he nold out of þe ile neuer alyue go.

And he ne weried non wollon cloþ no linnen ne þe more,

Bote felles and roug skynnes of bestes þat he founde.

50 And he ne et no day ne drank, ar þe sone ȝede to grounde;

And þanne nougt but barlich bred and wori water þer to;

For cler water hym þougt to gode; wel longe he liued so.

þe deuel oft þougte þat he was in soche goodnesse ilope,

He fondid moche on a tyme to bring him in wanhope.

55 þoroug þe deuel he was a tyme in soche wanhope ibrougt,

þat he hadde inome so hard lif þat he ne miȝt hit duri
[noȝt.

He cared whedir he myȝte wende and þer of in gret þougt
[he was.

And him ȝan þenche þe þridde day and niȝt, how þought
[mid hym by cas.

His herte he gan to chaungy and stode aȝen faste

60 And þought to holde forþ þat lif þe whyle his lyf ilaste.

'Our Lord in tribelacioun icleped ich habbe' he sede

'And he me haþ nou ihurd aboute her good lif to lede'.

As he sang þis wers of þe sauter, seint Bartilmeuz he
[seyg;

þo gan he torne swyþe anon and songe alle an hyg:

65 'Our lord is myn helpe and ich wele forsake my foon'.

Sen Bartelmeus spek myd him and comfortid him anon

And byhet for to helpe him euer in his wo.

Sein Gutlac was so strong inow and stede fast euer mo;

þe deuil ne fondid him namore in wanhope to bringe;

70 For whanne he haþ ifondid a man myd eny þinge

And is þer myd euermore, he ne may myd alle his lore

Myd þilke sinne þat man fody neuer after more.

þerfore he soȝte, ȝif he miȝhte such penaunce him telle
þat he sholde him self sone wit fasting cuelle.

75 As þis holiman a time in our lord þoȝte þere,
Tuen þeuelen to him come, tueymen as hit were.
With wel faire chere hi speke and faire to him sede:
'Gutlac we seþ þe strong ynou hard lif forto lede
As of holi heremytes, þat fore we schollet þe lere

80 And of holy haluen also þat bifore þe were:
þe holiman Moyses and þe prophete Elye
And suþþe iesus crist him sulf, þat ibore was of Marie.

To schewing of holinesse þorou fasting ferst come.
þerfore we redeþ þe, þat þu faste (lome)

85 And tormente þat wretche flesch and debruse hit þorou
                            [fasting;
For þe mor hit is debruseþ here, þe more ioie hit wol bring
For ȝif þu here þorou fasting to grounde ibroȝt were,
Our lord þe wolde wel heye in þe ioie of heuen arere;
þerfor ne fast noȝt þe wouke to daues oþer þre,

90 Ac fast þe wouke al ihol, for þis þu miȝt ise
þat as our lord made in six daues al þing þat is
And þe seueþe dai hadde reste, so schal a man ywis

þat wole him swy in manere six daues þe wouke faste
Meteles in his orisons and þe seueþe at laste;

95 His fasting he schal bileue and ete flesch also,
þe man þat wole our lord swe, such lif he schal do'.
Seint Gutlac aros op and song þis fers anon:
'A bacward he scholle anon torne þat beþ myn fon
þa my soule wiluyeþ þat hi is binome'.

100 þe þeuelen floue anon awey ine miste whare hi bicome,
And for seint Gutlac noþing nolde do after hor rede.
Anon riȝt he et a lute of his barlich brede.
þe deuelen floue aboute wide and made reulich bere,

f. 297 a. And ȝolle þat al þe contre ibroȝt was in fere.

105 þer after sone in a nyȝt, as seint Gutlac was
In his orisons, þerueliche him com a wonþer cas.
His hous was as fol of deuelen, as þer miȝte beon;
Hi ȝolle as þei al þe worlde adoun scholde anon.

þerfore he þougt, gif he mygt soche penaunce hym telle
þat he chold hym self sone myd fasting so aquelle.
75 As þis holyman a tym on oure lord þougte þere,
Twye deuelen to him com, twye men as hit were.
With wel fayre chere hy speke and faire to him sede:
'Gutlac we ses þe strong inouȝ hard lif forto lede
Lyf of holy erimytes, þerfore we chelleþ þe lere
80 And of holy haluen also þat byfore þe were:
þe holiman Moyses and þe prophete Elye
And suþþe iesus crist him sulf, þat ibore was of þe mayde
                                                        [Marie.

f. 164.

To cheuen op þe penaunce þat hy on erþe deden her,
And after þe ending of þin lyue, to bringe þe to blisse cler.
85 þis holyman hem lokid on and axid what hy were;

For wondir him þougt gret inouȝ þat hy come to him þere.
'We beþ messageres icome to þe here in þis place
To schewe þe hou þu chalt lede þy lif þoroug his grace'.
'Now a goddes name telleþ me my lif wel to lede
90 And mest notful for myn soule and þe deuelen al to quede;
For ȝif ich wist hou ich mygt me best from synne kepe'.
þe deuelen þo he þis word speke, from him þey gone to
                                                        [lepe.
He nyste wher þe chrewin becom after here myldful speche,
As gode hem hadde to ben at hom here eyþer oþir to
                                                        [teche.
95 For þo he byþougt him anon þat hy to him so come,
þe syngne he maked of þe rode and þat he usid ilome,
And þo he liued mony a ȝer in wildernesse one þere,
And forsoke þe worldes ioye and cristes word he gan lere
To hem þat to him weldin come and chrifte of him hede;
100 He hem lerd wel to don and good lif wel to lede.
And suþþe he deyde and wente sone to heuen riche blisse.
Nou iesus for seint Goodlokkes loue ne let us þerof mysse,
And leue us so to don here, þe whyle we beþ alyue,
And to þin oune eritage us bring for þy woundes fyue.
                                                        Amen.

þis holima*n* hi nome faste *and* bonde hi*m* harde *and*
[stronge.
110 Supþe hi ber*e* hi*m* op an hey in þe luft wel longe;
Supþe hi putte hi*m* hard adou*n* in a wel foul dich;
þanne hi droue hi*m* amo*ng* þornes þat he nas noma*n* ilich
And to raite his seli flesh þat reuþe hit is to telle,
þat þer was bileueþ hol wel lite of his felle.
115 Riȝt as hit dai was, hi bileueþe hor sorinesse
And radde hi*m* for to wende sone of þilke wilþer*n*esse.
Seint Gutlac sede þis as hit com in his þogt:
'Our lord is in my riȝt hond þat me schall tur*n*e noȝt'.
Wit strong cheynen of yre þe deuele*n* hi*m* bette sor*e*;
120 *And* þo hi seie þat he nolde chongi for al hor lor*e*,
Hi ber*e* hi*m* al touard þe nord in þe luft an hey
In clouden darc *and* suarte; *and* sein Gutlac þo ·ysey
So mony deuele*n* to hi*m* come þat no tonge ne miȝte telle.
Seint Gutlac hi nome *and* ladde touard þe þrote of helle.
125 þe cheynes of helle þo þis godma*n* ysey,
And þe stinkinde fer of brymstou*n* blast op an hey
And clampes of yre also; *and* him þoȝte h*it* blaste so hey
þat h*it* toucheþe þe steren þis acorseþ leye.
þe deuele*n* ourne þikke as w*ith* oute fyne
130 *And* tormenteþe þe soule*n* þat þer wer in pyne.
þo was þis holma*n* adrad *and* in gret fer.
Ich wene so wolde ech of you þat hadde ibe w*ith* him þere.
Him þoȝte þat al þe pyne þat he was inne ibroȝt
þer bifor aȝen þilke ne amonteþe as riȝt noȝt.
135 þe deuele*n* beleueþe on hi*m* faste and *gr*adde on hi*m*
[*and* sede:
'Nou þu myȝt here ise whic may be our dede;
So we haueþ her*e* þe miȝte sorowe ynow þe do
After our owe wille her *and* in helle also;
þu sixt here helle ȝonye *and* deuele*n* mony on;
f. 297 b. 140 Bote þu welle þi þoȝt wende [we] schal þe swolue ano*n*'.
Seint Gutlac was studefast, wel baldeliche he sede:
'Luþre gostes wo ȝou be childre*n* of derkheþe;
ȝif ȝe haueþ such poer nam ich þerst ynow.
Ne mowe ȝe do what ȝe wolle; ȝe þretneþ w*ith* wou'.
145 For ȝode þer nis non of ȝou þat in such cas were ido
þat wolde for a galon all haue iansuereþ so.

As hi nome þis holiman *and* wolde him in caste,
Hi seie seint Bartolomeu adoun ward come faste
Seint Gutlac was so glad ynow, þe deuelen adrad were;
150 Hi ȝolle *and* gradde grisliche and flowe anon for fere;
'Abideþ' quaþ seint Bartolomeu 'ic ȝou hote echon,
Nymeþ aȝen þis godeman and bereþ him hom anon,
To þe stude þat ȝe him founde *and* bileueþ him þer stille'.
þe schreuen him bere hom aȝen moche aȝen hor wille
155 *And* wente hom sulue ford hor wey non an euel stede;
And luþer þrift hom ȝiue god *with* oute synne ibede.
Seint Gutlac in þe mornyng stod anoþer day
In his luft side be him, tuei deueles he say;
Hi woþe so delfolliche þat reuþe hit was to se.
160 Seint Gutlac hom eschete anon, what hor deol miȝte be.
þe deuel sede: 'for our miȝte þorou þe ous is binome.
We ne mowe þe no schame do ne more þe ney come'.
Anon þe schreuen wente awey, wepnede wel sore.
As wreches ouercome *and* ne come nei him no more.
165 Ac arst hadde seint Gutlac ho so nolde lie
Dere ynou as me þincþ aboȝte þe maistrie.
þo þe deuel ȝut isey þat his poer him was binome
þat he ne dorste nomore ney seint Gutlac come,
He þoȝte þorou anoþer man ouer come him wel;
170 In to his clerc he wente þat cluþeþe Betel,
And eiyoyneþe him so, what halt hit longe telle,
þat þis clerc hadde iþoȝt sein Gutlac to quelle.
As þis in a time his lordes berd scher,
Longe he hadde er iþoȝt to kerue his þrote riȝt þer,
175 He wolde kerue *and* *with* droue *and* þoȝte here *and* þere;
He stod in þoȝte as a man þat in anoþer world were.
298 a. 'Betel' quaþ seint Gutlac 'whi stondestu so stille?
What helestu þu þen deuel in þi luþer wille?
Ichot þu art bigabbeþ nou þorou þe deuel of helle.
180 Ich hote þat þu þe schriue sone *and* þi luþer wille telle'.
þe oþer vel adoun akne and forȝivenesse him soȝte;
And of his wille was iknowe and of his luþer þoȝte.
þo þat þe deuel was bineþe bifore *and* ek þo.
þo mote he aȝen ech cristenman spade euer mo.
185 ȝut nolde þe schreue deuel bileue his luþer lore
þat he ne fondeþe þis holiman to grem ȝut more.

For in a dai as he sat in his þreier faste,
þe erde bigan to quake þat ech man him miȝte agaste,
And al þe yle of þe Croiland as seint Gutlac inne was.
190 þo com þer aboute him in þis wonþer cas
A lyon wit blody teþ þat goneþe also faste;
A befe þe erde op to doun þat with his hornes caste;
A wilde bere ȝonynde and hongre after mete;
A wolf ȝonynde also as he wolde him anon afrete;
195 A grislich nedder also þat his venyn out caste;
An eron þat [g]radde grislich and ȝoneþe also faste;
Al þis beþ bests so mest of þe deueles lawe
And þat þe deuel mest wole in hor fourme drawe.
Seint Gutlac isei þis foule bests and wiste wel what hit was.
200 'Fle hennes' he sede 'þi foule þing, þu wretche sattanas.
Nou nou hit is al to couþ þin acorseþ lore;
Ich hote þe bileþ þi fare and ne dere me nomore'.
þe bests wente anon awey and þe deuel hom with inne;
And ne fondeþ him nomor; for he ne miȝt not wynne.
205 And naþeles more he dude him er þan her iwrite be.
þis was so a stable man as ȝe moue ise.
For ich wene þer nis non of you þat with him hadde
                                                [ilke ido
þat raþþer nadde itorneþ his þoȝt þat iþoleþ þe wo.
A godman þer was þer beside, Wolfrid his name was;
210 To speke with seint Gutlac he com a dai becas
A chartre of ȝrete þinge he leide in a stede,
And þer biside bileueþe forto bidde his bede.
þo com þer fle an eron þat in þe yle woneþe ney,
f. 298 b.   And nom þe chartre in his mouþ and flei op an hey.
215 Wolfrid set and bihuld and gret deol to him nom.
Seint Gutlac anon to him from his orisons com.
Wolfrid he bed anon to be glad and þaue
And þe eron he et also his folie to wit draue.
þe eron flei adoun anon as he him hadde ibede,
220 And þe chartre caste as in wraþþe in a more stede.
Seint Gutlac beþ þo Wolfrid to fette his chartre stille.
þat godeman [hit] fette anon with wel gode wille.   ·
Fisches to Seint Gutlac and foules ofte come
To his heste and of his hond mete ofte nome.
225 As Seint Gutlac a dai with Wolfrid spec so,

Op Seint Gutlac his scholdre sualuen aliȝte to,
And sete op his scholdre stille *and* merie songe [þere].
Wolfrid þogte wonþer gret and eschete hou h*i*t were.
Seint Gutlac him sede anon: 'to soþe ic sigge þis
230 þat he so w*i*th al his herte to god ibounde is
And forsacþ companye of men þat no man ne comeþ him to,
Wilde þingeþ him wollet solacy and angeles also.
Ac he so wulneþ to be ney men he ne mai noȝt so iwis.
Forto be conforteþ of boþe no riȝt hit nis'.
235 Seint Gutlac nom a lite þing *and* leide þer on a stre;
þe swaluen bigonne anon after more fle.
W*i*th stre *and* wit fenne hor nest made riȝt þer.
þo þis nest was al ymad Seint Gutlac h*i*t ber
And sette h*i*t in þe post an hey þis foules f*e*rst were;
240 *And* leide þere *and* sete abrod *and* bredde hir briddes þer.
Seint Eadborru þe holy maide þat þo was an abesse
þe kings dougt*er* Eadulf þat liueþe in holinesse
Sente a dai þis holiman a man*er*e cheste of led
And a whit schete þer inne *and* beþ whenne were deþ
245 þat he were iwounde in þe schete *and* in þe cheste laie;
And eschete ho scholde be his eir þere after his daie:
Seint Gutlac vnþerfeng wel cortesliche hire sonde
And sente hire word þat þilke man þat of þilke londe
His eir scholde þere be and of þilke wilþernesse
250 Was noȝt þo ȝut cristeman ac of heþennesse.
. 299 a. Ac wel betime þer afterward icristneþ he scholde be
And in holinesse lede his lif as þe contre scholde ise.
Seint Gutlac viftene ȝer liueþe in wildernesse,
And þo bigan he to draue touard febilnesse;
255 þen ferde dai he vueleþe bifore esterday;
His ending dai he wiste anon as he adoun say,
And sede to his treue frend, Bettel þat het on,
þat his dai was ney icome henne forto ȝon,
And þat he scholde þer afterward deie þen eiteþe dai.
260 þe holiman al þilke wouke in gret seknesse lay.
þe seueþe dai þat he lay adoun Betel he het gon
To his sost*er* þat Pegge het, whanne he were deþ anon,
And sigge hire þat heo wounde him *and* bisoweþ ate ende
After his deþ in þilke clod þat seint Eadborn him let
[sende.

265 'Ich bidde' quaþ Bettel 'þat þu telle me
    For þe loue of *iesus* crist þat icholle aske þe
    W*ith* whuc is þat þu hast ispeke so ofte op an hei,
    Whan*n*e ich hurde þe w*ith* oþer speke *and* no ma*n* ne sey'.
    Sein Gutlac bigan to sibe sore, þo he hurde þis.
270 'Bettel' he sede 'icholl þe telle þing*es* þat soþ is.
    After þe secunde ȝer þat ich hiþer wente,
    þat nas no dai þat our lord an angel-to me ne sente.
    Ferst in þe mornynge *and* aȝen eue also,
    And tolde me of þing*es* þat god þogte þo,
275 *And* of þing*es* þat to come was and of þing al whare,
    And solaceþe me *and* tolde al ho(u i)ch scholde þare'.
    þis holima*n* a morne, as god (þe) dai sente,
    Deide as þe son*n*e aros *and* to he(uen) wente.
    Moche liȝt aboute hi*m* Betel ano*n* (ise)i
280 And f*r*om þe stede þer he lai (opriȝt wende*n*) an hey
    Eue*n* in to heue*n*, so þat þe son*n*e liȝt
    Nomore nas þer agen as in his insiȝt
    þan is þe liȝt of an candle aȝ(en þe) son*n*e her.
    Ine þincþ þer was a fair lem boþe (briȝt) *and* cler;
285 And þe angel*es* he hurde sy*n*ge as hi (his) soule bere.
    Muri was þe siȝte *and* þe song (. . . . . . .) nere.
    Bettel wente sone ford after þis (holima*n*s) deþe
f. 299 b.   To his soster Pege to do þat he hi*m* sede;
    So þat hi come boþe aȝen *and* þis holi bodi þer
290 Bisoweþe in þilke place, as he sede hi*m* (sulue) er;
    And bureþe hi*m* faire ynow as riȝt was⁻ to do.
    God b*r*ing ous to þilke ioie þat his soule wente to.

Ms. C. C. C. Cambridge 145.

Nach Birch: Memorials of St. Guthlac; Wisbech 1881.

De sancto Guthlaco.

Sy*n*t Gutlack was ibor*e* her in engelonde,
Of his lyf ich mot telle þat ich understonde.
By þe kynges day of engelonde iechdred þe king
Icome he was of noble kende *and* hey þorouȝ alle þing.
5 His fader het deneald of þe march of Walys he was,
He spousede a noble mayde so god ȝaf þe gras.

Tette was þat maide ycleped, so clene he was mylde
So longe þat þis holy þing ybrought was with childe.
þo þe chyld scholde be ybore vram þe hayr an hyg
10 A red hond and cler ynow alle volk hi seyg.
Hit blessede þe dore þat þe womman inne was,
And anon vlyg up ageyn þer was a swete cas.
þe volk stod and biheld wonder þer of him þoughte.
Adon hy ful akne anon and iesus crist hy soughte
15 þat he hem sente som tidyng what þilke signe were.
þo com þer out a womman of þe nexte hous þere
And seide: 'a childe is ybore her in þis place
And word nouble in godes riche and ful of godes grace'.
þis was sone wide ykud, forsoþe in a stounde
20 Al þe contryge speke þer of er þe sonne gede to grounde.
þe tenþe day evene after þis dede was ydo,
þis child was ycristened and ycleped Gutlac [also].
þo þis child of helde was þat hit go and speke couþe
Nevere an ywel word ne com out of his mouþe.

Vers 173—174 nach Zupitza, Anglia I, 392.

Bidde we god of heuene vor his suete louve
þat he vs geve þe blisse, þat is in heuene above.

5. Anmerkungen.

Vers 11: In der Cotton-Handschrift ist *was* entsprechend den beiden anderen Handschriften zu ergänzen; Reim und Sinn erfordern ebenfalls diese Lesung.

Vers 16: Birch liesst *cru*; die Bodl. Handschrift hat ebenfalls *ern*; bei Birch liegt ein Lesefehler vor.

Vers 26: *crouny* hat die Bedeutung 'die Tonsur scheren'; die Vita hat an der entsprechenden Stelle (Cap. I, 12): 'Mysticam sancti Petri Apostolorum Principis tonsuram accepit'. Stratmann-Bradley, M. E. Dictionary, führen nur ein Substantiv *corrin*-Tonsur auf; diese Bedeutung ist ihnen jedoch zweifelhaft. Wir finden in unserer Legende das entsprechende Verbum belegt und zwar bieten Cott. und Bodl. Handschrift dieselbe Lesart. Godefroy giebt für das Altfranzösische eine Reihe Beispiele, in denen *couronner* die Bedeutung hat 'die Tonsur scheren'; z. B. Chanson de Roland CXIX: Tel coronet (= tel prêtre couronné, tonsuré, l'archevêque Turpin) ne chantât on-

ques messe. Neufranzösisch kommt noch veraltet vor: Il s'est
fait faire la couronne; er ist ins Kloster gegangen. (Sachs).

Vers 21: In der Bodl. Handschrift ist nach der Cotton-
Handschrift *eigteþe* zu ergänzen; das Wort ist in der betreffenden Handschrift ganz vernichtet.

Vers 41: *tocht* der Cotton-Handschrift ist nach Bodl. in
tok zu bessern.

Vers 43: Wahrscheinlich hat der Dichter nicht *forto*
sondern *to* gesagt: es kommen einige Verse (67, 79, 114 und
116) vor, in denen man ein besseres Versmass erhält, wenn
man *forto* durch *to* ersetzt.

Vers 44b: ist vielleicht in *ferst in þe yle wende* oder
in þe yle ferst wende zu bessern; durch diese Lesarten wird
das Versmass ebener.

Verse 45 und 46: Die Cotton-Handschrift berichtigt durch
das Vorsetzen der Buchstaben a und b die Reihenfolge der
Verse. Die Bodl. Handschrift hat das Richtige.

Vers 84: Die Lesung *lome* verdanke ich Professor Trautmann; die Handschrift ist hier unleserlich.

Vers 127: *clampes of yre* Fesseln von Eisen. Bei Stratmann-Bradley fehlt das Wort. *clam(p)* = ae. *clom* die Fessel.
Die Einschiebung des *p* erklärt sich aus lautlichen Gründen.

Vers 133: Durch Streichung des Relativs *þat* erhält man
einen besseren Vers. Überhaupt scheint der Dichter das
Relativ häufig dort auszulassen, wo es der Schreiber setzt,
(z. B.: 153a; 189 (as); 264). In den genannten Fällen wird
das Versmass durch den Fortfall des Relativs besser.

Vers 135: die Stelle zwischen *him* und *sede* ist unleserlich;
ich ergänze *and*, das dem Sinne nach passt.

Vers 140: ich habe *we* ergänzt; die Handschrift ist an
der Stelle unleserlich.

Vers 178: "*helestu þu*" das Pronomen ist irrtümlich vom
Schreiber zweimal gesetzt worden; *þu* ist zu streichen.

Vers 189: *þe yle of þe Croiland*. Das *þe* vor *Croiland*
ist zu streichen; vergleiche Vers 38: *to þe yle of Croiland*.

Vers 192: *þat* ist zu streichen; wahrscheinlich hat der
Schreiber es irrtümlich aus dem vorhergehenden Verse übernommen.

Vers 194: *anon* ist zu streichen; der Vers wird alsdann
besser und der Sinn nicht geändert.

Vers 196: vor *radde* ist ein Buchstabe vernichtet; es ist mit Sicherheit *g* zu ergänzen; *gradde* = 'er schrie' passt dem Sinne nach sehr gut.

Vers 209 a: das erste *þer* kann sehr gut fehlen; der Vers wird alsdann besser.

Vers 222: vor *fette* ist *hit* zu ergänzen; die Handschrift ist an der Stelle unleserlich.

Vers 227: *þere* ist mit Sicherheit des Reimes wegen zu ergänzen.

Vers 232: *þingeþ* ist Schreibfehler für *þinges*.

Von Vers 275—287 sind eine Reihe von Worten vernichtet; ich gebe in den Klammern die mit Hilfe der Überreste der Buchstaben gefundenen Worte.

III. Die in England entstandenen Lebensbeschreibungen des hl. Guthlac.

Zahlreich sind die Aufzeichnungen, die in England über das Leben des hl. Guthlac gemacht worden sind. Wie die folgende Betrachtung zeigen wird, fliessen alle Berichte über Guthlac aus einer Quelle, nämlich der Vita Sancti Guthlaci des Felix von Croyland, ausgenommen das altenglische Gedicht Guthlac der Einsiedler. Ich will zunächst die kurzen Angaben in den Chroniken geben und dann übergehen zur Besprechung der ausführlichen Biographien des Heiligen.

1. The Anglosaxon Chronicle (Monumenta Historica Britannica I, 326) A. D. 714: This year saint Guthlac died.

2. Ethelwerdi Chronicorum (M. H. B. I, 507) Cap. XII: Post quadriennium, quippe, obiit Guthlac famulus Christi.

3. Florentii Wigorniensis Chronicon (M. H. B. I, 539) DCXCVII: S. Guthlacus, b cum ætatis suæ XXIV peregisset annos, pompis abrenuncians sæcularibus, relictisque suis omnibus, monasterium Hrepandunum adiit, ibique sub abbatissa nomine Alfthritha, tonsuram et clericalem habitum suscepit.

b Foelix, de Vita Guthlaci.

Derselbe DCXCIX: Beatisssimus vir Guthlacus, die Cal. Septembrium VIII insulam Cruland pervenit, ibique vitam anachoreticam ducere coepit.

Derselbe: Rex Merciorum Ceolred defungitur ... Post Aethelbaldus consobrinus suus, filius videlicet Alweonis, patruelis scilicet patris sui regis Aethelredi, ut ei prophetico spiritus sanctus prædixerat Guthlacus, regnum nanciscitur.

Derselbe 714: Anachorita probatissimus Deique sacerdos fidelissimus, dilectæ Christi virginis Pegiæ germanus, innuberalium virtutum patrator, Guthlacus, Indictione XII quarto lumine festi Paschalis, III Idus Aprilis animam ad gaudia perpetuæ emisit exultationis. Cui Cissa qui diu paganis ritibus deditus erat, sed post baptismum in Britannia perceperat, successit.

4. Henrici Huntendunensis Hist. Anglorum (Lib. IV): Tempore etiam huius regis, coeli palatia conscenderunt S. Heddi episcopus Wincestrensis, S. Guthlacus heremita Croilandensis etc.

5. L'Estorie des Engles, Solum Geffrei Gaimar; Vers 1634 ff.:

En icel tems Gudlac esteit
Un hom ki Dampne Deu serveit.
Ki la vie de lui vereit
Mainte miracle i trovereit;
Tucher m'estut, ne puis tut dire.

6. Simeonis Dunelmensis Historia A. D. 745: His temporibus floruit sanctus Anachorita Guthlacus.

7. Ex annalibus Eliensis monasterii (Johannis Lelandi Antiquarii De rebus Britannicis Collectanea London 1774, I, 590): ... Cui successit Adulphus, eius nepos, ... cuius filia Eadburga abbatissa in Reopendune famulo Dei Guthlaco sarcophagum plumbeum lintheumque transmisit; in quo idem vir Dei postea sepultus est.

8. Ex libris Gulielmi Meldunensis de regibus Anglorum (Ibid. III, 270): Giebt eine Beschreibung Croilands und fährt fort: Hic Guthlacus non dejecta stirpe oriundus, ephoebus, spreto armorum usu, quo pollebat, cum esset XXV annorum solitariam viam ingressus XV deguit annos.

9. **Ex Chronico Marianni Scotti** (Ibid. III, 278) Guthlacus, Anno D. 719: Rippandune monasterium adiit, ibique sub abbatissa, nomine Alftrytha, tonsuram et clericalem habitum suscepit.

10. **Croyland** (Ibid. IV, 29): Ex tabula quadam descripta. S. Guthlacus heremita Croylandiae insulam a demonibus liberavit, tandemque ibidem obiit et sepultus est. S. Cyssa, ex pagano factus Christianus, successit Guthlaco.

11. **Asserii Annales** A. D. 714: Sanctus Guthlacus Anachorita obiit.

Diese Angaben der Chroniken bieten uns nichts neues; sie decken sich mit dem Bericht der Vita, abgesehen von der Unsicherheit in der Angabe der Zahlen, die leicht erklärlich ist.

Ich gehe nun über zur Besprechung der zusammenhängenden Lebensbeschreibungen des Heiligen. Die beiden ältesten, die wohl gleichzeitig entstanden, sind: Die Vita Sancti Guthlaci des Felix von Croyland und das altenglische Gedicht Guthlac der Einsiedler. Über die Quellen beider habe ich ausführlich im ersten Teile meiner Arbeit gehandelt. Felix widmet sein Werk dem König Ethelbald von Ostangeln, in dessen Regierungzeit 720—749 also die Abfassung fallen muss. Auf Felix zurückgehend entstand dann etwa Mitte des 8. Jahrhunderts das altenglische Gedicht Guthlacs Tod. Von der Vita des Felix wurde eine Übersetzung ins Altenglische gemacht; zwei Handschriften sind davon erhalten: M. S. Cotton Vespasian D. XXI und eine andere im Codex Vercellensis, letztere bricht in der Mitte ab, deckt sich aber sonst mit der Cotton-Handschrift.

Lange Zeit war damit das Interesse an der Guthlaclegende erschöpft, bis Ordericus Vitalis (1075—1143) bei einem längeren Aufenthalt in Croyland Interesse an der Geschichte unseres Heiligen gewann. In einer Einleitung spricht sich Ordericus Vitalis des längeren über die Vita des Felix aus; er verwechselt dabei unseren Felix mit einem Bischof desselben Namens; ein Irrtum, den später Pierre de Blois berichtigte. Die Unklarheiten der Sprache, die sich in Felix Bericht finden, haben den Ord. Vitalis bewogen, auf Grund der Vita eine neue Lebensbeschreibung zu verfassen. Die-

selben Thatsachen, die Felix berichtet, finden wir auch bei
Ord. Vitalis; nichts wird hinzugefügt. In einem weiteren Abschnitt schreibt Ord. Vitalis dann die Geschichte Croylands
nach Guthlacs Tode und die Wunder, die auf den Heiligen
zurückgeführt werden. Ich kann auf dieselben nicht weiter
eingehen, da wir es hier nur mit den Biographien des Heiligen
zu thun haben.

Etwa gleichzeitig schrieb William of Malmesbury
(1090—1143) seine Gesta Pontificum Anglorum (Rer. Brit.
Med. Aevi Scriptores No. 52); er bringt einen kurzen Bericht
über Guthlac S. 321, § 182), der nichts neues bietet im Vergleich zu Felix.

Auch ein Mönch von Croyland (William of Ramesey)
fand sich, der das Leben des Schutzpatrons des Klosters be-
sang. Das Gedicht, in 1666 Hexametern geschrieben, ist dem
Abt von Croyland Henricus de Longo Campo (1190—1236)
gewidmet. Den Bollandisten war dieses Werk nur vom Hören-
sagen bekannt; in der Vorrede zur Vita Sancti Guthlaci sagen
sie darüber (§ 4): Sed Balæus et Pitseus asserunt eum (d. h.
Guilielmum Rameseium) carmine heroico vitam Sancti Guthlaci
composuisse, quam non vidimus.

Birch: Mem. of St. Guthlac giebt einen Auszug aus
dem Gedicht, welcher zur Genüge zeigt, dass der Dichter sich
eng an die Vita des Felix anschliesst. Als Verfasser wird
William of Ramesey angenommen.

In die Regierungszeit desselben Abtes fällt auch die Abfassung einer Vita Sancti Guthlaci des Petrus Blesensis.
Die Handschrift war den Bollandisten dem Namen nach bekannt; sie sagen darüber in der Vorrede zur Vita: „Aliud
compendium vitæ dictur scripsisse Petrus de Blesis".

Paul Meyer hat die Handschrift in Dublin gefunden und
giebt eine genaue Beschreibung derselben in der Romania
VIII, 384. Meines Wissens ist diese Handschrift noch nicht
gedruckt. Ihr Inhalt scheint sich aber mit der Vita des Felix
zu decken. Wir sehen nämlich aus dem Briefwechsel, den
Henricus de Longo Campo mit Petrus Blesensis hatte, dass
diesem die Vita des Felix nicht allein bekannt war, sondern
dass er sogar vom Abte aufgefordert wird auf Grund der
Vita des Felix eine neue zu schreiben. Als Grund einer

Neubearbeitung wird angegeben, dass der Stil des Felix zu
schwer verständlich sei. In seiner Antwort, weisst Pierre
de Blois darauf hin, dass nicht der Bischof Felix sondern ein
anderer Felix die Vita geschrieben habe. Dieser Briefwechsel
findet sich in Rerum Angl. Scriptores Veteres I, Oxf. 1684, er
ist dort der Geschichte Croylands vorgedruckt, die von Pierre
de Blois Hand herrührend die Geschichte des Abtes Ingulf
fortsetzt.

In dieselbe Zeit dürfen wir wohl auch die mittelenglische
Legende vom hl. Guthlac setzen, über die ich im zweiten
Teile ausführlich gehandelt habe.

Einen weiteren Bericht finden wir in der Chronica des
Johannis Wallingford, deren Abfassung in die Jahre
1231—1258 fällt. Gale: Scriptores III, 527 druckt diese
Chronik; die Viten sind darin sehr verkürzt. Auch von
Guthlac werden einige Züge mitgeteilt. Der Inhalt bietet
Felix gegenüber nichts neues. Die Ähnlichkeiten in der
Sprache machen es wahrscheinlich, dass Wallingford auf
die Vita des Felix zurückgeht.

Ausführlich über Guthlac handelt Ranulphus Higden
in seinem Werk Polychronicon; es entstand nach 1327 und
nicht später als 1364. Higden bietet eine Erzählung aus dem
Leben Guthlacs, die wir sonst nirgends finden; er berichtet,
Guthlac habe einst einen Geist in einen Kochtopf eingeschlossen;
auch habe er die bösen Geister gezwungen, Gebäude zu bauen.
Alle anderen Angaben sind wie bei Felix.

Johanis Brompton, der der Verfasser einer Chronik
sein soll, die nach der Mitte des 14. Jahrhunderts erschien,
schliesst sich in seinem Berichte über Guthlac ebenfalls an
Felix an. Alles ist kürzer dargestellt, bietet aber inhaltlich
nichts neues.

Endlich finden wir noch kurze Angaben über Guthlac
bei Matthew of Westminster: Flores Historiarum, entstanden im frühen 15. Jahrhundert. Auch dieser Bericht enthält nichts neues.

So hat also die Guthlaclegende seit ihrer ersten Auf-
zeichnung durch Felix keine Bereicherung mehr erfahren.
Wohl erschienen in späterer Zeit Berichte über die Geschichte
des Klosters, in dem Guthlacs Grab sich befindet, und über

Wunder, die nach seinem Tode geschahen und die man seiner Kraft zuschrieb. Alle diese Berichte vermochten aber nicht, sich mit der Geschichte des Heiligen enger zu verbinden. Vielmehr gehen alle späteren Lebensbeschreibungen des Heiligen in lateinischer und englischer Sprache auf das Werk des Felix zurück. Nichts wurde hinzugefügt, immer wurde die etwas umfangreiche und in schwülstigem Stile abgefasste Darstellung des Felix in vereinfachter Form wiedergegeben.

Bonn.   **Dr. H. Forstmann.**

Untersuchungen zu Ratis Raving
und dem Gedicht the Thewis of Gud Women.

Einleitung.

Die in der E. E. T. S. nr. 43 von Skeat und Lumby
herausgegebenen gedichte Ratis Raving I, II, III und The
Thewis of Gud Women sind der gegenstand der folgenden
untersuchungen. Zu den R. R. (Ratis Raving) -gedichten gibt
es nur die hier abgedruckte hs., die sich im Ms. Kk 1, 5 der
Cambridger Universität-Bibliothek befindet. Das gedicht The
Thewis of Gud Women steht in derselben hs. und ist in
E. E. T. S. nr. 43 auch darnach gedruckt. Wir haben aber zu
diesem gedichte noch eine andere hs., und diese ist von Skeat
in E. E. T. S., E. S., nr. 29 herausgegeben und mit der ersteren
verglichen. Unsere hs. — die erstere — ist die bessere; doch
stimmen beide ziemlich genau überein — bis auf wenige für
uns unwichtige verse und geringe verschiedenheiten in der
orthographie; z. b. ist e und a, die in nördlichen denkmälern
ja oft tauschen, meist nicht in gleicher weise in den beiden
hs. benutzt.

Ausser den gelegentlichen bemerkungen bei Murray, The
Dialect of the Southern Counties of Scotland (Transactions of
the Philological Society 1870—72), bei Morsbach, Mittelenglische Grammatik, Halle 1896, bei Curtis, An Investigation
of the Rimes and Phonology of the Middle-Scotch Romance
Clariodus, in Anglia XVI und XVII, bei Buss, Sind die von
Horstmann herausgegebenen schottischen Legenden ein Werk
Barbere's? Göttingen Diss. 1886 und Anglia IX etc. — haben
wir bisher, meines wissens, über unsere gedichte nur eine
sprachliche arbeit, nämlich die programmabhandlung der fürst-

lichen realschule zu Sondershausen, 1896, von A. Bertram, Essay on the dialect, language and metre of Ratis Raving.

Dieser „Essay" Bertrams, der nur R. R. I behandelt, hat wenig wert. Die reime werden fast nie zur untersuchung herangezogen; ausser Murray hat der verfasser keine arbeit über den schottischen dialekt benutzt — dass *i* zur bezeichnung der länge des vorhergehenden vocals dient, weiss er nicht. Die metrik ist dem titel widersprechend nicht behandelt.

Im folgenden will ich nun eine grammatische, metrische und stilistische untersuchung der vier genannten gedichte liefern und dabei die verfasserfrage erörtern.

Ich bezeichne die 4 gedichte, für die folge, der reihe nach mit I., II., III. und IV. Soweit die reime in unsern texten zur untersuchung material bieten, halte ich mich nur an sie; wo dies nicht geschieht, vermerke ich es in jedem einzelen falle durch (vi) = versinneres.

Lautlehre.

Vocale.

A. Altanglische (nordh.) vocale bei selbständiger entwickelung.

a. Früh-me. ắ in geschlossener silbe.

§ 1. ae. œ.

I. *was* : *tresspas* I, 1178, 1236; : *grace* I, 1364; *upbar* : *are* (an. *ăr* ohne umlaut) I, 523; *small* : *alle* (aangl. *all*) I, 19; : *hall* (aangl. *hall*) I, 1130; *graif* : *ypitaf* (lt. *epitaphium*) I, 1522; *stall* : *all* (aangl. *all*) I, 479; an. *œ* in *threll* (an. *þrœll*) : *sell* (ae. *sellan*) I, 51; II. *small* : *fall* (aangl. *fallan*) II, 106; *werkis* (ae. *wœrcan*, wenn nicht zu *weorc*) : *verkis* (aangl. *werc*) II, 352; *vas* : *gudlynes* II, 231; *was* : *gudnes* II, 276; III. *small* : *all* III, 436; *stald* (ae. *stœl* + *hit*) : *hald* (aangl. *haldan*) III, 302; *stedfast* : *traist* (adj.; vgl. § 39 me. *ai*) III, 50; *gest* : *traist* (verb; vgl. § 39 me. *ai*) III, 358; IV. *small : all* IV, 311; *abak : tak* IV, 47.

§ 2. ae. *ē* (= urgerm. *ai + i*) gekürzt.

I. *left : eft* (ae. *eft*) I, 67; *lent : innocent* I, 245; : *payment* I, 1003; *les* (ae. *læs*) : *wysncs* I, 335; : *riches* I, 365; : *lyklynes* I, 475; : *distress* I, 575; : *syndriness* I, 835; : *happyness* I, 1254; : *unfarnes* I, 1793; *les : is* I, 848; II. *les : riches* II, 238; III. *les : riches* III, 244; IV. *les : maistres* IV, 205.

§ 3. anordh. *œ, ea* aus *œ* nach vordergaumenconson. (= ws. *ea*).

I. *sall : princypall* I, 1104; : *taill* (ae. *talu*) I, 1551.

§ 4. ae. *a*, sowie anordh. *a* vor *l + cons.*

I. *last : maist* (ae. *māst*) I, 573; : *past* I, 1670; : *cast* (an. *casta*) I, 1580; *hall : small* I, 1130; *all : stall* (prt. *stœl*) I, 479; *hals ̇: fals* (lt. *falsus*) I, 877; *alle : small* I, 19; *all : principall* I, 279; : *ball* (frz. *ball*) I, 1244; II. *fall : smal* (ae. *smœl*) II, 106; *all : call* (an. *kalla*) II, 409; III. *all : smal* III, 435; IV. *all : small* IV, 311.

§ 5. anordh. *a, ea* (vor gedecktem *r*).

I. *efterwart : part* I, 427, 890, 965, 1166, 1560, 1749; II. *efterwart : hart* (ae. *heorte*) II, 18. III, IV —.

§ 6. an. *a.*

I. *cast : last* (ae. *latost*) I, 1580; II. *call : all* II, 409.

b. Früh-me. *ă*, später *ā*, in offener treffsilbe.

§ 7. a. *ă.*

I. *are : quhare* (ae. *hwǣr*) I, 209; : *mare* (ae. *māra*) I, 725, 789; : *sare* (ae. *sāre*) I, 1540; *spare : sare* (ae. *sār*) I, 757; *have : lave* (ae. *lāf*) I, 161, 935, 1690, 1380; *care : mare* I, 1120; *mak : strak* (subst. *strāc*) I, 255; *taill* (ae. *talu*) : *haill* (ae. *hāl*) I, 1530; : *speciall* I, 1466; : *sall* I, 1556; II. *mais : ourgais* II, 16; *have : laifi* (ae. *lāf*) II, 448; *hate* (ae. *hatian*) : *estate* II. 139; *lait* (ae. *læt*, flectiert *latu* etc.) : *estate* II, 249; *debait* II, 244; III. *hatis* (ae. *hatian*) : *debatis* III, 394; *makis : lakis*

III, 135; IV. *fair* (ae. *faru*) : *maire* IV, 149; *lait* (ae. *latu*)
: *estat* IV, 268; *maid* : *faid* (frz. *fader*) IV, 88; *craif* : *resaif*
(frz. *recevoir*) IV, 75; vgl. § 39 *a* : *ai*.

§ 8. altangl. *o* vor *n* oder *m* (nach *sc — eo*).

I. *nam* : *scham* I, 13; *wan* : *allan* I, 1576; *schame* : *blame*
I, 916, 944, 963, 1564; II. *scham* : *thaim* II, 428; *schamis* : *blamys*
II, 89; III. *name* : *schame* III, 66; : *blame* III, 152; *scham* :
blam III, 31, 227; IV. *scham* : *blame* IV, 52.

§ 9. an. *ǎ*.

I. *scaith* (an. *scaði*) : *baith* I, 59, 79, 145, 1284, 1602;
III. *scaith* : *layth* III, 205; *tak* : *lak* III, 340; *lakis* : *makis*
III, 135; IV. *tak* : *abak* (ae. *bœc*) IV, 48; : *lak* IV, 197; *lak* :
bak IV, 101; vgl. zu *lak* Curtis (titel sieh in der einleitung)
§ 17, p. 402.

c. Frühme. *ā*.

§ 10. ae. *ā* = wg. *ai* zeigt nicht den südlichen wandel
zu *ǫa*.

I. *ga* : *ʒa* (ws. *ʒeā*, nordh. *ʒē*) I, 1114; *swa* : *fra* (an. *fra*)
I, 343, 801, 1028; *fa* : *fra* I, 1007; *nane* : *contyrpan* (frz. = *oppo-
site part*, vgl. Murray, Dict. C 1070) I, 961; *allan* : *wan* (ae. *wann*)
I, 1576; *atanis* : *banis* I, 1192; : *stanis* I, 251; *baith* : *scaith·*
I, 59, 79, 145, 1284, 1602, 1740; *laift* : *haf* I, 935; *laifi* : *have*
I, 161, 1753; *lave* : *have* I, 853, 1380; *laith* : *wraith* I, 1730;
mare : *aire* (an. *ār* ohne umlaut) I, 169; : *war* (ae. *wǣron*)
I, 503, 1470, 1771; : *care* (ae. *cearu*) I, 1120; *hair* (ae. *hǣr*)
I, 1724; : *are* (ae. *aron*) I, 725, 789; : *movar* (= urheber)
I, 817, 1476, 659; : *par* (frz. *per*) I, 1013; *sare* : *are* (ae. *aron*)
I, 1540; *spare* (ae. *sparian*) I, 757; *lord* (l. *lard*) : *ravard* (frz.
reguard) I, 1009, 1614; *gaist* : *waist* (frz. *vaste*) I, 695; : *maist*
I, 1275, 593, 649, 331; *last* : *maist* I, 1490; *strak* (sbst.) : *mak*
I, 255; *haill* : *principall* I, 463, 1315; *hate* : *state* (frz. *estate*)
I, 1618; *ane* : *tane* (ptc. von *takan*) I, 769.

Nur im versinnern finden wir manchmal *o* für ae. *ā*; so
I, 19, 354, 362, 421, 539, 1715 etc.; *lord* I, 970, 1013, 1028, 1037,
1072, 1490, 1544, 1548, 1620; *lordschip* I, 51, 365, 617, 1544; im
(vi) aber auch *lard*, z. b. I, 640, 1527; *no* I, 282, 284, 513, 905,

1120, 1558. *lo* I, 1629; *one* I, 289, 293, 306; *athir* I, 1569; *noper* I, 728, 949, 1453 etc.; *nouthire* I, 821; *ore* (an. *ār*) I, 1008, 1090.

II. *ourgais* : *mais* II, 15; *haill* : *generall* II, 167, 291; *laiſ* : *have* II, 447; aber *lord* : *discord* II, 440; im versinnern *o* in *ore* (an. *ār*) II, 174; *lordis* II, 177, 462, 463; III. *laith* : *scaith* III, 205; *daill* : *speciall* III, 55; *lord* : *ford* (*for* + *hit*) III, 389; sodann *o* nur im versinnern: *no* III, 92, 350 etc.; *onis* III, 180; *only* III, 295; *ore* (an *ār*) III, 162, 335, 358; IV. *mare* : *fair* (ae. *faru*) IV, 149; *lar* (sbst.): *poware* IV, 289; *hame* : *blame* IV, 143; *o* im versinnern in *no* IV, 18, 133 etc.; *so* IV, 195; *lordis* IV, 213, 265. *lord* statt *lard* in nördlichen denkmälern ist südliches lehnwort und schon am ende des XIV. jhs. häufig. s. Morsbach, gr. § 136.

Folgende reime scheinen für übergang von *ā* zu *ē* zu zeugen: I. *mare* : *movar* (= *mover*) I, 659, 817, 1476 (vgl. aber § 16); : *pare* (frz. *per*) I, 1013; *bare* (frz. *barre*) : *vere* (an. *verri*) I, 990; *declar* : *frere* I, 728; *maist* : *lest* (an. *löstr* = *fault*) I, 685; II, III und IV haben einige reime, die, obwohl sie quantitativ ungenau sind, dasselbe für *ā* darzuthun scheinen. Vgl. *ĕ* § 13 und Curtis a. a. o. § 73.

Das ne. suffix *-ledge* in *knowledge* ist bei Curtis in § 76 mit heranziehdng der beispiele unserer texte behandelt.

§ 11. anordh. *-āld* (ws. *-eald*).

I. *hald* : *fauld* I, 1024; : *cald* I, 1802; *tauld* : *auld* I, 268; *tald* : *ald* I, 923; II. *hald* : *cald* II, 132; III. *hald* : *stald* (prt. *stæl* + *hit*) III, 302; *cald* III, 379; IV. *old* : *gold* IV, 305; *old* ist südliches lehnwort. Vgl. Curtis § 269.

§ 12. anordh. *o* vor *nd*.

I. *land* : *failȝeand* I, 585; *understand* : *levand* I, 611; : *lestand* I, 1126; die participialendung I, 1132 im reim mit *wand* (an. *vǫndr* = stab); *wand* : *saland*; II. *land* : *restand* II, 57; III. *land* : *fand* (prt. v. *findan*) III, 306; IV. *hand* : *erand* (aangl. *ērende*) IV, 132; : *wanerand* IV, 109; anordh. *ā*: *barnis* (anordh. *bárn*) : *ȝarnis* (ae. *geornian*) IV, 189; an. *-ant*; *wante* (an. *vanta*) : *scant* (an. *scamt*) III, 273.

d. Früh-me. *ĕ* in geschlossener silbe und gekürztes *ē*.

§ 13. ae. e.

I. *best : trest* I, 787; vgl. Curtis § 319; *worthyness : riches* I, 102; *wykitnes : distres* I, 288; *unfarnes : les* I, 1793; *gudli-nesse : emplese* (von *plaisir*) I, 1744; *happynes : les* I, 1254; *wysnes : les* I, 335; *lyklynes : les* I, 475; *syndrynes : les* I, 835; *eft : left* (ae. *ǣ*) I, 67; *ende : comende* I, 1568; II. *halynes : riches* II, 7; *gudlynes : was* (ae. *wǣs*) II, 232; *gudnes : was* II, 275; *wyrknes : riches* II, 35; *gudlynes : cas* (frz. *cas*) II, 227; *best : tempest* II, 472; *nest : conquest* II, 150; III. *meknes : grace* III, 33; *kyndnes : grace* III, 129; *bles* (*blētsian*) : *mes* (frz. *messe*) III, 181; *kend* (ptcp) : *mend* III, 119; : *end* III, 171; *neck : spek* III, 199; IV. *lyklynes : place* IV, 68; *schamfulnes : place* IV, 45; *lawlynes : place* IV, 49; *best : unhonest* IV, 181; : *manifest* IV, 156; : *worthyest* IV, 124.

Sehr bemerkenswert ist hier, dass I, obwohl bei seinen 46 -*es*-reimen (ae. -*ĕss*, frz. -*ece*, -*ēs*, ae. *ǣs*) und seinen 30 -*as*-reimen (frz. -*ās*, -*āce* und ae. *wǣs*) sich gelegenheit genug bot, im gegensatz zu II, III, IV, -*es* und -*as* nicht miteinander reimt. Vgl. auch § 10 ae. *ā* = wg. *ai*.

§ 14. ae. eo.

I. *fer : maner* I, 212; *were* (= *worse*) I, 241; II. *hart : efterwart* II, 17; III. *hart : smert* III, 231; IV. *ʒarnis* (ae. *ʒeornian*) : *barnis* IV, 189; *hart : start* (zu *steortan*) IV, 145. Vgl. Ackermann, Diss. Göttingen 1897, Sprache der ältesten schottischen Urkunden p. 43. *ĕr* + cons. > *ăr* + cons.; vgl. *dissert* (= *desert* = *merit*) : *part* I, 1426.

anordh. -*erc* (ws. *eo*) in: *verkis : werkis* (ae. *wǣrcan* oder zu *weorc*) II, 351.

e. Me. offenes und geschlossenes *ē*.

§ 15. anordh. *ǣ* und gemein-ae. *ē*.

I. *spedis : redis* I, 143; *sped : led* I, 1094; : *ned* I, 1398; : *ʒouthed* I, 1100; *manhed : deid* (nordh. *ē*, got. *ē*) I, 233; *kep : sleip* I, 1496; *swet : meit* (nordh. *ē*, got. *ē*) I, 1216; : *let* (ae. *lettan*) I, 743; *ferre* (ae. *gefēre*) : *feir* (nordh. *ē*, got. *ē*) I, 163; *here : deir* (ae. *dēor*) I, 93; : *sere* (an. *ē*) I, 1108, 1752;

lere (ae. *ǣ* = *i* umlaut von ae. *ǣ*) I, 1202; : *ȝer* (nordh. *ē*, ws. *eā*)
I, 1626; : *ner* (nordh. *ē* = *i* umlaut von *ēa*) I, 1672; : *matere*
I, 1799; *feild* (*fēlan* + *hit*) : *eild* (nordh. *ǣ* = *i*-umlt von nordh.
ā vor *l* + *cons*) I, 1102; *feill* : *weill* I, 492, 157, 609, 709, 913;
bet : *det* (frz. *dette*) I. 1070; *wein* : *sen* (*ēo*, ptcp) I, 547; *the*
: *bounte* I, 953; *wel* (ae. *wēl*) : *seill* (angl. *sēl*) I, 763, 379;
: *feill* I, 492, 609, 709, 913; : *deill* I, 647, 1270; *veill* : *deill*
I, 1034, 1140; II. *med* : *ded* (nordh. *ē*, got. *ē*) II, 161; : *dreid*
I, 215;· *speid* : *deid* (nordh. *ē*, got. *ē*) II, 362; *bet* : *leit* (nordh. *ē*,
got. *ē*) II, 392; *kep* : *sleep* II, 269, 354; *here* : *weire* (an. *e*)
II, 220; *feris* : *peris* (frz. *per*) II, 223; *veill* : *quheill* (ae. *hwēol*)
II, 425; III. *meid* : *deid* (nordh. *ē*, got. *ē*) III, 294; : *misdeid*
III, 437; *speid* : *misdeid* III, 85, 448; *heir* : *powere* III, 449;
thee : *bee* III, 72, 208, 251, 269 etc.; IV. *schen* (ae. *scène*) : *clen*
(ae. *ǣ* = *i* mult von ae. *ā*) IV, 90; *me* : *bee* IV, 308; *feir*
: *mauer* IV, 115; *weill* : *heill* IV, 274.

§ 16. altnordh. *ē* = westgerm. *ā*, got. *ē*.

I. *redis* : *spedis* (ae. *spēdan*) I, 143; *red* (verb) : *sted* (ae.
stede) I, 147; : *ded* (ae. *dēað*) I, 1068; : *ȝouthed* (*geoguðhǣd*)
I, 833, 855; *red* (subst.) : *ded* (ae. *dēað*) I, 577; *deid* : *meid*
(ae. *mēd*) I, 233; : *neid* (nordh. *nēd*) I, 607; *dreid* : *ȝouthed*
I, 917, 1566; : *sted* (ae. *stede*) I, 949; : *ned* 1404; *sleip* : *kep*
(ae. *cēpan*) I, 1496; *seill* : *weill* I, 763, 379; *meit* : *swet* (ae.
swēte) I, 1216; *det* (frz. *dette*) I, 405; *feir* (verb.) : *ferre* (ae.
gefēre) I, 163; *unswere* (= *mühelos*) : *chere* (frz. *cher*) I, 1264.
Vor *r* steht in satztieftonigen wörtern (vgl. Ackermann p. 40)
a; *war* : *mar* (ae. *māra*) I, 503, 1470, 1772; : *thar* I, 1660;
: *moware* I, 1594, 1599; *thare* : *are* I, 1160; *quhare* : *are* (*aron*)
I, 209; Diese formen existierten schon ae. als nebenformen.
Die nomina agentis haben *-are*, das nordh. oft sich findet.
moware : *mare* I, 817, 1476, 659; ferner I, 1594, 1599. Vgl.
hierzu § 10 ae. *ā* = wg. *ai*. Zu *hair* : *mar* I, 1724 vgl. Luick,
Untersuchungen zur englischen Lautgeschichte § 204. *a* in *rad*
(an. *hrǣddr*) : *stad* (ne. *bestead*, ae. *stede*, isl. *staðr*) I, 1410;
II. *ded* : *ned* (anordh. *nēd*) II, 239, 186, 438; : *med* (ae. *mēd*)
II, 161; : *speid* II, 361; *dreid* : *meid* II, 215; *leit* : *beit* (ae.
bētan) II, 392; *sleep* : *kep* II, 269, 533; *veire* : *heire* (altangl.
hēran) II, 42; *sedis* : *fedis* II, 63; III. *deid* : *meid* III, 294;
mysdeid : *speid* III, 85, 448; *dreid* : *hed* (ae. **hēd*) III, 240;

vrek : *spek* III, 84; Nomina agentis: *powar* : *dere* (ae. *daru*
= ne. *damage*) III, 360; *powere* : *heir* (ae. *hēr*) III, 449; *medesynere* : *dere* (ae. *dēor*) III, 103; IV. *mistere* (vgl. schwed.
mista, dän. *mista* = ne. *need*) : *mysfare* (ae. *a*); *poware* : *lare*
(ae. *lār*) IV, 289; : *debonare* IV, 108;

nordh. *ē* = ws. *eā* aus *ǣ* nach vordergaumenlauten. I. *ʒer*
: *here* (ae. *hēr*) I, 1626; : *sere* (an. *sērc*) I, 1112; : *swere* (ae.
swerian) I, 997; : *swer* (ae. *swǣr*) I, 1636; : *declare* I, 1412;
ʒere : *nere* I, 1336; : *ʒa* (ws. *ʒeā*, nordh. *ʒē*) : *ga* (ae. *gān*)
I, 1114. II, III, IV —.

§ 17. nordh. *ē* = *i*-umlaut von *ēa*.

I. *ner* : *her* (ae. *hēr*) I, 1672; : *ʒere* I336; : *eire* I, 1714;
ned : *deid* (ae. *dǣd*) I, 607; : *sped* I, 1398; : *dreid* I, 1404;
here : *seir* (an. *sēre*) I, 142; *ʒem* : *dem* (nordh. *dǣma*) I, 1494;
II. *ned* : *ded* (ae. *dǣd*) II, 240, 185, 437; *heire* : *veire* II, 41;
: *frere* II, 345; III. *here* : *lere* III, 13; : *leire* III, 121; *heris*
: *inqueris* III, 115; IV. *here* : *speir* (ae. *spyrian*) IV, 25.

§ 18. ae. *ǣ* = *i*-umlaut von ae. *ā* = urgerm. *ai* reimt
wie folgt:

I. *ere* : *were* (ae. *werian*) I, 1402; : *were* (afrz. *were, guerre*)
I, 720; *eire* : *neire* (angl. *nēor*, ws. *nēar*) I, 1714; *lere* : *here*
(ae. *hēr*) I, 1202; *heill* : *cheill* (ae. *cele*) I, 1682; *led* : *ded* (ae.
dēað) I, 203; : *manhede* (ae. **hǣd*) I, 1015; : *sped* I, 1094; *deill*
(verb.) : *leill* (frz. *leyel*) I, 561; *deill* (sbst.) : *weill* (ae. *wēl*)
I, 647, 1270; : *veill* I, 1034, 1140; vgl. Curtis § 234. Der laut
dieses *ē* ist nicht unterschieden von dem des *ē* aus anordh. *ē*
(westg. *ā*, got. *ē*).

Reime wie *maist* : *gaist* I, 275, 331, 593, 649; : *last* (ae. *lāst*)
I, 1490; : *waist* (frz. *vaste*) I, 1288; : *last* (ae. *latost*) I, 573;
: *lest* (verbalsubst. von ae. *lǣstan*) I, 685 erklären sich aus den
ae. nebenformen mit *ā*. *o* nur in *ony* im (vi) I, 814, 815, 948,
500, 751, 1160, 1773, 1737, 1343, 1735. *any* kommt nicht vor
vgl. Morsbach, gr. § 96, 2.

II. *techis* : *prechis* (frz. *prêcher*) II, 61; *tech* : *prech* II, 338
ever : *dissever* II, 285 (vgl. Curtis § 23); *ony* II, 403, 448 (vi);
III. *lere* : *here* (anordh. *hēran*) III, 14, 121; *vreith* (ae. **wrǣþan*)
: *breith* (an. *brǣði*) III, 43; *never* : *sever* (frz. *severer*) III, 63;
ony III, 207, 385 (vi); IV. *clen* : *schen* (ae. *scēne*) IV, 90.

Zu *ʒouthed* (*geoguðhǣd*) : *red* (*rēdan*) I, 855, 833; : *dreid* (*ondrēdan*) I, 1566, 917; : *sped* (ae. *spēdan*) I, 1100; : *forbed* (*forbēodan*) I, 1256; *manhed* : *led* (ae. *lǣdan*) I, 1015; : *sped* I, 867; : *hed* (ae. *hēd) I, 1322; vgl. Morsbach, gr. § 137 und Curtis § 240.

§ 19. nordh. *ǣ* = *i*-umlaut von nordh. *ā* vor *l* + *cons*.
I. *eild* : *feild* (ae. *fēlan* + *hit*) I, 1102; : *weld* (ident. reim) I, 1238; IV. *eild* : *child* IV, 208, 211; (neuschott. *cheil'*).

§ 20. ae. *ĕ*, *ĕo* in offener silbe.
I. *sted* : *red* (angl. *ē*, ahd. *ā*, got. *ē*) I, 147; : *dreid* I, 949; : *fed* (afrz. *fede, feide*) I, 1488; : *ded* (ae. *ēa*, urgerm. *au*) I, 1374, 1304, 7; zu *sted* vgl. Morsbach, gr. § 64, anm. 3. *were* (*werian*) : *ere* I, 1402; *cheill* (*cele*) : *heill* (ae. *hǣlo*) I, 1682; *met* : *gret* I, 635; *swer* : *ʒer* (angl. *gĕr*) I, 997; *sevyne* : *ewyne* I, 285, 721; *hewyne* : *ewyne* I, 1769; : *sevyne* I, 651; *stad* (ae. *stede*, ne. *bestead*, isl. *staðr*, s. Skeat. Bruce) : *rad* (an. *hrǣddr*) I, 1410; II. *sted* : *ded* (*dēað*) II, 70; *met* : *gret* II, 454; III. *spek* : *vrek* III, 84; *sted* : *ded* (ae. *dēað*) III, 285. IV. —.

§ 21. ae. *ĕo*.
I. *see* : *the* I, 1046; : *private* I, 378; *forbed* : *ʒouthed* I, 1256; *deir* : *here* (ae. *hĕr*) I, 93; : *cler* I, 782; *thre* : *the* I, 603; : *degree* I, 1480; *seik* (vor *c*, *ʒ*, *h* schon im nordh. *ĕ*) : *meik* (an. *mjukr*) I, 605; *free* : *lawtee* (frz. *lealte*) I, 623; *sen* (ptcp) : *wein* (ae. *wēnan*) I, 547; : *men* (pl. von *man*) I, 1692; II. *see* : *adversytee* II, 204; : *iniquite* II, 430; : *petee* II, 416; : *maieste* II, 459; *quheill* (ae. *hwĕol*) : *veill* (ae. *wĕl*) II, 427; *frend* : *kinde* II, 331; : *unkind* II, 387; III. *bee* : *degree* III, 317, 323, 169, 29; : *the* III, 72; : *veryte* III, 47; *dere* : *medesynere* III, 104; *freind* : *mankynd* III, 54; *frend* : *unkend* (= *unkind*) III, 128, 215; *devil* : *evill* (ae. *yfel*) III, 261; IV. *bee* : *me* IV, 308; *see* : *vanite* IV, 43; *three* : *honestee* IV, 55; *bee* : *honestee* IV, 40, 133; : frz. -*é* IV, 14, 28, 152; *flee* : *menʒe* IV, 159; *deir* : *peir* (frz. *per*) IV, 3; : *effeir* (afrz. *affaire*) IV, 33; vgl. *effere* : *gere* (Murray, Dict.; Sc. and north. dial., *possessions in general, wealth, money*; prob. ad O. N. *gervi, gørvi* = O. E. *gieru, O. S. *garewi, gerwi*) III, 137; *wed* : *red* (ae. *rēad*) IV, 93; *frendis* (aus ae. sg. *frēond* + pluralzeichen) : *lendis* IV, 77.

§ 22. ae. *ēa* [*ǣa*] = germ. *au* (ausser vor *c*, *ȝ*, *h*).

I. *ded* : *red* (angl. *ē*) I, 577, 1068; : *sted* (ae. *e*) I, 1374,
1304, 7; : *led* (ae. *ǣ*) I, 203; *gret* : *met* (ae. *e*) I, 635; : *get*
I, 1408; II. *ded* (subst.) : *sted* II, 70; *gret* : *met* (ae. *e*) II, 454;
III. *ded* (subst.) : *sted* III, 285; : *feid* III, 334, 416, 90; *ded*
(adj.) : *hed* (ae. *hēafod*) III, 67; IV. *red* : *wed* (ae. *wēod*) IV, 93.

§ 23. anordh. *ēg*, *ēh*.

I. *dee* (an. *dœyja* oder germ. **daujan* = anordh. **dēgan*)
: *E* (nordh. *ēȝe*) I, 179; *dre* : *de* I, 765; *heich* : *dreich* (an. *driugr*)
I, 1190; II. *hye* : *bee* II, 37; *dee* : *flee* (ae. *flēon*) II, 265; III. *lee*
: *bee* III, 51, 149, 377; IV. *hie* : *bee* IV, 84; *lee* : *bee* IV, 126;
dee : *povertee* IV, 253; : *bee* IV, 264; Diese reime mit ausnahme von IV giebt auch Buss, Diss. p. 9 (Anglia IX).

Hier müssen wir feststellen, dass I wiederum II, III und
IV gegenübersteht. I. hat die wörter mit früherem schleifer
nie im reime mit wörtern, die auf reines *e* ausgehen, wie *me*,
he, *the*, *se*, *thre*, *be*, *tre*, *fre* etc. und den zahlreichen romanischen
wörtern mit betontem auslauts-*e*. Drei *e* + *schleifer*-reimen
stehen fast hundert reine *e*-reimpaare gegenüber. In II, III
und IV sind die reime mit früherem schleifer nicht von denen
ohne schleifer geschieden. II hat 34, III 38 und IV 28 *e*-reime.
I geht also in dieser beziehung mit Barberes Bruce und dem
Kingis Quair, II, III, IV aber mit den schottischen legenden
und dem Trojanerkrieg. König Jakobs Kingis Quair — Jakob
starb 1437 — hat dieselben ungemischten reime wie der Bruce
(s. Buss p. 9). Auch das Alexanderbuch, das um 1438 vollendet
ist, unterscheidet noch zwischen *e* und *e* + *schleiferrest*. siehe
A. Herrmanns Diss.: Untersuchungen über das schottische
Alexanderbuch, Halle 1893, p. 42. Demnach müssten II, III, IV
nach 1438 gesetzt werden. Vergl. dazu Luick a. a. o. § 164,
nach dem der schleifer schon in der zweiten hälfte des 14. jahrhunderts schwindet.

f. Me. *ĭ*.

§ 24. ae. *ĭ*. ae. *ў* in geschlossener silbe.

I. *syne* : *begyne* I, 97; : *in* I, 303, 761; : *engyne* 1482;
kyne : *wyne* I, 347, 981; *vys* (ae. *fisc*) : *vyce* (frz.) I, 1212;
will (subst.) : *ill* (an. *i*) I, 131, 509; *wyll* (subst.) : *skill* (an. *i*)

I, 451, 957, 1032, 1268, 1596, 1764; : *tyll* I, 553, 1684; *wyll* (verb.) : *ill* (an. *i*) I, 330; *still* : *ill* I, 987; *vyne* : *in* I, 1086; *pyne* : *twyne* (an. *twin*) I, 1194; *is* : *les* I, 847; *byt* : *intermet* I, 975; II. *vyll* (subst.) : *ill* II, 108; *wyll* (subst.) : *Ill* II, 305; *syne* : *wyne* (subst.) I, 465; *wyrk* (ae. *wyrcan*) : *kirk* II, 349; III. *wyll* (subst.) : *tyll* III, 11; : *Ill* III, 23; *vyll* (subst.) : *ill* III, 19, 113; *styll* : *Ill* III, 197; *syne* : *wyne* (subst.) III, 292; : *in* III, 443; *kirk* : *Irke* III, 429; IV. *still* : *ill* IV, 128; *wyll* (subst.) : *ill* IV, 193, 241; *will* (subst.) : *till* IV, 200; *syne* : *in* IV, 260; *kynne* : *in* IV, 251; *slydder* : *considyr* IV, 8; *kirk* : *smyrke* (ae. *smercian*) IV, 165; *ʒhinge* (nordh. *ging*, s. Bülbring, Altengl. Elementarbuch § 307) : *awinge* IV, 203.

g. Me. ī.

§ 25. ae. ī und ȳ.

I. *schyr* (ae. *scīr*) : *fyr* (ae. *fȳr*) I, 644; *fyre* : *yre* (frz.) I, 825; *wyde* : *pryd* (*ȳ*) I, 1666; *wyte* (ae. *wīte*) : *wyte* (ae. *wit*) I, 749; *wys* : *dyce* (= würfel) I, 1248 etc.; *sumquhill* : *ill* I, 57; *wyf* : *strif* (frz. *ī*) I, 401; *quhill* : *kill* (lt. *culina*) I, 1242; : *perell* I, 1388; : *ill* I, 665; *myne* : *doctryne* I, 625; *belys* (ae. *īg* > *ī*, *beligeð*) : *wyce* (frz.) I, 132; II. *wy* (ae. *wīs* = *weise*, subst., mit verlust des *s*) : *velany* II, 234; : *wylly* II, 277; *vys* : *disspice* II, 322; *quhyt* : *qwyt* (frz. *i*) II, 155; *vys* : *service* II, 397; *bidis* : *betydis* II, 172; *rycht-wyce* : *justice* II, 153; *wyne* : *fyne* (frz. *i*) II, 117; III. *fyre* (ae. *fȳr*) : *ire* III, 39; *wy* (ae. *wīs* = *weise* subst., mit verlust des *s*) : *cumpany* III, 124; *wys* (adj.) : *cowatice* III, 260; *quhy* : *spye* III, 201; *by* (ae. *ȳg* > *ī*, aus der 3. sg. praes. v. *bycgan*) : *chasty* III, 424; IV. *wy* (wie III, 124) : *cumpany* IV, 69; *wyt* (ae. *wīte*) : *meryt* IV, 233; : *disspyt* IV, 288; : *profyt* IV, 257; *forþi* : *honestly* IV, 36; : *richly* IV, 276; *wyf* : *stryf* (frz. *ī*) IV, 79; *wys* (adj.) : *awys* IV, 295; : *wyce* (frz.) 209.

§ 26. ae. *i* und *y* vor dehnenden konsonantengruppen.

I. *kind* : *strind* I, 845, 1298; : *fynd* I, 1779; *kynd* : *strind* I, 940; II. *kinde* : *frend* II, 332; *unkind* : *frend* II, 388; III. *mankynd* : *freind* III, 53; *unkind* : *frend* III, 127; *unkend* (ae. *uncynd*) : *frend* III, 215; IV. *kynd* : *behind* IV, 269; *child* *eild* IV, 208, 211 (*i* scheint zu *ę* gedehnt zu sein).

§ 27. ae. *ĭ, ўฺ* in offener silbe scheint zu *ẹ̄* gedehnt zu sein in:

I. *leifi* : *geifi* I, 83; *gevys* : *levys* I, 754; *leifi* : *gyf* I, 1642; *gyfe* : *raleif* I, 1022; *stere* (ae. *styrian*) : *nere* I, 775; im versinnern I, 1391 *steris*; II. *gyff* : *leifi* II, 163; IV. *leifi* : *giſ* IV, 261; *speir* (ae. *spyrian*) : *here* (angl. *hẹran*) IV, 25. Vergl. Curtis § 538 fg., Morsbach Gr. § 65 und Luick II. Teil.

h. Me. *ŭ* in geschlossener silbe.

§ 28. ae. *ŭ* in geschlossener silbe.

I. *tunge* : *ʒong* (nordh. *giung, gung* = ws. *eo*, vgl. Curtis § 391) I, 197, 224; *undyr* : *wondyre* I, 325; *worcht* (ae. *wurð, weorð*) : *furcht* (ae. *ſorþ*) I, 591; *drunksom* : *cum* I, 447; *sum* : *welcum* I, 1222; *hatsome* : *dwme* I, 669; II. *lust* : *gust* (lt. *gustare*, frz. *gouster*) II, 39; III. *twnge* : *ʒonge* III, 191, 289; *sum* : *cum* III, 265; *vylsum* : *cum* III, 335; IV. *thus* : *delycyus* IV, 73.

§ 29. ae. *ŭ* in offener silbe.

Über die längung von ae. *ŭ* in offener silbe s. Curtis § 538 fg., Morsbach Gr. § 65 und Luick II. Teil. I. *sone* (ae. *sunu*) : *done* (ae. *gedōn*) I, 337; *cum* : *drunksom* I, 447; II. *lovis* (ae. *lufian*) : *raprevis* (für *reprovis*) II, 44; III. *sone* (ae. *sunu*) : *done* (ae. *gedōn*) III, 456; *luf* (ae. *lufu*) : *behufi* (ae. *behōf*) III, 363; : *rapruf* (frz. *reprover*) III, 102, 147; *lovis* (ae. *lufian*) : *reprwis* III. 93; *cum* : *sum* III, 265; : *vylsum* III, 335; IV. *lu* (ae. *lufu*) : *repruf* IV, 157; *luf* (ae. *lufian*) : *repruf* IV, 171.

i. Me. *ū̄*.

§ 30. ae. *ū*.

I. *done* (ae. *dūn*) : *possessione* I, 973; *doun* : *determinacionne* I, 807; : *condiscioune* I, 1694; : *perfeccioune* I, 1600; : *perfeccionne* I, 1678, 1456; : *superscriptione* I, 1520; : *tribulacioun* I, 1262; : *resone* I, 373, 1280; *out* : *dout* I, 1706, 183; *lout* (ae. *lūtan*) : *dout* I, 809; *about* : *dout* I, 1182; *þow* : *trow* (ae. *trūwian*) I, 1302, 445; *now* : *trow* I, 1558, 371; *boune* : *devotioune* II, 127; *trow* : *alow* (frz. *allouer*) I, 425; II. *nychtbour* : *valour* II, 383; *now* : *umbeschew* (= ne. *avoid*, s. Jamieson, Diction.) II, 475; *hous* : *crous* (mhd. *crūs* s. Murray) II, 196, 411; III. *how* : *trow*

III, 248; *hous* : *crous* III, 117; *trowyt* : *alowyt* III, 70; IV. *hous*
: *crous* IV, 16; *nychtboure* : *dishonor* IV, 81; : *honour* IV, 183.

Zu den reimen *trow, trowyt* in I und III ist zu bemerken,
dass der laut *ū* + *w* (ae. *trūwian*) erhalten bleibt, ausgenommen
im auslaut, wo *w* fällt.

§ 31. frz. *ü* : frz. *ou* findet sich verschiedentlich.

I. *infortowne* : *punyscione* I, 53; vgl. Buss p. 11, der für das
lt. *fortuna* eine dem frz. fremde bildung im schottischen annimmt (*infortone* I, 134 (vi). An reinen -*our*-reimen (auch -*or*
geschrieben) sind in I 4 paare: 563, 943, 1090, 1466; plural
-*ouris* auch 4 paare: 1038, 1054, 1084, 1138; *schouris* (ae. *scūr*)
: *amouris* I, 1038. Unreine reime sind: *odore* : *impure* I, 155;
honor : *fygur* I, 449; : *pur* I, 865; : *endure* I, 1562, 1310;
: *mesour* I, 971; *mesur* : *errour* I, 1550; *missouris* (*measures*)
: *confessours* I, 729. Unter acht fällen ist *honor* fünfmal (reimt
sonst nur mit sich selbst und einmal mit *favor* I, 943), *mesur*
dreimal falsch gereimt (reimt sechsmal richtig). Ich nehme
für *honor, odor, errour* suffixvertauschung an. II. -*our* (-*ouris*)
ist fünfmal richtig gereimt: II, 9, 247, 357, 383, 461; sodann
devotioune : *boune* II, 127; -*ur* einmal II, 335. In *scornouris*
(: *honouris*) II, 137 und *mesour* (: *honore*) II, 393 ist suffixvertauschung eingetreten. III. -*our* (-*ouris*) ist dreimal richtig
gereimt: III, 185, 315, 427; -*ur* zweimal III, 35, 367; *nature*
: *sture* (an. *stōr*) III, 367. IV. -*our* viermal richtig gereimt:
IV, 11, 81, 183, 227; -*ur* zweimal richtig: IV, 95, 213; *dishonore*
: *creatour* (= geschöpf) IV, 23 suffixvertauschung; ebenso in
mesour : *arroure* (= *erreur*) IV, 61.

k. Me. *o* in geschl. silbe.

§ 32. ae. *o*.

I. *furcht* (ae. *forþ*) : *worcht* (ae. *w* + *eo, weorð*) I, 591;
croft : *loft* (an. *o*) I, 1188; *word* : *sword* I, 167, 253; II. *beforne*
: *corne* II, 60; III. *born* : *scorne* (frz. *escarnir*, ahd. *scernōn*)
III, 133; *ford* (*for* + *hit*) : *lord* III, 389; IV. *gold* : *old* (aangl.
ald) IV, 306; vgl. § 11 anordh. -*ald*.

l. Me. *ū, ŏ*.

§ 33. ae. *ō*.

I. *done* : *sone* (ae. *sunu*) I, 337; zu *sone* vgl. § 29; *done*
: *hwn* (*hone*, zur etym. s. Curtis § 496) I, 312; II. *gud* : *fud*

II, 273; : *blud* II, 366 etc. (immer ae. *ō* : ae. *ō*); III. *done*
: *sone* (ae. *sunu*) III, 456; *soune* (ae. *sōna*) : *done* III, 442
(ae. *ō* : ae. *ō*); *behufı* : *luf* III, 363; *cule* (ae. *cōl*) : *fulle* (frz.
folle) III, 395; *dud* (*do* + *it*) : *gud* III, 74; *dois* : *contraryous*
III, 96; : *wertewz* III, 399; : *rus* (isl. *hrós*, s. Skeat) III, 211;
IV. *dud* (*do* + *it*) : *gud* IV, 202 etc. (ae. *ō* : ae. *ō*).

B. Altanglische (nordh.) vocale unter dem einfluss von nachbarlauten.

m. Me. *au.*

§ 34.   ae. *āw*, *āʒ*, *aʒ*, *ēaw* und an. *aw.*

I. *knawinge* : *awinge* (von ae. *āgan*) I, 339; *knawin* : *awin*
I, 1378; *knaw* : *aw* (an. *agi*) I, 1232; : *schaw* (ae. *scēawian*)
I, 1272, 1464, 1805; : *draw* (ae. *dragan*) I, 1342; *schawing* : *awn*
(von ae. *āgan*) I, 1716; nur im (vi) *owyn* (einmal) I, 347.
II. *lawis* (ae. *lagu*) : *dawis* (ae. pl. *dagas*) II, 2; (sonst immer
dais, z. b. *dais* : *ways* II, 13); *dawis* auch im Bruce 6, 650 ed.
Skeat. I hat nur *dais*. *law* : *aw* (an. *agi*) II, 125; : *aw* (ae.
āgan) II, 399; *lawis* : *schawis* II, 31; *knaw* : *draw* II, 308.
III. *knaw* : *draw* III, 9.   IV. *law* : *aw* (an. *agi*) IV, 294.

n. Me. *ēu.*

§ 35.   ae. *ēaw* > *ęu* in:

thewis (ae. *þēaw*) : *schrewis* (ae. *scrēawa*) II, 303 und IV, 5.

§ 36.   ae. *ēo* + *w.*

I. *hew* : *new* I, 1680 (*ēo* + *w* : *ēo* + *w*); *treuth* (ae. *trēowð*)
: *slueth* (ae. *slǣwð*) III, 146 (vgl. Curtis § 243).   II. *brew* : *rew*
(ae. *hrēowan*) III, 45 (*ēo* + *w* : *ēo* + *w*).

o. Me. *-ocht.*

§ 37.   ae. *o* + *ht* und *ō* + *ht.*

I. *thocht* : *nocht* I, 597, 619, 632, 797, 1370, 1170, 1266;
: *brocht* I, 1440; : *ocht* I, 129; *nocht* :ˈ *socht* I, 1250; : *mocht*
(ae. *mohte, vgl. Curtis § 58) I, 389, 1462.   II. *thocht* : *nocht* II,
145, 193; *nocht* : *vrocht* (prt. v. ae. *wyrcan*) II, 217; : *bocht*
(prt. v. ae. *bycgan*) II, 377.   III. *nocht* : *thocht* III, 195; : *mocht*
(prt.) III, 295.

p. Me. *-icht.*

§ 38 aangl. *e* + *ht* (= ws. *ie, i, y, i*-umlaut von *ea,* und ws. *eo* + *ht*) und aangl. *ē* + *ht* (ws. *ēo* + *ht*) erscheinen als *-icht.* Vgl. Bülbring, Anglia Beiblatt X, 1 ff.

I. *mycht* (subst. aangl. *meht*) : *richt* (aangl. *recht*) I, 35; : *rycht* I, 511, 527, 1434; : *sycht* (ae. *gesihð*) I, 123; : *slycht* (an. *slǣgþ,* ne. *sleight*) I, 519; *almycht* : *sicht* I, 641; *lycht* (aangl. *lēht*) : *sicht* I, 565; *hicht* (aangl. *hēhþo*) : *wycht* (adj. = mnd. *wicht?* Stratm. Bradl.) I, 1384; : *rycht* I, 793. II. *nycht* (aangl. *neht*) : *ryht* II, 141; *almycht* : *rycht* II, 141. III. *micht* (subst.) : *feicht* (aangl. *feht*) III, 408; : *rycht* III, 349; *slycht* (an. *slǣgþ*) : *hecht* (= *promise,* anordh. *e* in redupl. verb.) III, 168. IV. *nycht* : *hicht* (= *promise*) IV, 153.

q. Me. *ai.*

§ 39. ae. *e* + *g, œ* + *g* werden zu dem diphthongen *ai,* der mit dem diphthongen aus frz. *ai, ei* und an. *ei* reimt; (beispiele zahlreich).

Reime von *ai* zu *a* (kommen schon im XIV. jhdt. bei Barbere vor, s. Buss. Diss. p. 15). Diese reime scheinen für übergang von *ai* > *ā* zu sprechen; vgl. Luick a. a O. § 369. I. *day* : *say* (ae. *swā*) I, 689; an. *öy* : ae. *e; trest* : *best* I, 787; vgl. Curtis § 319. II. *thaim* : *scham* II, 427; *faire* (ae. *fǣger*) : *are* (ae. *aron*) II, 208. III. frz. *aill* : frz. *al; petaill* (frz. *pietaille* = poor people) : *hospetaill* III, 319; an. *öy* : ae. *œ; traist* (verb.) : *gest* III, 358; *traist* (adj.) : *stedfast* III, 50. IV. ws. *ā,* angl. *ē* : frz. *ai; tynsaill* (s. Gl. Bruce ed. Skeat) : *consaill* IV, 173; *craif* (ae. *crafian*) : *resaif* IV, 75; vgl. Curtis § 148.

Konsonanten.

Ohne *b* erscheint ae. *dumb* in: *dume* : *hatsome* I, 670; *dwmis* : *ourcumys* III, 42; ne. *debt,* frz. *dette* ohne *b* in *det* : *bet* (ae. *bētan*) I, 1071; *det* III, 110 (vi).

ae. *f* ist assimiliert oder ausgefallen. I. *lard* : *rewarde* I 1009, 1614; *lady* I, 1136 (vi); *hed* : *dede* (ae. *dēaþ*) I, 165;

I, 169 (vi.) etc.; in den verbalformen *has* I, 207, 1122 etc. (vi.); *had* I, 1716 etc. (vi.). Daneben aber oft *havis* I, 80, 316, 427, 749, 1125, 1128, 1517 (vi.). II. *lord : discord* II, 440; *hed* II, 352 (vi.); *has : mais* II, 254; *has* II, 19, 238 etc. (vi.); *had* II, 53, 58, 345 (vi.); *abwne* (ae. *abufan*) II, 179 (vi.). III. *lord : ford* (*for + it*) III, 389; *hed : ded* (adj.) III, 67; *hed* III, 414 (vi.); *has* III, 19, 160, 342 etc. (vi.). IV. *has* IV, 88, 143, 145, 301 (vi.); *had* IV, 221, 248 etc. (vi.). In II, III, IV ist im gegensatz zu I nie *havis* geschrieben; also in I ältere formen.

ae. *f* ist in *u* übergegangen. I. *our* (ae. *ofer*) I, 455 (vi.); *atour* (ae. *æt ofer*) I, 488 (vi.); *ourtan* I, 1487. II. *our* II, 111 (vi.); *atour* II, 290 (vi.); *ourseis* II, 63 (vi.). III. *our : four* (ae. *fēower*) III, 316; *our* III, 59 (vi.); *ourcumys* III, 41 (vi.). IV. *our* IV, 31, 42 (vi.).

ae. *swā* erscheint als *swa*, *sa* und *so* (auch *say* geschr.) I. *alswa : twa* I, 140; *say : day* I, 689; *: thai* I, 1574; *swa* I, 53, 79 (vi) etc.; *sa* I, 95 (vi); *so* I, 19 (vi) etc.; zu *so* vgl. unter ae. *ā* = germ. *ai* § 10; II. *sa* II, 41, 73, 309 (vi) etc.; III. *swa fa* III, 332; *swa* III, 354 (vi); IV. *so* IV, 195 (vi); *sa* IV, 217 (vi).

Im anlaut ist *v* und *w* oft miteinander verwechselt.

Vom auslaut des wortes *that* wurde *t* zum anlaut des folgenden wortes gezogen in: *the tother* I, 138, 302, 34 etc. Unorganisch ist *t* am wortende in *thocht* (an. *poh*) I, 560, 609 etc.; II, 182 etc.; III, 197, 206 etc.; IV, 35 etc.; ebenso in *nychtbour* (ae. *nēahgebūr*) I, 402, 1436; IV, 183; *t* ist geblieben in *fyfte* I, 227, 1412; in *sext* I, 1570; *sevynt* I, 1670; $t + d > d$ in *ado* (*at do*) IV, 143; *t* gefallen in *tras* (= *traist*) I, 167; ohne *t* erscheint *correkis* II, 92, *correk* II, 461, *correkyt* IV, 151.

Ohne *d* ist noch *len* (ae. *lænan*) I, 1200 (vi); II, 384 (vi); *sudandly* I, 792 (frz. *soudain*), *sudan* II, 327 neben *sudand* II, 470; *sudane* III, 209, 336; unorganisches *d* in *soferand* (afrz. *soverain*) I, 100; *tyranndry* I, 699, 1487 (frz. schon *tyrant*), auch *tyrand* I, 1491; *somondynge* (ne. *summoning*) III, 383. Ausgefallen ist *d* in *frenschip* III, 220.

In den worten ne. *father, mother, together, whether* findet sich in I *d* und *th*, in II, III nur *th*; also auch hier in I die älteren formen. I *faþeris* I, 3; *faþir* 1, 6; *moþer* I, 942; *fader* I, 847; *moder* I, 847; *moderis* I, 940; *moder* I, 1253; *togidder*

I, 273; II. *mothir* II, 443; *faþer* II, 443; *quhey* (*y* = *þ*) II, 308; III. *quhethir* III, 10, 24, 25; *faþeris* III, 174; *moþer* III, 253.

Hundereth (ae. *hundred*) I, 1626 (vi) mit einwirkung von an. *hundrað*. Im auslaut ist *d* zu *t* geworden in: *efterwart* : *part* I, 889, 427, 965, 1166, 1560, 1749; : *hart* (ae. *heorte*) II, 18; *frawart* II, 278 (vi); *efterwart* III, 46 (vi). Die altfranz. endung -*ant* erscheint als -*and* in *sembland* I, 1079 (vi); *habondand* I, 364 (vi); *excedandly* II, 23 (vi); *endurand* III, 36 (vi); *cunnand* (afrz. *covenant*) III, 385; *servand* : *land* III, 414; 389 (vi); *clamand* : *hand* III, 313; *fenʒeand* IV, 20 (vi).

Ae. *hit* = *es* hat sich mit dem vorhergehenden wort verbunden und ist zu *d* geworden; vergleiche dazu und zu *begylyt* : *wyld* I, 1460, in der einleitung zu unsern texten die notiz Murrays, p. XI, ferner Murray, The Dialect of the Southern Counties of Scotland p. 198. I. *feild* (*feil* + *it*) : *eild* I, 1103; III. *dud* (*do* + *it*) : *gud* III, 73; *stald* (*stal* + *it*) : *hald* III, 301; *ford* (*for* + *it*) : *lord* III, 387; IV. *dud* : *gud* IV, 201.

Mit *d* erscheint: I. *dede* (ae. *dēað*) : *stede* I, 7, 166; : *red* I, 1069; *ferd* (ae. *fēorþa*) I, 4, 25, 187, 1272; II. *erd* (ae. *eorðe*) II, 150 (vi); *erdly* II, 40 (vi); *wordy* (ne. *worthy*, ae. *weorðig*) II, 169 (vi); III. *ded* : *sted* III, 285; : *fed* III, 90, 334, 415; *ded* III, 32, 290 (vi); *byrding* (ae. *byrðen*) III, 257. Ae. *þ* erhalten in *couth* I, 668, 1720, 1782 (vi); II, 52, 464 (vi). Ae. *þ* ausgefallen in *worschipful* (ae. *weorðscipe*) I, 453 und in *unes* (ae. *unēaðes*) I, 1675. Ae. *þ* im auslaut zu *t* in: *hicht* (*hēhðo*) : *wycht* I, 1384; *stalwartnes* (zu ae. *stǣlwyrðe*) I, 280.

Statt *th* ist oft *tht*, *cht* geschrieben: I. *sucht* I, 1709; *batht* I, 1184; *blycht* I, 1265; *furcht* I, 132; *scatht* I, 456; *blytht* I, 575; II. *soucht* (ae. *sōþ*) II, 258; *blychtnes* II, 341, 364; *blycht* II, 381; *furcht* II, 386; III. *blycht* III, 223, 231, 404; *furtht* III, 341. Dies nur eine graphische eigentümlichkeit.

Ae. *sc* ist immer *s* in *sall* und *suld*; frz. *ss* ist *s* in *flwrys* : *vys* II, 83; *punis* II, 197; gleich *sch* in *perishing* IV, 239; *weschell* III, 381.

Ae. *beforan* kommt in I nur als *before* vor: I, 5, 1554 i. r.: *memor*; I, 113 i. r.: *tressour*; II hat *before* : *store* II, 435, daneben *beforne* : *corne* II, 60; III *before* : *store* III, 144.

Ae. *rǣden* in *hatrent* I, 319; *hattrent* III, 392.

Ae. *l* ist geschwunden in: *sic, sik, swyk* in I (vi); daneben auch *swylk* z. b. I, 159; II, III, IV haben nur *syk*: II, 131;

III, 11, 1226; IV, 96; *wad = would* IV, 212 (vi); *l* ist erhalten in *mekle* I, 172 etc.; II, 432 etc.; *mekle : fekle* III, 373 etc.; *mekill* IV, 9 etc.; *lytill* I, 1292; II, 12 etc; *ilke* I, 44, 66 etc.; IV, 84; *ilkan* I, 287; II, 12; *quhilk* I, 119, 155 etc.; II, 64; III, 34, 46; IV, 51, 56, 201 etc.; *everilk* II, 82; IV, 54; ae. *ealswa* findet sich als: *alswa* I, 140; *als* I, 587, 1342; *as* oft; in II, III, IV nur *als* und *as*: II, 36, 71, 304; III, 296; IV, 297, 312; etc.

Mouilliertes *l* reimt in I nur mit sich selbst; in III, IV auch mit andrem *l*; *petaill* (frz. *pietaille*); : *hospetaill* III, 319; *consaill : tynsaill* (*tyn* + ws. *sǣl*) IV, 173;

Metathesis findet sich in: *throw* (ae. *þurh*) I, 239; *third* I, 153; *gers* (ae. *græss*) I, 1146; *Cornikes* II, 4; *cors* (ne. *cross*) II, 129; *gyrnis* III, 162; *fristit* I, 1004, *frysting* I, 1005; daneben *ryne* I, 1244; *brest* (ae. *berst,* an. *brestr*) I, 368; *thride* I, 302, 381 etc.; *byrnis* I, 826; *fyrst* I, 998; *thretty* I, 1155, 1275; *byrnand* IV, 40 etc.

Die assibilierung des ae. *c* ist nicht eingetreten in: I *sic* I, 39; *sik* I, 718 etc., *swyk* I, 11; *swik* (ae. *swīc*) : *elyk* I, 1030; *swylk* I, 159; *ilk* I, 44, 66 etc.; *ilka* I, 738; *ilkan* I, 287; *quhilk* I, 119, 155 etc.; *rek* (ne. *reach*) I, 1500; *kynryk* I, 1188; *rich* (als verb) I, 1025 ist aus dem *franz.* II. *ilkan* II, 12; *everilk* II, 82; *syklyk* II, 59; *harsk* III, 288 etc., aber *spech* II, 86 (vi), III, 376 (vi).

Verstummt ist das ae. *c* in der adverbialendung -*ly* (südme. -*liche*; Curtis § 413 leitet mit Ten Brink -*ly* von an. -*ligr - liga* ab). -*ly* ist sehr häufig im reim; daneben *lyk : kindlyke* I, 835; im versinnern öfter *lyke : godlyk* I, 59, 79; *devillyk* I, 94; *frendlyk* I, 278; *ewynlyk* I, 406, 876; *godlyk : lyk* (= *gleich*) III, 25; *costlyk* IV, 31 (vi). ae. *macian* nnd an. *taka* haben bald verkürzten, bald ganzen stamm: I *mak : strak* I, 256; *tak* I, 16, 208; *takis* I, 132; *mak* I, 160; *makis* I, 125, 154; *maid* I, 490, 495, 569; *mais* I, 189; *tane : ane* I, 769; *ourtan* I, 1487; *ta* I, 1497, 1498; II. *mais : ourgais* II, 16; : *has* II, 253; *ma* II, 296; *mak* II, 52, 53; *makis* II, 69; *takis* II, 114, 120; III. *tais : mais* III, 99; *tak : lak* III, 340; *takis : makis* III, 5; *makis : lakis* III, 136; *maid* III, 388; IV. *tak : lak* IV, 197; *takis* IV, 10; *maid* IV, 304, 309.

Ae. *g* erhält sich in der konjunction *gif*; ae. *geēode* erscheint als *ȝede* I, 1364; *gelīce > elyk* I, 1030; *gewill > I-will*

I, 517; *genōh* > *Ineuch* II, 88; *gewis* > *Iwys* II, 76; sonst ist das ae. prefix *ge-* geschwunden. — *strenth* I, 258, 1680 (vi) und *lenth* I, 1676 (im reim mit sich selbst) sind ohne *g*. — Die endung *-ing* des verbalsubstantivs ist erhalten; nur im versinnern: *spekin* I, 218; *lypnyne* I, 594.

Ein *g* ist fälschlich hinzugefügt in: *laiting* (= lateinisch) I, 1524; *vyting* (= *wryting* = *written*) I, 1355; *schawing* : *awn* I, 1716; *awinge* : *knawinge* I, 339 (vgl. anm. p. 123 des textes); *fundinge* III, 317; *cusingage* (frz. *cosinage*) II, 329; *byrding* (ae. *byrðen*) III, 257; *selding* IV, 210 (*seldin* II, 122); *maidinge* IV, 132 neben *madenis* IV, 203, 217, 220, 252; *s* ist ae. *ongegn* angehängt: *agains* III, 225.

Auslautendes *s* ist noch stimmlos in: *was* : *tresspas* I, 1178, 1236; : *grace* I, 1364; *was* : *gudnes* II, 276; *vas* : *gudlynes* II, 232; ebenso als flexivisches *s*: I. *is* : *mys* I, 173; : *blis* I, 1759; *this* : *mys* I, 39; *belys* : *wyce* I, 133. II. *is* : *Iwys* II, 76; *claithis* : *riches* II, 116. III. *is* : *justice* III, 280; *dois* : *contraryous* III, 96; : *wertewe* III, 400. IV. *is* : *mys* IV, 224.

Stimmloses *s* bezw. romanisches *c* reimt mit stimmhaftem *s* in: I. *office* : *wys* (subst. ae. *wīse*) I, 221; *price* I, 217 :; *service* I, 231 :; *quantice* I, 382 :; *quyntis* I, 395; : *wis* (adj. ae. *wīs*); *dyce* : *unwys* I, 1248. II. *justice* : *rycht-wyce* (= *wise*) II, 153; *service* : *vys* (adj. ae. *wīs*) II, 397; *disspice* (ne. *despise*) : *vys* (subst. ae. *wīse*) II, 322. III. *price* : *wys* (subst. ae. *wīse*) III, 81. IV. *giglotrys* : *wys* (adj. ae. *wīs*) IV, 122; *wyce* (ne. *vice*) : *wys* (adj. ae. *wīs*) IV, 209.

Nordostfranz. ursprung verraten folgende worte: *enschew* (frz. *eschiver*) I, 298, 1061, 870; *enchapis* I, 768; (daneben *eschapis* I, 878); *chap* IV, 198 (frz. *échapper*); *ensampil* I, 881, 1464 etc.; III, 256; IV, 218; *sampill* II, 163; IV, 183; *spous* (afrz. *espouser*) III, 247, 249; *sclandyr* (frz. *esclandre*) III, 153; *statis* (frz. *estate*) I, 373, 570 etc.; *stat* IV, 54; anzumerken ferner: *mandments* (frz. *commandments*) II, 430; *stress* (frz. *destresse* = *force*) IV, 252; *par* (frz. *impeirer*) I, 1219.

h abgefallen in *arang* I, 244; *air* (ne. *heir*) I, 1291, 1297; 1310; *ypocryte* I, 672 etc. — *h* hinzugefügt in *haboundand* I, 364, 1384; *habondans* I, 676; *hordand* I, 1476; *habound* II, 240; *abhomynable* II, 189; *p* eingeschoben in *condampnit* I, 359; *condampnacione* I, 985; *dampnyng* II, 222; *dampnyt* III, 256, 426,

38; IV, 236; — *r* eingeschoben in *rebaldry* (frz. *ribaudie*)
I, 183; *r* gefallen in *socery* (frz. *sorcerie*) III, 439; *encumbrice*
nit *b*) I, 1657 neben *cumrytly* I, 1678; *cummyr* II, 350; (frz.
mbrer).

Flexionlehre.

A. Verbum.

Der infinitiv ist endunglos, wie zahlreiche reime beweisen.
raepositionen vor dem infinitiv sind *to, till, fore to*; *at* nur
or *do* in *ado* IV, 143; *for tyll* II, 25.

Das part. praes. endigt auf -*and*, das verbalsubstantiv auf
ng; beide endungen im reime, -*ing* sehr oft.

Die 1. pers. praes. ind. sing. ist flexionlos. Dass das verbum.
om pron. *J* getrennt ist, und dass *J* zwei verben regiert,
ommt nicht vor.

Die 2. pers. praes. ind. sing. endigt immer auf -*is*: *pu levis*
he *gevis* I, 753; *pow seis* : *prosperiteis* I, 492; *pow heris* : *he*
queris III, 115; *pu beis* : *pow seis* III, 15; *pow lufis* III, 26
i); — *pu spek* : *nek* (ae. *hnecca*) III, 200 ist conjunctiv oder
urch reimzwang zu erklären; durch letzteren erkl. auch *pow*
id (*do + it*) : *gud* III, 74.

Die 3. pers. hat ebenso die endung -*is,* deren vokal bei
okalischem stammauslaut meist syncopiert wurde: *he gevis*
ou *levis* I, 753 etc.; *God mais* : *has* II, 253; *quhilk* (sing.)
ulis fedis : *sedis* (pl. von ae. *sæd*) II, 64; *the wyt flwrys* : *vys*
dj. ae. *wis*) II, 83; *For our hamly to folk lawly caus disspising*
monly II, 226; *the gud cumys* : *sumys* III, 17; *quhay ourcumys*
lwm *is* III, 41; *he dois* : *contraryous* III, 196; — *or he byt*
= ehe er beisst) : *wyt* III, 162 und *ore It cum* : *vylsum*
I, 335 (erkl. durch reimzwang). *sche lendis* : *frendis* IV, 78;
urt *zarnis* : *barnis* (pl.) IV, 190.

Zu *me think* I, 394, 1005; *think me* I, 1196, 1307 (vi) (nicht
II, III, IV) ohne *s* vgl. Zupitza, Anz. f. d. A. III, 101.

Der plural a) ist meist endunglos, wenn ein persönliches
on. subject ist, b) endigt auf -*is,* wenn ein andres wort

subject ist, c) kann auf -*is* endigen, wenn das subject zwar
ein persönl. pron. ist, aber durch andre satzteile vom verbum
getrennt steht.

a) I. *thai red* : *ded* I, 1068; *we spek* (vi) I, 209; II. *thai
say* : *alway* II, 72; III. *thai draw* : *knaw* (inf.) III, 10; IV. *thai
tak* : *lak* (subst.) IV, 197; *we find* IV, 210 (vi) etc. aber ʒ*ow
consideris* I, 369 (vi);

b) I. *the twa resemblis godis mycht* I, 35; *As men gevis
caus in thar doinge* I, 55; II. *men seis* : *kneis* II, 130; *wysmen
bidis* : (*it*) *betydis* II, 171; III. *at men here lakis* : *makis* (3. pers.
sing.) III, 136; *folk* .... *fenzeis* III, 240; IV. *women* ... *thinkis*
IV, 146; *frendis* ... *puttis* IV, 237;

c) I. *gif zow consideris weill and seis* : *prosperiteis* I, 369;
thai spend it .... *and bringis* ... I, 203; aber auch *thai to
Resone se rycht nocht* I, 1371; *thai lach and say* : *way* I, 1515
(reimzwang); II. *thai here glaidly and lytill spekis* : *Laith for
to crab and seldin wrekis* II, 121; *Thai ar lordis* ... *and
haldis* II, 178; III. *Thai disples god and vynis thaim fed*
III, 89; *and bringis men spretualy to ded* III, 90; IV. *thai
mone begaris be alway* .... *and deis* IV, 286.

Das praeteritum ist völlig ohne personalflexion, auch die
2. pers. sing.

Der conjunctiv praes. ist stets ohne endung, wie viele
reime zeigen.

Abgesehen von *kep zow* II, 476 (vi) kommt nur der sing.
des imperativs vor; er ist in I sowohl wie in II, III, IV
immer endunglos, ob mit *pu* verbunden oder nicht: I. *luk* : *buk*
I, 2; *on mesouve maist pow think* : *drinke* I, 443; II. *traist*
II, 55 (vi); *knaw and luf* II, 288 (vi); III. *pow spek* : *vrek*
(subst.) III, 83; *pu lay* : *ay* III, 224; IV. *craif* : *resaif* (inf.)
IV, 75; *flee* : *menʒe* IV, 160.

Starke konjugation.

Als pluralform des praeteritums eines starken verbums
finden wir in I, auch im versinnern, nur: *thai grew* I, 303;
(ae. *grōwan*, nach Sievers § 396, 2 b redupl. verb.). Dass der
ablaut des plurals derselbe ist wie der für den singular, ist
also nicht zu beweisen. Für III (und somit für II, III, IV;

s. unten) beweist der reim *thai fand* : *land* III, 306 (ae. *fundon*),
dass sg.- und pl.-vocal zusammengefallen.

Das part. praet. hat die endung *-in* (auch *-yne*, *-ing* geschrieben); *vyting* (= *written*) I, 1355; *vrytin* I, 1099, 1521;
fundyne I, 480, 530 neben *funde* I, 561 (vi); vgl. Metrik. *cumyne*
I, 714, 887 etc.; *fundyne* II, 26; *wrytin* II, 27. Das part. von
forget ist *forget* I, 604, 1388 (vi); *forget* : *det* I, 1610; : *ʒet* (*porta*)
I, 1484; — ist zur schwachen konjugation übergetreten.

Im reime sich findende starke verba (einteilung nach Sievers, Angelsächs. grammatik, 3. aufl., 1898):

Kl. 1.   *ryd* (inf.) : *beside* I, 1338; *ourdryf* (pl. prs.) : *thrif*
(isl. *prīfa*) I, 1454; *bidis* (pl. prs.) : *betydis* II, 171; *byt* (III. prs.)
: *wyt* (ae. *wīte*) III, 162;

Kl. 2.   *dre* (inf.) : *de* I, 766; *forbed* (inf.) : *ʒouthed* I, 1256;
brew (pl. prs., ae. *brēowan*) : *rew* (pl. prs., ae. *hrēowan*) III, 45;
lee (inf.) : *bee* III, 51, 150; *flee* (pl. prs.) : *dee* II, 265; *fle* (imp.)
: *menʒee* IV, 160; *bow* (sg. conj. prs.) : *wow* III, 351;

Kl. 3.   *fynd* (inf.) : *unbynd* I, 1067; : *blynd* I, 1633; *begyne*
(sg. prs.) : *syne* I, 97; *begun* (ptcp.) : *ouv-run* (ptcp.) I, 1425;
vyne (inf.) : *kyne* I, 347, 982; : *in* I, 1087; *upspring* (inf.) : *ʒarning*
I, 1428; *fynd* (pl. prs.) : *blind* II, 419; *bind* : *blind* III, 193; *fand*
(pl. prt.) : *land* III, 306;

Kl. 4.   *cum* (inf.) : *drunksom* I, 448; *upbar* (sg. prt.) : *are*
(an. *ār*) I, 523; *steill* (inf.) : *leill* I, 542; *stall* (sg. prt.) : *all*
I, 479; *cum* (inf.) : *sum* III, 266; *ourcumys* : *dum is* III, 41;
born (ptcp.) : *scorne* IV, 133;

Kl. 5.   *geif* (inf.) : *leifi* I, 84; *see* (inf.) : *buntee* I, 41; *sen*
(ptcp.) : *wein* I, 548; *get* (inf.) : *gret* I, 1409; *forget* (ptcp.) : *lat*
I, 1419; *belys* (sg. prs.) : *wyce* I, 134; *see* (inf.) : *adversite* II, 204;
spekis : *wrekis* II, 121; *sen* (ptcp.) : *ben* (ptcp.) III, 337; *seis*
(sg. prs.) : *beis* III, 16; *spek* (imp.) : *vrek* III, 157; *syt* (inf.) : *it*
III, 177; *gif* (inf.) : *leifi* IV, 262; *sen* (ptcp.) : *ben* IV, 302; *see*
(inf.) : *vanite* IV, 43;

Kl. 6.   *understande* (imp.) : *hand* I, 15; *tane* (ptcp.) : *ane*
I, 770; *take* (inf.) : *forsak* I, 925; *draw* (inf.) : *law* I, 352; *swere*
(inf.) : *ʒere* I, 997; *draw* (pl. prs.) : *knaw* (inf.) II, 307; *takis*
(pl. prs.) : *makis* III, 6; *tak* : *lak* III, 340; *draw* (pl. prs.) : *knaw*
III, 10; *tak* (inf.) : *abak* IV, 47; *mysfare* (inf.) : *mistere* IV, 246.

Reduplicierende verben:

fall (inf.) : *all* I, 70, 697; etc., *befall* (inf.) : *call* I, 243; *fell*
(sg. prt.) : *tell* I, 248; *knaw* (inf.) : *schaw* I, 1272; *knawin* (ptcp.)
: *awin* I, 1278; *redis* (sg. prs.) : *spedis* I, 143; *red* (sg. prs.) : *sted*
I, 147; *hald* (inf.) : *fauld* I, 1024; *fall* : *small* II, 105; *knaw* (inf.)
: *draw* II, 307; *rede* (inf.) : *dreid* II, 49; *hald* (inf.) : *cald* II, 131;
sleep (pl. prs.) : *kep* II, 269; *knaw* (inf.) : *draw* III, 9; *hald*
(sg. conj. prs.) : *stald* (*stal* + *it*) III, 302; *hycht* (ptcp.) : *nycht*
IV, 154.

Schwache konjugation.

Das praet. und part. praet. der schwachen verben endigt
auf -*it* (-*yt*); (-*id*, -*ed* selten daneben). -*it* wird zu *t* oder *d* nach
l, *r*, *n*; zu *t* nach *f* oder *s*: *cald* (ptcp.) : *hald* I, 1801; II, 132;
im versinnern auch *callyt* z. b. I, 324; II, 359; III, 324; *feld*
I, 1103, 1692 (vi); *hurt* I, 757 (vi); *answerd* I, 259 (vi); *hard*
I, 1692 (vi); II, 134; III, 307 (vi); *schent* : *argument* I, 1287;
lent I, 549 (vi); *tynt* I, 1735; *tint* III, 312 (vi); IV, 279 (vi);
vente : *entent* I, 1150; *send* (ptcp.) : *end* III, 171; *left* : *eft* I, 68;
amendit I, 1330; *reft* I, 802; *past* : *last* I, 1671; *passit* I, 907 (vi);
III, 67, 316; *pressit* I, 1396; *begylyt* : *wyld* I, 1460.

Sogenannte rückumlautende verben:

tell : *fell* I, 247; *tald* (*tauld*) : *ald* (*auld*) I, 923, 267; *think*
: *drinke* I, 444; *sell* : *threll* I, 51; *bringe* : *lufing* I, 1060; *brocht*
: *thocht* (subst.) I, 1440; *socht* : *nocht* I, 1251; *lay* : *away* I, 1186;
seik : *keik* II, 408; *tech* : *prech* II, 338; *wyrk* : *kirk* II, 349; *vrocht*
: *nocht* II, 217; *bocht* : *nocht* II, 378; *by* : *chasty* III, 423; *lay*
: *ay* III, 224.

Praeterito-praesentia.

Sie haben keine personalflexion.

pu may : *day* III, 179; *scho may* : *day* IV, 160; *we may*
: *day* I, 43; *mocht* (sg. prt.) : *nocht* I, 390; *mocht* (pl. prt.) : *nocht*
I, 1463; III, 296; im versinnern auch *mycht* z. b. als pl. I, 671;
als sg. I, 256; III, 317; IV, 12.

mone (nur im versinnern) als sg. I, 416, 445, 1367, 34,
986, 989, 1006, 1753; III, 47, 435, 33; als pl. II, 42; IV, 264,

285; *monen* (pl.) I, 497; heisst stets *müssen*; ausgenommen
mone I, 1576, als pl., das *werden* heisst.

I sall : *principall* I, 271; *pu sall* I, 3, 12 (vi); *sall* (III. sg.)
: *fall* I, 1507; : *taill* I, 1556; *sall* pl. I, 22, 1514 (vi); *suld* (sg.
und pl. prt.) nur im versinnern. II, III, IV ebenso.

can (sg. prs.) : *women* IV, 1; *can* (pl. prs.) : *man* II, 166;
couth (sg. und pl. prt.) nur im versinnern.

dar (sg.) I, 1089; III, 152 (vi); *dar* (pl.) I, 553 (vi).

aw (sg.) I, 81 (vi); *aucht* (pl.) I, 194 (vi).

wyt (inf.) I, 25, 502 etc. nur im versinnern; *vyting* I, 68;
wat (II. prs.) I, 754 (vi); *wat* (III. prs.) I, 1642, 482, etc. (vi);
wat (pl. prs.) I, 1169 (vi); *wyst* (III. prt.) I, 66, 1718 (vi); *wyt*
(pl. conj. prs.) II, 272 (vi); *vat* (pl. prs.) : *deligat* II, 442; *wat*
(I. prs.) III, 108 (vi); *wat* (pl. prs.) III, 221 (vi); *wyst* (II. prt.)
III, 109 (vi); *wyst* (III. pl. conj. prt.) III, 309 (vi); *mote* (III. sg.)
I, 1809 (im nachwort zu I).

Anomala.

wyll (sg. praes) : *ill* I, 329; sonst nur im versinnern; sg.
und pl. *will* — auch in II, III, IV, abgesehen von II, 231
wyllys (pl. prs.); prt. stets *wald* I, 25 etc., II, 333 etc.; nur im
versinnern; in IV, 212 die jüngere form *wad*.

do (inf.) : *to* I, 220; prt. stets *did* (nur im versinnern);
ptcp. *done* : *soune* I, 1718; III, 441 etc.

ga (inf.) : *ʒa* I, 1114; prt. *ʒed* I, 1364 (vi); ptcp. *gan* I, 10,
1425 (vi); *ga* III, 164 (vi); IV, 131.

haf (*have*) inf. oft im reim; sg. prs. *I have* I, 184, 1440 etc.
(vi); *pow has* I, 650, 424 etc. (vi); 3. pers. *has* I, 503, 229,
246 etc.; daneben *havis* I, 427, 749, 1125, 1128, 1567 etc. (vi);
pl. prs., 1. pers. fehlt; *ʒow has* I, 347 (vi); 3. pers. nach pronomen
have I, 786, 934, 1170, 1628 (vi); sonst *has*, z. b. I, 207, 229,
686, 1626; aber auch mal *have* z. b. I, 1444: *few have*; prt. *had*
I, 645, 959, 524, 700 etc.; II, III, IV haben keine formen mit *ɵ*
(*has* : *mais* II, 254); sonst stimmen sie mit I überein.

be (inf.) häufig im reim; ptcp. *ben* : *betwen* I, 1043; II, III,
IV ebenso; 1. pers. *I am* I, 728 (vi); 2. pers. *pow art* I, 5, 18,
19 etc. (vi); *pow* vom verbum getrennt findet sich nicht; 3. pers.
meist *is*, daneben selten *beis* I, 1297, 1418, 1419; *be* I, 575;
1. pers. pl. fehlt; 2. pers. *ar ʒhe* I, 405 (vi); 3. pers. *are*, wenn

das pron. unmittelbar vorhergeht; sonst wechselt *are* und *beis*; *beis* I, 1480, 1481, 1189, 1388 etc.; *is* in I, 1250: *thare is aithis set at nocht*; conj. prs. ist immer *be*; prt. sg. *was* : *tresspas* I, 1171, 1236; pl. *war* : *mare* I, 1470; sg. conj. prt. *war* I, 191 etc.; pl. *war* : *thar* I, 1660; II, III und IV fast ebenso; 2. pers. sg. in III, 16 *beis* : *seis*; 3. pers. sg. stets *is,* nie *beis* wie in I; 3. pers. pl. hat nach *thai* und nach subst. *are,* z. b. II, 34, II, 255; steht *thai* getrennt, dann *is* z. b. II, 125, 195; daneben *thai be* II, 258, 444.

B. Nomen.

Der genitiv sg. wird mittels der praeposition *of* oder der endung *-is* gebildet. I. *faþeris entent* I, 3; *godis mycht* I, 35; *moderis strind* I, 940; ferner I, 167, 432, 1069, 505 etc.; II. *wysmanis face* II, 83; *warldis wysdom* II, 262; ferner II, 150, 273, 317; III. *flytarys fyre* III, 39; *Goddis service* III, 179; ferner III, 129, 229, 360, 451; IV. *godis band* IV, 103; *husbandis honeste* IV, 106. — Ohne endung ist der gen. in *moþer dohter* I, 942; *salter buk* I, 63, 1525; *god and manis lawis* II, 32; *moþer-child* III, 253.

Der plural wird mit der endung *-is* gebildet: I. *banis* : *atanis* I, 251; *handis* : *understandis* I, 228; *claithis* : *riches* II, 110; *frendis* : *is* III, 241; *frendis* : *lendis* IV, 77.

Schwache plurale: *en* I, 607 (vi); (daneben *E* : *dee* I, 179;) *ene* III, 202 (vi); in IV *E* IV, 190. Auf *-er* (*-yr*) endigt *childer* I, 1619, 1686 (vi); III, 417 (vi). Plural durch umlaut nur *men, women.*

Dieselbe form für den pl. wie für den sg. hat; *ʒer* : *sere* I, 1113; : *here* I, 1626; : *nere* I, 1336; *ʒeris* I, 1572, 1671 (vi) in *fourscore of ʒeris* muss *ʒer* heissen; vgl. Murray a. a. o. p. 161: „Most nouns of time, space, quantity, weight, measure and number remain unchanged in the plural, when used collectively, or with a numeral that already indicates plurality". *score* I, 1571, 1572, 1672 (vi); *thing; mekill uthir thinge* : *undoinge* I, 457; : *cleithinge* I, 637; *al thing* I, 660, 1477 (vi); : *scornnyng* II, 136; : *fenʒeing* II, 260; : *mystraisting* III, 164; *thi thinge* : *king* III, 142; *mekil thinge* : *faidinge* IV, 9; *all thinge* : *perischinge* IV, 240; *sere entent* I, 1107.

Der genitiv pl. endigt auf -*is* in: *thar handis deid* I, 223; *maisteris skill* I, 175; *of uthiris menis scaith* II, 405; ferner II, 150, 303; *al menis scham* III, 228; *barnis deid* III, 426; *womenis honore* IV, 8; ferner IV, 309, 236. -*is* fehlt in: *women kind* I, 1288; *of* fehlt in *quantite* < *syne* I, 1483; *payment* < *na thing* II, 442; *takine* < *a full women* IV, 177.

Der ae. dat. pl. noch in *quhilum* II, 105 (vi).

Die adjectiva sind flexionlos; ein rest der ae. declination noch in *althir erest* I, 1020; I, 1020; *althir best* II, 471.

Personalpronomen: 1. pers. *I, me, we, us*; 2. pers. *þow, the, ȝe* (daneben *ȝow* als nom. I, 116, 347, 355), *ȝow* acc. I, 1203 etc.; 3. pers. *he, him, scho* meist [daneben *sche* I, 609 (vi)], *hir* I, 389, 392 (vi); *her* I, 137, 620; *it, it, thai, thaim*. In IV wechseln *hir* und *her* als persönl. pron.: *hir* IV, 32, 180, 123, 42; *her* IV, 165, 276, 37.

Possessivpronomen: *my, thy* (vor vocalen und *h* meist *myne, thyne*); *his, hir; our; thair (thare)*. In IV neben *hir* wieder *her*; *hir* IV, 88, 90, 19, 29, 27, 77;. *her* IV, 12, 183, 116, 104, 132, 48.

Demonstrativa: *this* pl. *thir; that* pl. *thai*. Ae. *þȳ* und *hwȳ* noch in *forthi* : *sympilly* I, 515; 99 (vi); 147 (vi); : *richly* IV, 276, 36; *quhy* V, 65, 25, 1262; III, 201, 248; *forquhy* I, 125.

Relativpronomen: I. Nom. wie acc. meist *that*; oft auch *quhilk* I, 119, 428, 790 etc. und *the quhilk* I, 484, 531, 835, 1516, 1801. *quhatt that* I, 209, 725; *quhatt* I, 211, 946, 1115; *quhai that* I, 683; *at* als relativ selten I, 293, 303, öfter für die conjunction *that*; gen. *quhais* I, 1808 (im nachwort zn I) acc. *quhame, quhome* I, 209, 1467.

Interrogativum: *quha (quhay, quhai), quhat, quhilk*; II, III, IV hat als relativ und interrogativ dieselben formen wie I, abgesehen von *quhilkis* II, 474; III, 234; IV, 2, 3, 248; vgl. Murray a. a. o. p. 57, 58; sodann ist *the quhilk* nie in II, III, IV.

Mundart und Verfasser.

Aus der obigen laut- und flexionlehre geht hervor, dass unsre vier gedichte im süden Schottlands entstanden sind. Abgesehen von den allgemein nördlichen eigentümlichkeiten z. b., dass ae. *ā* erhalten ist, dass ws. *-eald*, nordh. *-āld* als *-ald* erscheint, dass ae. *y* und ae. *i* zusammengefallen ist, haben wir eine reihe besondrer schottischer eigentümlichkeiten zu verzeichnen. Ae. *ō* ist zu *ü* (*ö*) geworden (s. lautlehre § 33), *ai* ist im begriff in *a* überzugehen (lautlehre § 39), ae. *ĭ* und *ŭ* in offener silbe scheinen gedehnt zu sein (§ 27 und 29), me. *a* scheint zu einem *e*-laute zu werden (§ 10), die assibilierung des ae. *c* ist nicht erfolgt u. s. w.

Aus der flexion ist zu bemerken, dass das praesens die endung *-is* hat, das praeteritum und participium der schwachen verba *-it*, dass *-ing* die endung des verbalsubstantivs, *-and* die des participiums praesentis ist. Das starke participium endet auf *-in*, der infin. ist nicht flectiert und das praefix *y-* (ae. *ge-*) ist abgefallen.

Die schreibung *quh* (*qwh*) für ne. *wh*, *ch* für ne. *gh*, die vertauschung von anlautendem *w* und *v*, die setzung eines *i* hinter lange vokale sind weitere kennzeichen des Schottischen.

Andere eigentümlichkeiten dieses dialektes sind: *till* wird sehr häufig statt *to*, *into* statt *in* gebraucht; *quhil* ist conjunction und praep. (*quhil — quhil = bald — bald* II, 209), ebenso *at*; *but* immer gleich *ohne* (ausnahme ist I, 760), *bot* ist conj. oder adverb; *fra* ist praep. oft in I; in II, 44; III, 64, 79, 80, 111; IV 180; *fra* ist conj. (= *since*) I, 990, 1732; III, 67; *sen* ist conj., *syne* adverb (= further, subsequently) I, 131, 1632; II, 360 etc. Dem Schottischen eigentümliche worte: in I *forout* I, 83, 101, 1662; *foroutin* I, 618, 1314; *syk* I, 68 etc.; *sumkyne* I, 1777 (*foroutin* und *sumkyne* nicht in II, III, IV); II. *syk* II, 105, 131 etc.; *syklyk* II, 59; *alanerly* II, 65; *anerly* II, 301; *alkyne* II, 234; III. *syk* III, 11, 12 etc.; *nakyne* III, 83; *alkyn* III, 285, 287; IV. *syk* IV, 92, 96; *alanerly* IV, 65; *anerly* IV, 129; *nakyne* IV, 250.

Die contractionen des vorhergehenden wortes mit *it* (sieh unter Consonanten) und der gebrauch von adjectiven als verba

les I, 1022 = 'diminish', *rich* I, 1025 = 'enrich', *rich* II, 237,
ill II, 439 = 'calumniate', *gud* III, 85 = 'benefit' sind echt
schottische eigentümlichkeiten; vgl. einleitung z. text p. XI.

Als letzter punkt sei angeführt, dass die zahl der an. und
afrz. lehnwörter in all unsern texten ziemlich gross ist.

Gehören somit unsere vier gedichte einem sprachgebiete
an, so gehören sie doch nicht einer zeit, also nicht einem
verfasser an.   II, III, IV möchte ich ihrer ganzen sprache
nach in das letzte viertel des 15. jahrhunderts setzen.   Dass
diese gedichte (die, wie ich noch unten beweisen werde, zusammen einem verfasser angehören) nicht später zu legen sind,
wird bestätigt durch die Bruce-hs. G. 23 in the library of
St. John's College, Cambridge, in welcher auf fol. 164—167 die
eingangs schon erwähnte variation unseres vierten gedichtes,
How the good wife taught her daughter sich befindet. Skeat
in E. E. T. S. E. S. No. 29, p. 523 giebt an, dass unser gedicht
von derselben hand wie der Bruce sei und ohne zweifel um
dieselbe zeit, nämlich um 1487 von J. de R. (Ramsay) geschrieben wurde. — Gedicht I wird um eine ziemliche spanne
zeit, wohl um 50 jahre, mehr zurückliegen als II, III, IV.
Sieh unter anordh. *ēg, ēh* § 23 in der lautlehre; sodann ist I
in allen sprachformen viel altertümlicher als II, III, IV.   Den
hauptpunkt bilden ja wohl die *e* : *e* + hintergaumenlautrestreime,
die I im gegensatz zu II, III, IV nicht hat; dann aber reimt
I frz. mouilliertes *l* nie mit anderm *l*, wohl aber II, III, IV
(vgl. unter Konsonanten); I hat die älteren formen *moder,
fader, togidder* neben den jüngeren *mother, father*; — II, III,
IV hat nur die jüngeren formen; I hat noch *havis*, II, III, IV
nur *has* (s. lautlehre unter Konsonanten); II, III, IV haben
die plurale *quhilkis, utheris* (anlehnungen ans Französische), I
nicht; I schreibt noch hier und da *swylk* (I, 159), II, III, IV
nie.   Sollte man aber annehmen müssen, dass II, III, IV nur
erneuert seien — die reinliche scheidung der *e*- und *e* + gaumen-
lautrestreime in I könnte auf zufall beruhen — so kann II,
III, IV doch nicht demselben verfasser wie I angehören; die
reime frz. *ace* : ae. *es* in II, III, IV fehlen sicher nicht zufällig
in I (s. lautlehre § 13).

Ein vergleich aber des wort- und sprachschatzes
von II, III, IV untereinander — die in lauten und flexionen,
wie wir gesehen haben, immer übereinstimmen — und zu I

wird uns sofort überzeugen, dass II, III, IV von éinem verfasser und nicht von demselben wie I sind. — Ausser zweifel steht daneben aber auch, dass I vom verfasser von II, III, IV benutzt worden ist.

II, III und IV gemeinsames, was in I nicht vorkommt.

anerly (*al-anerly*) II, 65, 301; IV, 65. *correkis* (*correkyt*) II, 92, 461; IV, 151.

crab (= annoy, teaze) II, 122, 195, 416; III, 175, 365.

scorn (*scornyng*) II, 135, 373, 416; III, 134.

fleichouris II, 139; *fleiching* III, 210, 392.

rus (pride one'sself) II, 159, 371; III, 211, 339.

sampill ohne praefix II, 163; IV, 183.

> *Thai wyll·noch lichtly mak a grant*
> *Thai set thare wyt thar wyll to dant* II, 175;
> *Be nocht lefull to hicht na grant*
> *Bot set thi wyt thi wyll to dant* III, 165; *dant* IV, 71.

furtheris II, 190; *furthiringe* III, 361.

> *Thai crab thaim nocht, na is nocht crous*
> *To ramp as lyone in thar hous* II, 195;
> *Thai ar loudest of all the hous*
> *Gret, vordy, claiterand and maist crous* II, 412.

> *Be nocht our ryatas na crous*
> *Bat mek and lawly in his hous* III, 117;
> *Nocht loud of lange, na laughtyr crous*
> *And ever doand gud in her hous* IV, 15.

wy : *velany* II, 234; *wy* : *wylly* II, 277. *cumpany* : *wy* III, 123; IV, 69.

lefull = (*wilfully, obstinate*) II, 235; III, 138, 146, 165, 393; IV, 25.

gredy II, 241; III, 366.

vainglore (*wanglore*), *wanglorious* II, 265, 395; III, 340; IV, 44.

sugget (*suggettis*) II, 280; III, 264.

thewis II, 297, 303, 473; IV, 5; *thewis* : *schrewis* II, 304; IV, 6.

sudan acquentans II, 327; III, 209.

dissever II, 285; *sever* III, 64.

> *And drawis thaim till Ill cumpany* II, 324;
> *Suld draw hyme to gud cumpany* III, 4.

wous (ne. *vow*) II, 368; III, 352.

> *Cutland and tratland in the toune* II, 375;
> *Tell nocht all tratlingis at þow heris* III, 115;
> *Nocht oys na tratlynge in the toune* IV, 17;
> *Be nocht lefull tratlyngis to here* IV, 25.

> *Nys proud and wanglorious* III, 395; *nys* II, 418;
> *Thai wald be prowd and deligat* II, 441;
> *Nocht nys, proud, na our deligat* IV, 21;
> *Is pryd, wanglore, and vanite* IV, 44.

keik II, 407; IV, 166.

lak (verb und subst.) II, 422, 428; III, 98, 104, 136, 373; IV, 102.

flytaris III, 39; *flyting* IV, 79; *spretualy* II, 66; III, 90. *effere* (subst. und verb) III, 137; IV, 34.

> *Na lufys na forsicht corn na store : before* II, 436;
> *Luf nocht sa peny corn na store : before* III, 143.

zouthage : knawleg (knawlage) III, 1; IV, 221.   *custum : presume* III, 253; IV, 137.

> *deligat . . . of his fud* II, 112;
> *Na feid þaim nocht our delygatly* IV, 72.

> *Wysmen consideris tymis thre*
> *That is, and was, and ever sal bee* II, 281;
> *And ever haf mynd of thingis three*
> *That is, and was, and ever sal be* III, 431.

lovis : raprevis II, 43; *lovis : reprwys* III, 91.

> *Chaistee thi chyldyr quhil þow may* III, 417;
> *And chaiste thaim, quhill thai are child* IV, 207.

> *And oft tymis garris thaim have dreid*
> *Be dampnyt for thar barnis deid* III, 425;
> *For oft tymis frendis, have no dreid,*
> *Ar dampnit for thar barnis deid.* IV, 235.

> *Thai ill all servandis to thar lord*
> *And reddy ay to mak discord* II, 439;
> *Ill never no servand to thar lord,*
> *He sal the never luf the better ford* III, 389.

Fra Ill rapar and ill cumpany,
Na Ill ensampil se hir by III, 255;
Sa suld madenis fra Ill cumpany
Na ill ensampill see thaim by IV, 217.

Vgl. noch II, 43, 44 mit III, 93, 94; dann III, 177 mit IV, 83.

Diese beispiele, die für die zusammengehörigkeit von II, III, IV zeugen, mögen genügen. Sie sprechen gleichzeitig unbedingt gegen einen gemeinsamen verfasser von I und II, III, IV. Denn bei der verwantschaft der stoffe, der ähnlichkeit des inhalts der vier gedichte ist es unglaublich, dass e in verfasser diese vielen redensarten nur in den drei kleineren gedichten, nicht auch in dem grösseren verwant haben sollte.

Es folgen beispiele, die für die abhängigkeit von II, III, IV von I sprechen. Der vielfach sich deckende inhalt unserer vier gedichte ist stets einer der punkte gewesen, der die gelehrten bestimmte, sie einem verfasser zuzuschreiben; so auch Brandl in Pauls Grdr. II, 1 p. 713, der nur von einem „vielleicht" der zusammengehörigkeit der vier gedichte sprechend, feststellt, dass ihr inhalt zum teil übereinstimmt. Er führt die stelle III, 253 fg. und I, 937 fg. an: Der junge mann soll sich eine gute schwiegermutter aussuchen, überhaupt darauf achten, dass seine zukünftige aus guter familie stamme. Solcher beispiele könnte man mehre anführen, — und es unterliegt keinem zweifel, dass die vier gedichte nicht unabhängig voneinander entstanden sind. Der verfasser von II, III, IV hat I in ziemlich weitem umfange benutzt; einige beweisende stellen will ich zum überfluss herausgreifen:

And als sone by thi werkis knaw
Quheþer. þow to wyce or vertew draw I, 1342;
Bot be sere takins men may knaw
To gud ore Ill quhey at thai draw II, 307;
For be thar cumpany men may knaw
To gud or Ill quhethir at thai draw III, 9.

Hop nocht to have, atour resone,
Ane uthir manis possessionne,
His wyf, his gud, na ʒit his land I, 583;
A levand manys benefyce
His lyf, his land, ore his office,

His wyf, his dochthir, na his servand,
Na our his hed to take his land III, 411;
Desyr nocht . . . .

That seis hyme selfi in dedly syne,
And can ly wondyt sa thar In I, 761;
And ly nocht lange in dedly syne,
Na grace folowis quha lyis thar In III, 443.

Than war the better I, 987;
Than war thaim fare better III, 68.

Dare I lay = wetten I, 1089;
I darc la (= lay) wow III, 352.

To tak kep our speking till ws;
quhatt that we spek, and the placc quhare I, 208,
quham of syne quhome till thai are.
• *And be weil war quhome of þu spek,*
quhen and quhar to quhome and quhy III, 200.

Schreibung.

Der unbestimmte artikel, der, wie Murray p. 55—57 aus-
führt, seit 1475 auch vor konsonanten *an (ane)* zu heissen
beginnt — in angleichung an den französischen unbestimmten
artikel —, sich aber hier erst um 1500 völlig durchsetzt, ist
in unsern texten noch *a* vor konsonant.

not für *nocht* nur III, 187 (vi). Die endungen der flexion
-in, -is, -it sind fast durchweg in dieser form geschrieben.

Die südliche form *ȝonge* in I und III im reim. *ȝhinge*
IV, 203 im reim s. § 24. *o* für ae. *ā,* ae. *ǣ* ziemlich häufig
im versinnern, siehe lautlehre § 10 ae. *ā,* § 18 ae. *ǣ* (i-umlaut
von ae. *ā*).

Die pluralformen *quhilkis* (siehe unter nomen), *utheris*
zeigen sich nur in II, III, IV; *utheris* II, 238, 364, 392, 405;
III, 404 (gen.).   Unorganisches *l* nur in *chalmer* I, 1131.

Die länge eines vokals durch nachgesetztes *i* (für *i* auch
gelegentlich *y*) zu bezeichnen (vgl. Murray p. 52 ff.), oder durch

anhängen eines *e* ans wortende (vgl. Morsbach gr. § 136 anm. 4), ist nicht regelmässig durchgeführt: *reid* (verb) I, 2; *red* (verb) I, 147; *redis* I 143; *dede* (ae. *dĕađ*) I, 166; *ded* (ae. *dĕađ*) I, 203; *dede* (adj.) I, 7; *dere* I, 1; *deir* I, 94; *leid* I, 88; *led* I, 118, 204; *ledis* I, 126; *keip* (subst.) I, 269; *kep* (subst.) I, 314; *her* (adv.) I, 89; *here* I, 13, 83; *hall* (ae. *hāl*) I, 464 neben *hail* I, 50, 163, 178; *haly* I, 276, 332, *halely* 332; *thare* I, 50; *thar* I, 55, 87, 195; *mar* I, 77, 94; *mare* I, 169; *quhar* I, 127; *straik* (prt.) I, 252; *strak* (subst.) I, 255; *maist* I, 85, 217, 275, 331; *gaist* I, 276, 332; *aire* (an. *ār*) I, 170; II, III, IV ebenso unregelmässig; vgl. noch: *weine* II, 51; *weill* II, 83, 353; *ʒha, ʒhai* II, 173; *quhay* III, 1, 41, 43; *quha* III, 323; *baithe* III, 76; *baith* III, 79; *sen* III, 337, *swn* III, 38 etc.

Die früheren diphthonge *ai* und *ei*, die in unsern texten im übergang zum monophthong begriffen zu sein scheinen (sieh lautlehre § 39) werden teils durch *ai* (*ei*), teils durch blosses *a* wiedergegeben: I. *repar* 149; *fare* (ae. *fæger*) 150, 1012, 1208; *rapar* 536; *empare* 172; *contrare* 673, 316, 1005; *fair* 535, 674; *feire* 1492; *agan* 1306, 1553; *pan* 1307, 1552; *pare* 1013; II. *remayne* 13; *consaill* 93, 94; *day* 141, *daly* 211; *agan* 142; *soveranly* 288; *manteinyng* 313; *manteine* 450; *consalouris* 462; III. *consal* 223, 207; *consail* 213, 283; *ras* 227; *mastyr* 191; *la* (= *lay*) 352; *furnas* (frz. *fournaise*) 400; *curtasy* 345; IV. *farest* 10; *wanglore* 44; *farhed* 283; *stratly* 204; *chaiste* 207; *chaste* 223; etc.

Ae. *ō* ist meist durch *u* ausgedrückt: I. *luk* : *buk* I, 1, 63, 521; : *forsuk* I, 545; *blude* : *gude* I, 45 etc.; daneben *void* I, 759; *wood* I, 1664; *wod* I, 1271; *suin* I, 1515; *doin* : *soin* I, 1718; II, III, IV ebenso meist *u*, aber *o* hin und wieder daneben. II. *doys* 158; *do* 162; III. *do* : *to* 131, 7; *sone* 152, 153; *done* 127; IV. *sonest* 10; *dois* 49; *ado* 143; *do* 212.

Ae. *o* und ae. *u* ist durch *o* und *u* wiedergegeben. I. *sone* 401, 442; *undyr* : *wondyre* 325; *cum* : *drunksom* 448; *word* 167, 253; *furcht* (ae. *forþ*) : *worcht* 591; *forthir* 1558; *wondyt* 757, 762; *luf* (subst.) 1094, 1096; *luf* (verb) 320 etc. II, III, IV gerade so. II. *lust* 39; *luvis* 43, *lovis* 43; *louis* 89; *lufys* 117; *sone* 480; *wnder* 125; *cumys* 209; *beforne* 60; *hurd* (ae. *hordan*) 25 etc. III. *lovit* 70; *lufis* 104, 136; *thus* 7; *wndyr* 282; *sone* 455; *sum* 14, *cumys* 17; *tungc* 192, 209 etc. IV. *luf* 119, 171, 156, 157; *thus* 74, 282 etc.

Häufig wird *e* für *i* und *i* (auch *y*) für *e* geschrieben.
I. *perell* I, 383; *merour* I, 545; *defferens* I, 189 etc. II. *petye*
II, 185; *velany* II, 233; *rcwis* (= *rives*) II, 238; *perell* II, 435 etc.
III. *disspar* III, 234; *dissport* III, 235; *profet* III, 276; *dissir*
(= *desire*) III, 298; *desyr* III, 415; *perell* III, 335 etc. IV. *disspyt*
IV, 288; *perell* IV, 238; *inwyous* IV, 32; *contyrfyt* IV, 22 etc.

Der gegenseitige wechsel in der schreibung von *a* und *e*,
der in schottischen texten der mittleren periode sich fast immer
findet, fehlt auch unsern gedichten nicht. I. *perches* I, 100;
purches I, 639; *farly* I, 689; *ferly* I, 255; *dem* I, 605; *rastrenze*
I, 391; *rapref* I, 1451; *malancoly* I, 827; *raklesly* (ae. *rēccelēas*)
I, 1424 etc. II. *raprufand* II, 29; *raprevis* II, 44; *manasing*
II, 368; *raklesly* II, 160; *rakles* II, 437; *rady* II, 377; *redi*
II, 126; *reddy* II, 187, 373 etc. III. *raparand* III, 155; *axcess*
(*excess*) III, 329; *blek* (ae. *blācian*) III, 58. IV. *arroure* IV, 62;
tawarne IV, 160 etc.

Auffällig ist *dugree* (*degree*) II, 326; *mermeracionne* II, 376;
comynite (*communite*) III, 225; *perches* I, 100; *werraly* (*verily*)
III, 310.

Metrik und Stil.
a) zu I.

Versbau.

Das auslautende, untreffige *e* ist stumm; vgl. Skeat in
der Bruce-ausgabe p. 629. Die endungen *-is*, *-it* müssen im
rhythmus bald als volle silbe gelesen werden (a), bald werden
sie durch weglassen des vokals mit der vorsilbe verschmolzen
und nicht gelesen (b).

a) *He ékis úp or túrnys dówne* 1601; *That éntris fírst
with mísknawlége* 1630; etc. b) *That gévis al gúd honóre and
gráce* 737; *The wéill dispósyt and súbtilly* 864.

Das versmass des R. R. ist der neue im anschluss an
französische vorbilder geformte viertakter. Die verse sind
paarweise gereimt. Die cäsur, die sich nicht sehr oft findet,
ist fast stets nach der zweiten hebung, z. b. *gyf þów wald*

wýt — quhat thíng it ís 25; *Efter ás I cán — I sáll the*
wys 26; s. ferner 58, 65, 69, 97, 180, 182 etc.; aber auch nach
der dritten hebung, z. b. *Forthí spend ít nocht mýs — I red*
147; *The férd is témperáns — I trów* 425 etc.; und nach
der ersten hebung, z. b. *of nés — that mákis the knáwleginge*
151, etc. Die verse haben in der regel einsilbigen auftakt
mit darauffolgendem gleichmässigem wechsel von hebung und
senkung; bei männlichem versausgang, der meist sich findet,
sind die verse achtsilbig, bei weiblichem neunsilbig (ohne
auftakt sieben- bezw. achtsilbig). Unser dichter gehört zu
jener dichtergruppe des nordens, die den viertakter in strenger
weise behandelt. Oft zählt er die silben nur und nimmt so
nicht sehr viel rücksicht auf den natürlichen treff der worte.
Weniger als 8 bezw. 7 silben hat er nnr zweimal; *Quharfor*
gud quantice may 399; *Baith fals, fell, fainte and faikyne*
667 (i. r.: *takyne*, weibl. reim). Die fälle, in denen wir mehr
als 8 bezw. 9 silben finden, lassen sich fast immer „by the
use of that slighter utterance of less important syllables which
is so very common in English poetry" auf die richtige form
zurückführen; vgl. Schipper, Metrik I, p. 270. Die romanischen
lehnwörter haben teilweise ihren alten treff, d. h. auf der
letzten silbe, bewahrt, teilweise auf die erste verlegt; dreisilbige romanische wörter haben den treff auf der ersten und
dritten silbe. Germanische wörter — verbalsubstantive und
participien haben im rhythmus den treff auch oft auf einer
nebensilbe: *doínge, levínge* 31, 32 etc.; dies meist im reim,
aber auch im versinnern, z. b. *Will shórt levýng and mékle*
impáre 172; *Fore wédand Jóy beánd in váges* 795; ferner
s. 310, 823, 61 etc. In solchen versen müssen wir schwebende
treffigung annehmen.

Folgende abweichungen von dem regelmässig gebauten
viertakter finden sich.

A. Die senkung.

a) Eine senkung fehlt.

1. nach der 2. hebung:

> *Gif þów this séx póntis séis* 213;
> *Ilkán betwéx wícis twá* 316;
> *As Í sal téch thé and téll* 300;

ferner 33, 379, 731, 889, 946, 1245, 1409. Vers 203, 602, 949,
1370, 1374 werden durch einschiebung von *and* regelmässig.
Vers 445 *Forthí with ílke dáy mone þów* ist regelmässig; das
wort *ilk* (oder *ilke* geschrieben) kommt in unserm text immer,
vers 1035 ausgenommen, in der hebung vor, und die erste
silbe des auf *ilke* folgenden wortes ist auch stets in der hebung,
s. 66, 44, 339, 538, 565, 416, 543, 601, 690, 1205, 1608, 1624,
1235, 1778. *ilke* ist nun, entgegen der oben gemachten be-
merkung, dass die auslautenden unbetonten *e* stumm seien,
zweisilbig, d. h. mit gesprochenem *e* zu lesen. Vgl. Murray a. a. o.
p. 177 unter Distributives: „*ylk* (ae. *ælc*) before a consonant
generally becomes *ylka* (the appended *a* being originally the
article *ilk a, ilk ane*). An *ylka*-day is a week-day, in oppo-
sition to the 'Sab'tha day'." Unsere *ilke* halte ich für ver-
fälschungen dieses ursprünglichen *ilka* (*ilka day* findet sich
nämlich 1001 in unserm text); auf jeden fall ist aber das *e*
in *ilke* als senkung zu rechnen. Vers 884 *emples* ist *emplesis*,
983 *caus* — *causis*, 1750 *chess* — *chesis*, 272 *vertuous* —
vertewis zu lesen.

    2. nach der 1. hebung:

        To scháw qnhát is thín entént 199;
        A rích mán gyf thát þow bée 633;
        The séxt éild as Í can kén 1570; dann 1607.

    3. nach der 3. hebung:

        The thírd wertéw is smélínge 153;
        That góthra thé buȝóne féll 248;
        To prócure thé sum léich gúde 759;

ferner 819, 867, 932, 994. Vers 733 liess: *awin*; 561 *fundin*;
1599 *causis*. Als 3. und 4. hebung findet sich das wort ne.
judgment, in 72, 349, 507, 772, 806, 1143, 1158, 1235, 1320,
1416 — immer *jugment* geschrieben, in 454 *jugement.* Wir
müssen immer dreisilbig lesen; vgl. Schipper, Grundriss § 79
und § 104. *awaysment* 1669, *avysment* 1049, *amendment* 200
sind nach derselben regel viersilbig zu lesen.

    β) Zweisilbige senkung haben wir (vgl. Schipper, Grundr.
§ 87—100 über silbenmessung) in:

        Of strénth and bódy than vás he thán 258;
        The séven to gráce ar fréndis máist 275;
        Scars wréchitnés that néver wan lánd 318;

ferner 348, 390, 453, 498, 753, 879, 972, 1083, 3, 60, 158, 189, 136, 194, 204, 211, 225, 333, 535, 540, 542, 544, 546, 550, 559, 573, 576, 673, 686, 971, 999, 1405 etc.

γ) Zweisilbige senkung an zwei stellen des verses ist selten:

> *Fellóng the tóper the thríde inwý* 302;
> *Quhát is all sýtand and quhát is mét* 1217.

B. Der auftakt.

α) Derselbe fehlt:

> *Thát said sálamóne sumquhíll* 57;
> *Thái three térmes ár ay pút* 71;
> *Sénn nan ál may rýcht thaim léid* 88;

ferner in 234, 263, 267, 294, 312, 326, 386, 392, 396, 434, 473, 443, 159, 629, 706, 752, 756, 829, 857, 903, 1002, 1021, 1172, 1176 etc. Auf alle 50 verse ungefähr kommt ein vers ohne auftakt, abgesehen von den versen von acht silben (neun silben bei weibl. ausgang), die bei natürlicher betonung keinen auftakt, aber doppelte senkung haben. Diese letzteren, sowie auch acht- bezw. neunsilbige verse mit doppeltem auftakt und einer fehlenden senkung, können wir, wenn wir sie mit schwebender betonung lesen, zu den regelmässigen versen rechnen; z. b.

> *Forthi spend it nocht mys I red* 147;
> *Bot thai spend it in to foly* 202;
> *And fordo all that wertew fare* 150;
> *Misteris of sciens gret and wys* 1620;

ferner 68, 226, 303, 356, 378, 477, 596 etc.

β) Der auftakt fehlt und eine senkung fehlt.

> *Quhárfor gúd quántice máy* 399;
> *Baíth fals féll fáint and fáikyne* 667

(wird vielleicht aber des stabreims wegen besser mit auftakt und zwei fehlenden senkungen gelesen).

γ) Der auftakt ist zweisilbig.

> *For is nán so wítty ánd so wýce* 615;
> *Of his mýcht na óf his máiesté* 1516;
> *Quhen subtílyté hire oúcht assálzeis* 1283;

ferner 557, 406, 459, 1320, 1552, 1771.

δ) Neben zweisilbigem auftakt findet sich eine zweisilbige senkung:

> *Quheþer éver it sórow bé ore séill* 380;
> *And trew hálely óf the hály gaíst* 332;
> *Quhen the séven scíens had fálʒet áre* 524.

ε) Der auftakt ist dreisilbig.

> *And for na míscheif sé thi díshonór* 564.

Vers 1157 *As fra seven quhill fiften be vente* und 1507 *Wykitnes to spek mar than evynes*, sind ganz unregelmässige verse.

Satzbrechung.

Satzbrechung (*enjambement* sagt der Deutsche) findet sich häufig und ist fast stets sehr kräftig:

> *that we weil be ensample may*
> *se fall, and and fallis ilke day* 43.
> *That pure men, cumyne of simpyl blude,*
> *Wertuous, and gevand caus of gude,*
> *Worthis tyll erlys dukis and kingis* 45;

ferner 153, 171, 377, 226, 233, 235, 370, 257 etc.

Reim.

Im reim kommen ziemlich häufig untreffige nebensilben zur anwendung, besonders die endung *-ing*, die mit sich und mit wortstämmen auf *-ing* reimt; sodann *-ly* und *-y*. Füllwörter und füllphrasen zur herstellung des reimes finden sich auch oft. — Folgende reimendungen finden sich: *é* 192; *-oun* 130; *-ing* 116; *-y* 84; *-ay* 78; *-īs* (*īce*) 72; *-ēre* 60; *-ēd* 60 (zu *sted* vgl. Morsbach gr. § 64, anm. 3); *-ent* 52; *-ĭll* 40 (*-ĭll* : *-īl* s. unten); *-ĕs* (*-ece*) 36 (*-ĕs* : *-ēs* s. unten) 36; *-ăl* 34 (*ăl* : *āl* s. unten); *-ār* 40; *-ycht* 30; *-ās* (*-āce*) 30; *-ēl* 30; *-ocht* 28; *-ȳt* 26; *āst* 24; *-and* 24; *-ā(i)th* 20; *-ăn* 20; *-ynd* 20; *-air* 20 (incl. 1013); *-ȳne* 18; *-ĕn* 18; *-ă* 18; *-et* (*-ĕt* und *-ēt*, s. unten)

18; -ŏ 16; -āf 14 (zu .hāf vgl. Morsbach gr. § 64, anm. 3); -ow,
-aw, -ure, -art, -end, -ens je 12; -ūk, -ām, -out, -éis, -evyne,
-ouris je 10; -a(u)ld, -est, -ous, -our, -ag (-eg), -ĕll, -āne, -ōne
je 8; -ard, -ŭm (-ŏm), -ew, -āk, -īl, -īf (-īve), -ūd, -āte, -ēn je 6;
-ord, -ain, e + hintergaumenlautrest, -unge, -andis, -entis, -ānis,
-aill, -ingis, -ans, -ynk, -ȳre, -ays, -ȳd, -ȳk, -awyn, -e(i)ld je 4;
-outh, -īne, -us, -yg, -undyr, -eft, -ēk, -akyn, -alƷeis, -alve, -als,
-oft, -ad, -un, -āl, -enge, -ē(i)ch, -etyll, -aynt, -ēm, -ēp, -enth,
-ēdis, -ēwys, -ēs je 2 mal. Viermal dieselbe reimendung hintereinander in 23 (-is); 677 (-us); 703 (-ioune); 1011 (-aire); 1208
(-ēn und -en); 1728 (-oun); 1807 (-ing).

Weibliche reime.

ingis: kingis : governyngis 48; *Ʒarnyngis : etlyngis* 1106.
edis: redis : spedis 143.
eis: seis : qualiteis 213; *seis : prosperitéis* 493 (*properteis*);
qualitéis : propritéis 841; *properteis : seis* 1122.
andis: understandis : handis 227; *handis : landis* 239.
evyne: hevyne : sevyne 525, 651; *sevyne : ewyne* 731, 285;
hewyne : ewyne 1769.
entis: instrumentis : ententis 235; *experimentis : ententis* 1708.
undyr: undyr : wondyr 325.
akyne: faikyne : takyne 668.
ouris: missourys : confessours 729; *schowris : amouris* 1038;
amouris : honouris 1054; *merouris : amouris* 1084; *flouris : para-
mouris* 1138.
ewys: grewys : prewys 1173; *gevys : levis* 753.
anis: stanis : anis 1192.
ays: wayis : days 1586; *days : wais* 1710.
alƷeis: falƷeis : assallƷeis 1282.
awin: knawin : awin 1378; *schawin(g) : aw(i)n* 1716;
knawinge : awinge 339, mit falschem *g*.
ytill: tetyll : lytill 292.

plenƷe : refrenƷe 1446 zu *plenƷe* vgl. *plaint* 1294.
vages : knawleges 796.

9 weibliche reimpaare auf -in, ein paar auf -ill, eins auf
-yr, eins auf -ages, eins auf frz. -Ʒe; der rest von 24 paaren
auf -is.

Längen reimen mit kürzen. *āl.*: *ăll*; *taill* : *sall* 1556; frz. -*al* reimt zu -*āl* und zu *al*; *principall* : *hall* (ne. *whole*) 463; : *haill* 1316; *special* : *tail* 1466; *principall* : *sall* 271, 279.

-*is* findet sich nicht im reim.

īl : *ĭll*; *quhill* : *ill* 57, 665, : *kill* (lt. *culina*) 1242.

ēs (*ece*) : *ĕs*; *dises* : *riches* 681; *es* : *riches* 927; *emplese* : *gudlinesse* 174; *pes* (*peace*) : *mes* (*maistresse*) 1040.

ēn : *ĕn*; *sen* (ae. *gesēon*) : *men* 1692.

was reimt mit *tresspas* 1179, 1236; mit *grace* 1364.

sŏne (ae. *sŭnu*) : *done* (*gedōn*) 337.

-*ēt* und *et*; reine -*ēt*-reime sind *grete* : *met* (ae. *mete*, ne. *meat*) 636; *met* (ae. *mēte*, ne. *meet*) : *swet* 1216; und ferner *gret* : *get* (*get*, *forget* meist lang, vgl. Morsbach, gr. p. 87); frz. *dette* ne. *debt* reimt als *det* mit *bet* (ae. *bētan*) 1070; mit *meit* (ne. *meet*) 405 und mit *forget* 1610.

forget reimt mit *lăt* (= *let*, *hindrance* vgl. Skeat, Glossar zum Bruce) 1418; mit *get* (ae. *geat* = thor) 1484.

lĕte (= *let*, *hindrance*) reimt auch mit *swet* 793.

Ungenaue reime. Über *ou* : *u* sieh in der lautlehre unter § 31; *a* : *ai* unter *e + g*, *œ + g* § 39; *ā* : *e* unter *ā* § 10. *e* : *i*; *is* : *les* 847; *intermet* : *byt* 975.

Anklang. *best* : *verst* 1144; *next* : *brest* 567; zu *wyld* : *begylyt* vgl. Einl. zum text p. XI.

put 71, *jugment* 72; *reuard* 1017, *riches* 1746, ohne zugehörige reime.

Eigennamen im reime. *Socratas* : *Arastotiles* 1783; *Dawy* : *graciously* 1646, : *prophesy* 1500; i. Vi. *Davidis* 63 (gen.), *Ipocras* : *cas* 1355.

Reicher reim. -*ly* : -*ly* 259, 135, 201, 237 etc.

-*nes* : -*nes* 215, 481, 1506, 1652 etc.

graipinge : *kepinge* 229; *wys* : *service* 232, 1026; *vys* : *devys* 752; *lestand* : *understand* 1126; *sword* : *word* 167, 253; *averice* : *price* 321, ferner 724, 843, 850, 859, 872 etc. *missourys* : *confessours* 729. *wynynge* : *ȝarnynge* 820; *pase* : *space* 1099.

Ein wort reimt mit sich selbst (rührender reim). *wyte* (verstand) : *wyte* (gedanke) 749; *halve* : *halve* 755, *us* : *us* 207, *lenth* : *lenth* 1676.

Reime von homonymen. *wys* (adj.) : *wys* (subst.) 1785; *ferre* (fere gesund) : *feir* (fürchten) 163; *vyce* (frz. *vice*) : *vys* (ae. *wīse*) 1212; *ga* (ae. *gān*) : *ʒa* (ws. *ʒēa*) 1114.

Ein zusammengesetztes wort reimt mit seinem grundwort. *forget* : *get* 1484; *lyk* : *kindlyke* 837; *sciens* : *consciens* 1368; *honor* : *dishonor* 564; *ilk ane* : *nane* 505.

Der binnenreim, der sich hier und da findet, ist wohl durchgehends zufällig entstanden.

> Quhat bléssit*nés* has thán rich*és* 682
> Of sw*ét* servíce and gr*ét* bewtée 1077
> Throw w*órd*is ánd rec*órd*is séir 141
> to sum men ane to sum men all 929
> How grace suld frendlyk b*é* to th*é* 278
> As that nobill fr*énd* hir k*énd* 392.

Stabreim.

Der verfasser unseres gedichtes wendet neben dem silben-reim auch den stabreim zur schmückung seiner verse an. Ungefähr jeder vierte vers trägt den stabreim; die vokale staben nur in wenig fällen, etwa 20 mal. Deshalb kann der vokalische stabreim in folgendem vernachlässigt werden. Vokalischen stabreim nehme ich an in vers 19 *For so lang art þow able alle*, vers 1142 *This eild is lycht and innocent*, 1286 *na answer weil to argument*, 1569 *Fore thai ar gud at athir ende*; dann in 814, 988, 1581, 637, 207, 722, 895 etc.

Konsonantenverbindungen reimen nicht nur unter sich, sondern auch mit einfacher Konsonanz:

> And ták this trétys oft in hand 16
> Thi bránchis bráid and gret sal bé 22.
> ʒhit than will gód syk gráce thaim géif 52
> Quhilk is sméland swét odore 155
> Ar umbesét and stándand swá 288
> Can weill mak blýcht and báilful brést 568
> With stíkis and with spálys smáll 1130
> Na knýcht, na clérk of na degre 1164.

Der stabreim kann im falle schwebender betonung auf der senkung liegen:

> Na consent nocht to *wr*áng *v*ynný́nge 1368
> To *w*ý́rk *w*yslý́ and weill alway 472
> And till *f*l *f*oull cúmpanye 473
> The first of thaim is *tr*áist *tr*owánd 487
> And *f*ó̈rmyt hym his awn *f*ygúr 499
> Ore *gr*ét riches *gr*owín to the 558.

Durchgehend stabende stellen hat das gedicht nicht; wo sich dem dichter gelegenheit bot, hat er die verse staben lassen, indem er manche stabreime selbständig bildet, vielfach aber die alten feststehenden formeln verwendet.

Diese ordnen wir nach folgendem schema (vgl. Lindner, Regel, Kölbing, Hermann, Kaluza).

a) Begrifflich übereinstimmende, verwante oder entgegengesetzte worte:

Ryne at baris, and at the ball 1244; blycht and bailful 568; bewtee and bountee 1276. — do or dycht 1689. — falls, fell, fainte and fakyne 667; fall and falʒeis 686; faill and fall 691; fals and fell 299; fysh and foull 1703. — And ful of grace and al gudnes 658. — hell nor hewyne 1769; hyd and hair 1680; hed and hart 161; at his hand and at his hed 165. — cours and kind 1780; a kynryk as a croft 1188; caus and qualitee 1177, 1185; na knycht na clerk 1164. — landis and lordschipis 51; lell, lufand 1011; louf and lufe 489; tynis thar lyf, thar gud and landis 240; lyf and lordschip and lynag 1544; for lytil leif, for lytil laith 1731. — of his micht, na of his maiestee 516. — pes and prosperyte 1604; repruf and plenʒe 1446. — schame and scaith 80, 456, 786; scaith schame 1374, 949, 203; scaith and schame 916; schame or scaith 1166; weil smeland swet odore 155; with stikis and with spalys 1130; ʒow consideris weill and seis 369; sorrow or seill 380; consaif and see 434; resone and skill 501; soure . . . . swet 1216; persone and see 1225; (lordschip and senʒory 1486?); stable . . . and swere 1637. — tech the and tell 300. — weill and warly 205; war and wys 218, 382; wice fra wertew 325; wysly and weill 472; wind and watter 1193; weill and way 485; Quhat is wertew and quhat is vice 1212; stat of wyt

and of wertew 1226; so witty and so wyce 615; worthy and
wys 1058; wod and wraith 1271; wyce or wertew 1343.

b) Substantiv mit attributivem adjectiv oder particip, oder
als subject und praedicatsnomen:

Thi branchis braid and gret sal be 22; burly bewtee 663;
bailful brest 568; brokin breid 1133; bludhaboundand 1384. —
devyllik dedis or thaim deir 94. — fair fassone 1082; ful perfeccionne 1443. — hiest hewyne 525. — coloure clere 1080;
clen and subtil kind 845; kind baith clen and pur 865;
consciens was cler 1363; kepar knawin 1378; kindly cours
1608, 1686. — langsum lyf 1094; That langer will than life
endure 1311. — manly men 1058; mychty man 1018; mony
men 144, 239; makar maist of mycht 528; mischeif maist 574;
metly mesure 1322; mekle mycht 1435. — perfyt persone
1083. — unreulyt ryot 393. — seven sciens 524, 526; synis
sewyne 721; spalys small 1130; ship saland 1133; some present
1306. — traist trowand 487. — vicious wys 31; wrang vynynnge
368; wykit werk 386; vantone wyll 1050, 1097; wrang venynge
592; vantone wyrk 1140; werk hald I unwys 1249.

c) verbum und adverbium:

bere bauldly 964. — That failƺeis faultly 1624. — kepit
clen 1208; cumrytly thai cruk al doune 1678. — lange in
gud heil lewande be 437; suld be lufyt les 1794; lang to
leif 1642. — maid al mate 569. — raklesly ourrun 1424. —
sonar slais 168; suin thai say 1515. — treit tendyrly 952. —
vanis vrechitly away 1625. — wit þow weill 101, 491, 609,
647, 913, 1162; wilfoly wald wyne 348; wyrk wysly 472, 779;
wyrk alway 472; away is worne 1672; woirne awaye 1732;
waistis away 1422.

d) verbum und object:

done his det 1071. — falƺeis al perfeccionne 1679. —
grace thaim geif 84; gevis grace 737; gyf hyme grace 1813. —
may have 162. — lyf to led 1094; lovit his lord 1490; lovis
lycht 537. — knaw the cours 1101; knaw thar condiscione
723; knaw thi qualite 860. — movis men 455; god makis
men 1432. — suth will say 683; I suth sall say 1278; slokins
syne 644; saufe the saule 770; steir thi spreitis 793; ensampill
see 881; I sal ensampil schaw. — tell this taill 1052; tynis

6*

time 1073; tel a takyne 668; I tell my tail 1467; trawell tuk 1810. — hir werkis weld 1239; waistis wynyng al way 1422.

e) verbum mit praepositionaler bestimmung:

failȝes of perfectionne 1723. — unhyngit be the hals 878. — led with lichory 1449; in langour led 945; laid on loft 1189. — red in rest 393. — set one stere 776; springis of resone 1207; standis in a state 1589. — tyme to take 718. — cheverys for cheill 1682.

f) substantivum mit praepositionaler ergänzung:

farandnes of fair fassone 1082; Fautis of perfeccionne 1457. — giftis of the haly gaist 276, 696; But grant of grace 1364. — caus of conclusione 106, 698; cumlynes of coloure 1080; cours of kind 1595, 1795. — manis mouth 888. — sciens of al slycht 520.

g) adjectivum mit praepositionaler ergänzung:

fetesly with flouris 1138. — hie on hycht 793. — mar of mycht 519; maist of mycht 528. — sympill of state 547.

h) praeposition und substantivum:

amange thir men 38. — besyd resone 105. — to this taill 1556; tyll entent 1252. — intyll his tyme 1706. — with thi wyf 402; with inwy 1448.

i) kopula und praedicatnomen:

be rycht besy 1137. — worthis wrechis 52; worthis waryt 241; worthis waikar 1696; worth sa wycht 1385. — to grow gret 20.

k) subject und verbum:

Quhil ded haf done 1071. — frendis can nocht find 1066. — grace be grantyt 1160; god syc grace thaim geif 84; God has grantit 514; grace begun 1425; gudlynes is al forget 1484; Quhais grace has grantit 1808. — hapnis honor 927. — law is laid 1496. — resone is reft 802. — sword slais 168. — tyme turnys down 1263. — venynge was never worcht 592; wyll wirkis 1385; wordis ware his ypitaf 1523.

e) in vergleichen:

were na wod 760. — it grovis up as gers 1146.

m) wörter desselben stammes staben:

a band unbynd 1067. — dayly dawark 1141; than dois the ded is done unrycht 478. — lytill les 476; luf nor lovit bee 320; ... luf ... lovit 627; beis þow left and all the lave 1381. — mikel mare 1220. — profettis in thar profesy 1356. — treuth can, trow 529; under thaim is thar vanting 290; it lef thaim quhen thai na mocht 1463; *thai* mycht cum to *thar* intent 1533; thai are tharis 1552. — wyrk syk werkis 1340.

n) die reimwörter sind dieselben:

fra day to day 1423. — se fall and fallis 44; fyrst in place and fyrst away 1279. — gret riches and gret honouris 1055; with gud continans of gud havinge 1078; Goddis mycht and god allan 1577; Of gud linag and gud renown 938. — for lytil blythe for lytil wraith 1730; for lytil leif for lytil laith 1731. — mar and mar 977. — fra place to place 127. — wice fra wice 418. — sum men to profyt and sum to scaith 1603; And sere entent, and sere etlyngis 1107. — And þow can knaw, quhat þow can do 888. — To sum man ane, to sum men all 929.

Vermischte beispiele: done ilk deill 1141. — for to fall 61 63, 70, 1431; for to feill 610. — pray to god to grant 1361. — can I kene 37. — lykis to luk 522; quha lykit luk 1524. — set to say 783. — traist thar tyll 553; in twa atanis 252. — wrang done vickitly 136; weil alway 1609, 1610; vrechitly away 1625; wodly weildand 1421.

Anzahl und stellung der stäbe. Vgl. Hermann p. 76.

Die 4 hebungen des verses seien mit 1, 2, 3, 4 bezeichnet. Die sich ergebenden 14 möglichkeiten verteilen sich wie folgt:

1 : 2 : 3 : 4

unréulyt rýot réd in rést 393;

with lúf is lángsum lýf to léd 1094;

baith fáls féll fainte and fáikyne 667;

ferner 472, 1141, 1385, 1731, insgesamt 7 fälle.

1 : 2 : 3

than dóis the déid is dóne unrýcht 478;

To sáufe the saúle that swá is táne 770;

þow sál fynd súth in sánct Dawý 1500. 3 mal.

1 : 2 : 4

Thi bránchis bráid and grét sal bé 22;
Than sónar sláis ill áir na swórd 168;
Fore dévillyk dédis ár thaim déir 94;
ferner 241, 414, 547 etc.; im ganzen 22 mal.

1 : 3 : 4

It máy do grét aménd(e)mént 200;
With cúmlynés of cóloure clére 1080;
With stíkis ánd with spálys smál 1130.   7 mal.

2 : 3 : 4

ʒhit thán wyll gód syk gráce þaim géif 84;
Ar úmbesét and stándand swá 288;
Till thé first mákar, máist of mýcht 528.   10 mal.

1 : 2

And thínk at thái are néver déde 7;
And ták this trétys óft in hánd 16;
Se fáll, and fállis ílke dáy 44.   74 mal.

1 : 3

To grów as tré up grét and smál 20;
In sánct davídis sálterbúk 63;
Fore cáus of wér conclúsióne 106.   61 mal.

1 : 4

Sum sáid the wértew óf his swórd 253;
And gíftis óf the hály gáist 276;
My ményng wéill consáve þow máy 334.   45 mal.

2 : 3

The fýrst Rewárd wýll we sée 33;
Quhilk ís weil sméland swét odóre 155;
And bríngis scáith scháme and déd 203.   60 mal.

2 : 4

Bot quháy so lévys wicioulý 91;
Than is al sciens of al slycht 520
Gif þów this séx póntis séis 213.   68 mal.

3 : 4

Depártit hére amánge thir mén 38;
Hawys grét anóys scháme and scáith 80;
Sum wýce wyll óccupý that pláce 117.   88 mal.

1 : 2 und 3 : 4

to stéir thi spréitis hie onhýcht 791;
fore mánly mén, wórthy and wýs 1058;
Of brókin bréid a schíp sáland 1133;
ferner 165; 4 mal.

1 : 3 und 2 : 4

It lóvis wéil to léif be wýll 1268;
Wyll thár na king to tháim ta kép 1497;
Quhát is wértew and quhát is výce 1212.   6 mal.

1 : 4 und 2 : 3

Wyll púnis thé for thí trespás 1236;
Bot gúd dissérte, that stéris gráce 1391.   2 mal.

Stil.

Die sprache des R. R. I ist im ganzen ziemlich unklar
und wenig gewant. Es hat dem verfasser augenscheinlich
mühe gekostet, seinen stoff in verse zu bringen; und so wendet
er denn an allen ecken und enden meist formelhafte und nichts-
sagende vers- und reimfüllsel an (vgl. Zielke, Sir Orfeo p. 6 ff.).
Über diese will ich in folgendem einen überblick zu geben
versuchen.

Gesamtheit eines begriffes durch die zusammenstellung
zweier gegensätze ausgedrückt findet sich in: *gret and small*
20; *auld and ʒong* 198, 929, 268; *mar na less* 336, 1255; *up
and doune* 373; *weill and way* 485; *gud and ill* 502, 509; *less
and mare* 660, 726, 818, 1477, 1771, 13, 32; *sum mare sum less*
836, 848; *ane ore al* 868; *to sum man ane to sum men all*
929; *bot laugh ore gret for Joy and care* 1121; *All and sum*
1223; *weill oft and seldin* 1247; *ful and wyce (wise)* 1657.
Die beispiele für stabende formeln ähnlicher art sieh unter
stabreim.

Versichernde formeln. *Weill sucht* 1709; *gyf I suth
sal say* 1278; *Trow weill* 12, 75, 81, 760, 989; *I trow* 110,
425, 450; *trow ʒow weill* 116; *as I trow* 372, 446, 1302; *trow
þow me* 1529; *trow þow rycht weill* 595; *I trow quhai, that
the suth will say* 683; *Thus say I* 61; *I say* 265; *I say to*

thee 694, 1382, 1394; *I understand* 612, 1126; *dare I lay* 1089; *wit þow weill* 101, 379, 491, 609, 647, 913, 1162, 1190; *I red* 147; *It is na dout* 766; *þow sal fynd suth* 1500.

Verbindung von worten ähnlicher oder verwanter bedeutung. *yhong and innocent* 18; *heill and innocent* 470; *lycht and innocent* 1142; *clen and subtil* 845; *clen and pur* 865; *far and clen* 1208; *subtyll and wis* 1698; *gracious and wys* 1026; *wys na happy* 831; *help and grace* 602; *ʒong and hate* 1619; *ʒong and wak* 1240; *brait and gret* 22; *wyt and skill* 29; *wyll and thocht* 1371; *wyt na resone* 821; *gud and landis* 240, 349, 585; *gang and ryd* 1338; *erd and stanis* 1193; *irne and steil* 251; *flesch and banis* 251; *spens and hall* 1131; *by and sell* 1002; *gud and worthy* 538; *heill and prosperytee* 433; *hail and ferre* 163, 178; *gud and kindly* 175; *hail and clere* 1313; *veill and mare* 169, 1014; *es and honore* 944, 1198; *rest and pece* 385; *to rycht or to the law* 351; *dans and singe* 586; *opin and steck* 466; *met and ring* 431, 444, 686, 630, 636; *frend or kyne* 347, 981; *scham or defowling* (= insult) 264.

Beliebte reimfüllsel. *and al the laif* 161, 1754; *atour the lave* 853, 936, 1381; *of al the laife* 1691; *efter myn entent* 1150; *efter hir entent* 1231; — *his* — 261; — *thine* — 350; *be his entent* 508; *our mesour* 971, 1550; *atoure mesour* 995; *in gud mesure* 284, 431; *ilk deill* 1035, 1141; *ilka deill* 648; *sum deill* 1271, 1036; *never the less* 366, 576, 673; *I call* 799, 809, 817, 825; *call I* 791; *at all* 280; *al hall* 464; *with all* 484, 1245, 692, 893; *all* 1539, diese letzteren — auf *all* — reimen mit *fall* oder *princypall*; *as I said ere* 1402, 1092; *as I said are* 1161; *as I ere said* 1426; *I spek of ere* 310; *I spak of ere* 484, 719, 1714; *maist* 649, 593, 573, 331, 276, 685, 1491; *ilke day* 416, 445, 690, 1696, 1001, 1624 etc.; *all way* 356, 1589, 1609, 1662, 1697, 1791; *all ways* 1586; *but defykiltee* 226; *be na wais* 1711; *in thar degree* 1703; *in all degree* 1775; *in syk degree* 1053; *at athir ende* 1569; *allace* 355; *gudnes foroutin wyce* 1314; *baith in his tyme and efterwart* 1749; *quha ever þow bee* 225; *rycht as thai war* 504.

Anderes flickmaterial im versinnern. *I pray the* 740, 1068, 1049; *Efter as I can* 26, 274, 1273; *in lytill space* 1099; *wyll pres þaim* 1295; *pres to do* 1093, 337; *pres þe to nan uthir end* 895; *pres hire nocht* 389; *pres þow the nocht* 559; *that is and was and sal be eft* 67; *sal be and was* 1178; *that was and is and fore to fall* 70, 1430.

Der dichter sagt dasselbe durch mehre verben. *þow study and reid it oft and luk* 2; *quha can it understand and luk* 64; *can tech the and can* 731; *reid the buk and see* 740; *I sal tech the and tell* 300; *gif þow will knaw and lere* 309 etc.

Mit vorliebe bringt der dichter seine ermahnungen und ratschläge in die form eines bedingenden satzes. *gyf þow wald wyt quhat thing it is* 25; *gif that ȝow may* 355; *gif þow will knaw and lere* 309; *gif þow wyll wyrk wisly* 770; ferner 739, 435, 632, 723, 863, 532, 582, 883, 921, 969, 991, 1009, 1038, 1041, 1301, 1312, 1272 etc.

Eine beliebte construction des dichters ist folgende satzform: *As I sal the ensampil tell* 247; *As I haf said* 270; *As I sal schaw the opinly* 291; ebenso 837, 300, 428, 790, 494, 923, 828, 1105, 1123, 1412, 1464, 1465 etc.; eine zweite: *ȝit cen I sall* 271; *ȝhit tell I nocht* 1052; *ȝhit suld þow knaw* 771 etc.; drittens liebt er seine ratschläge wie folgt zu beginnen: *I sall tell the* 274; *þow may see* 378; *þow sall se* 436; *I wyll ȝow lere* 1203; *thar men sal se* 511; *I sal the schaw* 1273 etc.

Die redensart *tak kep* findet sich oft, z. b. 208, 269, 314, 1098, 1497, 1498, 1556, 1617; *me think* in 394, 1196, 1005, 1307 etc.; *tyn pryce* in 240, 322, 880, 417, 1315.

---

b) zu II, III und IV.

Der versbau von II, III und IV ist derselbe wie der von I. Irgend welcher grundsätzlicher unterschied von I ist hier nicht vorhanden.

Satzbrechung finden wir wie in I; s. II, 1, 25, 190, III, 72, 211, 269, IV, 11, 165 etc.

II hat an reimendungen: *-y* 60; *-é* 34; *-ay* 20; *ĕs, ĕd* je 16; *-inge* 14; *-ans, -ens, -is (-ice), -oune* je 12; *-ĕn, -ĭt, -eg (-age)*,

-ocht, -our, -ās (-āce) je 8; *-ăll, -āl* (auch frz. *-al), -ĭll, -ūd, -aw,
-āte, -ouris, -ēr, -ind je 6; *-is* (flexionendung), *-ȳt, -and, -ĭne,
-ēkis, -ycht, -ĕst, -ever, -ēp, -aill, -āre, -ous, -awis, -ēs, -āis, -ĕt
je 4; *-ēris, -ēn, -orne, -ēchis, -ēdis, -ē(i)ll, -aim, -āmys, -ȳne, -éis,
*-ald, -at, -ȳf, -ăn, -end, -able, -ant, -idis, -ayn, -ouis, -ith, -evyne,
*-ē(i)k, -irke, -erkis, -urt, -ăk, -ounys, -ays, -art, -ewis, -ūre, -ēch,
-ōst, -ōre, -ord, -ā(i)st, -ā(i)f, -ātis, -ust, -ewe je 2 mal. — Viermal dieselbe reimendung hintereinander: *-ay* 181; *-e* 415. —
Der weibliche reim wird 42 mal durch die endung *-is* gebildet,
4 mal durch *-er* und je 2 mal durch *-ble* und *-yne*. — *Has*
reimt mit *mais* (= *makis*) 253, wird also wohl gedehnt sein. —
Was reimt mit *ĕs* 232, 275, ist also wahrscheinlich noch kurz. —
Unreine reime *a : ai* s. lautlehre § 39; *a : e* s. § 10 und § 13;
e : i in *claithis : riches* II, 115.

III hat an reimendungen: *-inge* 42; *-é* 38; *-y* 32; *ĕd* 28;
-ay 16; *-and* 14; *-ēre* 12; *-ȳll, -ĕs, -ām* je 10; *-ice (īs), -ō, -ind*
je 8; *-ăll, -akis, -end, -ēk, -ūs (ois), -ūf, -echt (-ycht), -ans, -üme,
-ȳt, -üde je 6; *-age (ege), -umys, -ūr, -able, -ent, -ant, -our, -ung,
-ocht, -ȳt, -ā, -ĕn, -ow, -aill, -ȳne, -ald, āk je 4; *-ōne, -āce (-ās),
*-aw, -éis, -ȳk, -ȳre, -ē(i)th, -ew, -āst, -ever, -owyt, -oynt, -ovis,
*-ēris, -ous, -orn, -āve, -ōre, -euth, -andir, ouris, -ā(i)th, -ēn,
-ērt (-art), -is (flexionendung), *-evill, -ȳne, -ăn, -est (-aist),
-ār (-ēr), -ekle, -ord, -ātis, -ulle, -ayne, -oune, -ȳve, -irke, -āl
je 2 mal. — Viermal dieselbe reimendung hintereinander *-y*
309. — Der weibliche reim wird 20 mal durch die endung *-is*,
8 mal durch *-il (-el)*, 4 mal durch *-er (-ir)* und 2 mal durch *-yt*
gebildet. — Unreine reime s. lautlehre § 39, § 13; *ī : ĭ* in
justice : is III, 279.

IV hat folgende reimendungen: *-e* 34; *-y* 30; *-inge* 20;
-our 12; *-ĕs* 10; *-ȳt, -ēr, -ay, -are, -able, -and, -ĭll, -age* je 8;
-ăn, -ȳf, -ȳs (ice), -ĕst je 6; *-āk, -ous, -oune, -āt, -āme, -ĕn, -ēd,
-ure, -ĭn je 4; *-ăll, -āne, -ewis, -yder, -oy, -ans, -ŭs, -ā(i)f, -endis,
*-ais (-ays), -ā(i)d, -ĕn, -ūm, -art, -ycht, -irk, -ȳke, -arnis, -ĭs, -end,
*-arge, -ynd, -aine (-ane geschrieben), -ē(i)ll, -ȳme, -ūd, -aw, -entis,
-old, -awis, -ūk, -ȳt je 2 mal. — Viermal dieselbe reimendung
hintereinander: *-y* 69. — Der weibliche reim wird 12 mal
durch die endung *-is*, 8 mal durch *-ble* und 2 mal durch *-er*
gebildet. — Unreine reime s. lautlehre § 13 und § 39.

Reicher reim. Dieser ist oft durch die adverbialendung
-ly gebildet: II, 65, 211, 159; IV, 65, 71, 97 etc.; ferner durch
die endung *-nes* II, 341, 355; III, 21, 189; IV, 111, 119 etc.
Andere reiche reime sind: *scornouris : honouris* II, 137, ferner
III, 427; *delygent : neglygent* II, 235; *scrvice : vys* II, 397; *vreith
: breith* III, 43; *brewe : rewe* III, 45; *murmurand : erand* III, 111.
verylee : falsatee III, 17; *rebaldry : ladry* III, 183; *petaill : hospetaill* III, 119; *benefyce : office* III, 411; *payntry : gyglotry*
IV, 91; *band : husband* IV, 103; *consaill : tynsayll* IV, 173; *awys
: wys* IV, 295.

Reime von homonymen. *werkis* (ae. *weork*) : *verkis*
(ae. *wœrkan* oder zu *weork*) II, 351; *consaill* (subst.) : *consaill*
(verb) II, 359; *tyme* (= *zeit*) : *tyme* (= *mal*) IV, 277.

Rührender reim. *poynt : poynt* III, 91.

Ein zusammengesetztes wort reimt mit seinem
grundwort. *ever : never* II, 371; *evyne : unewyne* II, 379; *lyk
: godlyk* III, 25; *dure : endure* III, 36; *ane : alane* IV, 135; *men
: women* IV, 247.

Gebrochener reim. *ouercumys : dwm is* III, 41.

Stabreim.

Der verfasser von II, III, IV wendet den schmuck des
stabreims nicht so häufig an wie der von I; in ungefähr jedem
5. vers finden wir stabreim. Konsonantenverbindungen reimen
wie in I unter sich und mit einfacher konsonanz. An feststehenden formeln hat II, III, IV nicht viele; meist sind die
stäbe neugebildet. Vocalischer stabreim findet sich sozusagen
gar nicht. Statt der hebung kann bei schwebender treffigung
auch die senkung den stab tragen; ganz vereinzelte fälle
finden sich sogar, wo auch ohne schwebende treffigung die
senkung stabt; vgl. III, 184: *Na our loud lauchtyr na ladry*;
ferner III, 305; IV, 87. Hier also schon die neigung denselben anlaut möglichst oft im verse zu wiederholen.

a) Begrifflich übereinstimmende, verwante oder entgegengesetzte worte:

II. claiterand and crous 412. — lak, los 428; lustis and
delyte 11. — mes and met 453. — scham and syne 466. —

tolter and turnand 426. — war and wys 476; wysdome and
wyt 95. — III. blycht and besy 231. — dyse na drunkynnes
189. — hyd and heil 301. — lyf and land 76, 412; na lof na
lak 339. — raginge na rebaldry 183. — our still, na our sture
367; stark and stedfast 349. — trew and traist 49. — na want
na wanglore 340. — IV. chaist and cheritable 237. — do or
dee 263. — fredome, favore and gud fair 150. — rouk na
roune 18. — sturt na stryf 79, 237. — tyg and tait 178. —
wanwyt, welth ore wantonnes 112.

b) substantiv mit attributivem adjectiv oder particip, oder
als subject- und praedicatsnomen:

II. fenȝeand falsat 457. — hevyne is hye 37. — mychty
men 390. — prosperyte perpetuall 221. — syndry sciens 3;
sacret urisone 267. — vykit vyne 432. — woid wordis 417;
settis his wordys ay wysly 97. — III. byrnand breith 44. —
fulys ferys 397. — gud grace 37. — loud lauchtyr 184. — wrang
vynnynge 275, 277; vrangwys wyne 292. — IV. cankyryt
cumpany 180. — lordis ar larg 265. — women wys 122; women
worthyest 124; worthy women wys 226; wykit wycis 196.

c) verbum und adverbium:

II. cum uncallyt 359. — wys thaim weill. — III. ly nocht
lange 443. — vysly virkis 283. — wyst it wytterly 309; weill
wyllyt 371. — IV. withgang wantonly 147.

d) verbum und object:

II. chang thar chere 205; cumys the cas 209; creip the
cors 129. — fynd fautys 387, 419. — lordis latis (= blame)
463. — makand mermeracioune 378. — romans to rede 49. —
takis thar tyme 172. — wantys wyt 87. — III. do thi det
110; na demyng dreid 239. — fenȝeis frenschip 220. — get
grace 77; it grevis god 135. — los lyf and land 76. — strow
thi stra 39. — giftis gif 75. — IV. fle ill folk 67, 160. —
has a hart 145. — love al leid 102. — mesage mak 188.

e) verbum mit praepositionaler bestimmung:

II. by of budis 145. — clamys of kyne 390; creip on
kneis 129. — plays with thar peris 274. — tratland in the
toune 375; techit before our tyme 54. — wyrk with wys
consaill 251. — III. bringis in breith 44; brew in breth 45. —
prid in prosperytee 238. — IV. deis before thar day. — pynd
with pouertee 253. — tratlynge in the toune 17.

f) substantiv mit praepositionaler ergänzung:
II. domisday 183. — foly of fwlys 345; faloschip with thar feris 223. — goddis grace 210. — word but writ 15; warldis wysdom 261; warldis welth 326; vainglore of this varld 265; wordis of vanitee 417. — III. domisday 451. — faþeris of falsate 174. — IV. dedis of dishonore 23. — husbandis honestee 106.

g) adjectiv mit praepositionaler ergänzung:
II. full of fellony 413. — loud of lauchtyr 103. — III. swet of spech 53. — IV. loud of lange 15.

h) praeposition und substantiv:
amang men 103. — with wordis 417.

i) copula und praedicatsnomen:
obedyent bee IV, 27; begaris be IV, 285.

k) subject und verbum:
II. fortone falʒeis 472; misforton fall 434. — wysmen venis 87. — III. god has gevyne 19; gudis sal grow 244. — lyf suld lytill be alowyt 69. — IV. flouris faid 87. — prid is punyst 50.

l) in vergleichen:
word as vynd ourgais II, 15.

m) wörter desselben stammes reimen:
II. wysdom of the wys 84. — verkis at thai haf vrocht 217. — III. brokin faith brekis 147. — ill endurand may nocht lang dur 36; þow art undone, and ever þow dud 74. — as goldsmyth gold in furnas dois 400. — behald thiself and hald the styll 198; Do honore to all honorable 347. — tak sykyr and lat unsykir bee 356. — IV. giftis gif 75. — Put thaim to thar profyt 257.

n) die reimwörter sind dieselben:
II. luvis al at it lovis 43. — mak gud man Ill, na Ill man qwyt 156. — Thar ʒha is ʒha, thar nay is nay 173. — III. Gud cumpany, gud man makis 5; of the gud the gud ay cumys 17. — IV. play at honest play 168.

o) vermischte beispiele:
II. can that cen 294. — never haf neid 240. — the well of wisdome 287. — III. leif to lee 51, 150, 378. —

suld nocht say 109. — tell it tyll a frend 215. — IV. princis
peir 4.

Die anzahl und die stellung der stäbe in II, III und IV
bietet gegenüber I keine besonderen eigentümlichkeiten; von
beispielen können wir daher absehen.

Stil.

Der stil von II, III, IV ist im vergleich zu dem von R. R. I
klar und durchsichtig. Die verse sind einfach und auch nicht
so mit vers- und reimfüllern überladen wie die von R. R. I.
An solchen finden sich:

a) Gesamtheit eines begriffes durch die zusammenstellung
zweier gegensätze ausgedrückt:

II. gret and small 106; be day na nycht 141; air na lait
244, 249; vraith or blycht 381. — III. gud and ill 2; tung
and hande 75; al and sum 265; payne and meid 293; gret and
smal 436. — IV. hed fut and hand 109; day and nycht 153;
mar and less 206; gret and small 312; man na wyf 80.

b) versichernde formeln:

II. but vere 42; have na dreid 50; traist werraly 55;
Iwys 75. — III. þow wyll me trow 247; I dare lay wow
352. — IV. have no dreid 235.

c) verbindungen von wörtern verwanter oder ähnlicher
bedeutung:

II. mek and lauly 227; fair and gudly 245; claithis and
fud 274; wysdom and prudens 262; wysdom and gudnes 275. —
III. ded or scham 32; corne na store 143. — IV. neid and
mistere 245; maneris and thewis 5; tendyr and slydder 8;
dreid and schamfulnes 45.

d) mehre verben sind angewant um dasselbe zu sagen:

II. prech, tech and cry 28; techit and sene 54; thai geif
one strangers and thai keik 407. — III. I wald sey and I
kend hyme than 321. — IV. knawin and sen 302.

Andere fälle von pleonasmus in: II. of done foly (that)
Thai dyd in ȝouthed 160; That welth be send thaim for thar

meid Of sum gud verkis, at thai haf vrocht 216; tak in hart
and see 429. — III. That þow be never leif to bee Na Ill
of answere for to bee 52.

e) reimfüllsel:

II. in ever ilk thinge 82; at our al thinge 136, 260, 290;
in al degree 91; in na dugree 326; in general : al haill 167;
quhar ever thai wend 205; as cumys the cas 209; efter the
cas 158; in to sum cas 228; daly : contionualy 212; proprely
287, 302, 316; of alkyne wy 234; in na wy 277; one na vys
234; alway : that lestis ay 264; that is or was 276; be semblans
317; in sum party : comonly 297, 493; but mesure 335; our
the laif 447. — III. our al thinge 59, 271, 398; in na degre
226, 318; on na vys 82; consaill I 27; in speciall 56; at poynt
91; quhat ever þow do 7; quhat ever he dois 96; every day
204; at þow may 245; ay 246 und öfter; in alkyn sted 285. —
IV. for best scho can 1; our al thinge 240; for nakyne thinge
250; of al wy 70; in no degre 152; our anerly 129; alway
: before thar day 286; in al place 50.

Browns vermutung.

Oben (s. 67 ff.) haben wir nachgewiesen, dass unsere vier
gedichte zwei verfassern angehören. Wir haben ihre heimat
als den süden Schottlands herausgefunden und die zeit ihrer
abfassung in die erste hälfte, bezw. das letzte viertel des
fünfzehnten jahrhunderts gesetzt. Wer aber die verfasser
sind, wissen wir nicht. Nun hat der Glasgower gelehrte
Mr. John T. T. Brown im V. heft der Bonner Beiträge zur
Anglistik, Bonn 1900, in einem aufsatz, The Author of
Ratis Raving wahrscheinlich zu machen gesucht, dass der
verfasser von R. R. I (auch von II, III, IV, was aber nicht
mehr für uns in betracht kommt) David Rate sei, ein geistlicher
von hohem rang, der am hofe könig Jakobs I. lebte. Diese
vermutung ist abzuweisen; denn vers 725 ff. sagt der verfasser
von R. R. I ausdrücklich, dass er kein geistlicher sei:

Thar sal pow fynd quhat that thai are
And al thar branches, les and mare,
Weill better than I can declar:
Fore I am noþer monk nore frere,
That can discryf thar fals missourys
Sa weil as sum wis confessours 730.

Dies hat übrigens schon A. Brandl in P. Gr. II, 1 p. 713 erwähnt.

Die weiteren vermutungen Mr. Browns (in demselben auf-
satze), dass eine ganze reihe von gedichten aus der Ashmole-
hs. 61, die zum grösseren teile mit der gleichen unterschrift
quod Rate oder *Amen quod Rate* versehen sind, zusammen
éinem verfasser, wahrscheinlich dem geistlichen David Rate
angehörten, bestätigen sich auch nicht. Was Mr. Brown für
seine hypothese vorbringt, sieh a. a. o. Die gedichte, die ich
untersucht habe — es sind 1) The Romance of the Resurrection,
2) Paraphrase of part of Ecclesiastes, 3) A lay of the Commandments, 4) A Morning Hymn, 5) An Eucharistic Hymn,
6) Lamentacio beate marie, alle noch ungedruckt, die mir
aber in einer abschrift des herrn Brown aus der Ashmole-hs.
in liebenswürdiger weise durch die vermittelung des herrn
prof. Trautmann zur verfügung gestellt waren — sind, wie
aus den unten folgenden ausführungen zu ersehen ist, weder
mit Schottland noch mit dem geistlichen David Rate in verbindung zu bringen. Ausser den von Mr. Brown selbst untersuchten gedichten und den obigen hatte Mr. Brown noch den
Libeaus Desconus, den Erl of Tolous und den Isumbras in
seine hypothese hineingezogen. Hier verweise ich nur auf die
drei kritischen ausgaben von Kaluza, Lüdtke und Schleich.
Kaluza verlegt den Libeaus Desconus nach Kent, Lüdtke den
Erl of Tolous in das nördliche mittelland und Schleich den
Isumbras in den norden des östlichen mittellandes.

Somit fällt die ganze Rate-hypothese Browns in sich
zusammen.[1])

---

[1]) Eben ist in Engl. Stud. 30, s. 275 eine besprechung des Brownschen
aufsatzes von F. Holthausen erschienen, die ebenfalls die ansicht Browns
verwirft. Ich bemerke, dass ich meine untersuchungen bereits im Juli 1901
an die Bonner philosophische facultät abgeliefert hatte. Man sehe auch die
anmerkung auf s. 170 des 6. heftes der Bonner Beiträge, durch die meine
beschäftigung mit den Ratis Raving-gedichten schon im jahre 1900 bezeugt wird.

Was die zeit der abfassung des Isumbras angeht, so möchte ich noch folgendes bemerken. Die älteste hs. C setzte Zupitza in Engl. Stud. XIV, p. 321 in die zweite hälfte des XIV. jhs. (vgl. auch G. Schleich, p. 65, 88 der Isumbrasausgabe, Palaestra 1901). Schleich stellt die zeit der abfassung auch nicht genauer fest. Vielleicht beweist in vers 568 (nach Schleichs zählung) die erwähnung des *florayne*, der 1343 in England eingeführten geldmünze (vgl. Sarrazin, Octavian p. XVIII), dass der Isumbras nach 1343 verfasst ist. Dass er vor 1384 verfasst ist, ersehen wir daraus (vgl. Halliwell, Thornton Romances p. XIX), dass er in der übersetzung des Mirrour of Life von William of Nassington, die vor 1384 gemacht wurde, erwähnt ist. Ein anderer Isumbras als unserer kann dort kaum gemeint sein; denn kein anderer ist auf uns gekommen, ebensowenig wie wir bisher über seine quelle aufgeklärt sind. Sarrazin, Octavian p. XLV sieht im verfasser des Isumbras und dem der nordengl. version des Octavian denselben mann.

The Romance of the Resurrection. Die romanze von der auferstehung — 535 verse lang — ist in der 6-zeiligen schweifreimstrophe — *aa b cc b* abgefasst. Die paarweise gereimten zeilen sind viertaktig, die schweifreimzeilen dreitaktig. Das untreffige end-*e* hat nur gelegentliche geltung. Unsere hs. ist nur eine schlechte überlieferung des gedichtes. Oft muss man den zusammenhang in der verderbten fassung erst suchen. Vers 181—210 ist in vers 211—240 fast buchstäblich ohne grund wiederholt, was wol dem unaufmerksamen schreiber zur last zu legen ist. Der inhalt der romanze ist in wenig freier ausführung die geschichte der auferstehung Jesu. Ungefähr alles, was die 4 evangelien an tatsachen, die der grablegung Christi folgten, erzählen, ist in loser aneinanderreihung der begebenheiten dargestellt; die erteilung des heiligen abendmahls, die geschichte des ungläubigen Thomas, der Thomas of Ynde genannt wird etc. Die wächter des grabes Jesu sind vier alte, weise und tapfre ritter, *Syre Cosdram and ser emaraund, syre Arfax and ser gemoraund.* Der gott der vier ritter heisst Mahume. In vers 257 bezieht sich der dichter auf St. Johne.

Die heimat unseres gedichtes ist das mittelland. Denn nur dort können südliche und nördliche formen so gemischt

vorkommen. Gegen norden wie gegen süden spricht das verhalten des auslautenden *n* im infinitiv; dasselbe ist meist
abgefallen: *do : unto* 6, *: so* 613; *wyse : aryse* 26; *sey : dey*
11, 30; *: ley* (prt.) 349; *: dey* 458; *: may* 501, 534; *: wey* 634;
go : also 38; *ley : awey* 41; *take : sake* 45; *go : tho* 565; *dye*
: liverey 51; *be : me* 97; *: trinyte* 182; *: thre* 254; *: syte* 262;
: se (1. pers.) 500; *: se* (3. pers.) 540; *: we* 552; *se : me* 126, 295,
307; *: tre* 533; *wende : hend* 224; *full-fylle : stylle* 369; *knowyne*
: awne (*agan*) 397; *hyȝe : Mary* 356; *stond : hond* 415; *stryve*
: live 431, 532; *arise : wise* 508; *falle : all* 510; *fynde : ynde*
548; *here : sykere* 578; *grete : prophete* 602. Erhalten aber ist
das *n* im infinitiv in: *gone* i. r. mit *anone* 17, 550; *: everychone*
112, 328; *: alone* 299; *: none* 587; *: come* 519; *sene : aȝene* 353;
: eiȝen 394; *: Maudeleyne* 334. Gegen süden sind ferner 14
part. praet. mit *n*: *gone : stone* 35, 245, 342, 412, 610; *: Iohne*
258; *: mone* 390; *: none* 462; *agone : stone* 64; *gone : overcome*
378; *forlorne : beforne* 159; *torne : beforne* 574; *sleyne : feyne*
622; diesen participien mit *n* stehen 5 participien ohne *n*
gegenüber: *haw : draw* 83; *bound : stound* 117; *honge : longe*
130; *do : also* 251; *bede* (von *biddan*) *: stede* 314. In sonderheit
mittelländisch ist *bene* als pl. praes. 466 i. R. mit *agene*. Für
den westen des mittellandes spricht 102; *betydis* i. r. mit
sydes — die 3. pers. sg. prs. auf *s*; — ferner das fehlen der
spezifisch ostmittelländischen form *ȝode*, während *ȝede* dreimal
401, 456 und 522 vorkommt i. R. mit *rede, ded, bede*. Ob der
süden des westmittellandes die heimat des gedichtes ist, ist
nicht sicher zu sagen. Für den süden sprechen folgende eigentümlichkeiten: die 2. pers. des praet. praes. (im norden ohne
endung) hat die endung *t*: *wylte : gylte* 163; ae. *sléan* ist *sle*
75 i. r. mit *me*; das adverb hat die endung *iche*: *priveliche*
: syche 435; das part. praet. hat allerdings nur einmal das *I*-
(ae. *ge*) erhalten, *I-nome* 106; sonst *honge* 130, *drawe* 118 etc.;
ae. *ā* ist zu *o* geworden in *also : do* 252; *wo : to* 293; *so : do*
612; *gone : mone* 390; *: Iohne* 257; *: come* 378, 519; *everychone*
: Iohne 371, 504.

Die zeit der abfassung unserer romanze ist das XV. jh.
Die ganze Ashmole-hs. 61 wurde von Zupitza in das jahr 1470
gesetzt, von Zielke (Einl. zum Sir Orfeo p. 22) in das 2. viertel
des XV. jhs., von Lüdtke (Erl of Tolous p. 1) in den anfang
des XVI. jhs. (vgl. Schleich, Isumbras p. 66). Für das XV. jh.

spricht die starke mischung der verschiednen dialekte und der ganze lautstand der sprache. Ae. *hēafod* ist immer *hede*, nie *heved*, wie im Ayenbit und bei Shoreham; *seyd* reimt mit *rede* 475, wird also monophtongisch sein; : *fellowrede* 272. Pronominalform *hy* als nom. f. oder als pl. kommt nicht vor, es findet sich nur *she* und *þei*. In das XVI. jh. gehört die romanze nicht; denn die aussprache der vokale stimmt noch mit der Chaucers überein. Die später anfang des XVI. jhs. eingetretene lautveränderung hat noch nicht begonnen: *dele* (ne. *deal*) : *wele* (ne. *well*) 83; *stele* (ne. *steel*) : *wele* (ne. *well*) 93; *alas* : *was* 113; *gone* (part.) : *stone* 245, 339; *trespas* : *was* 286; *care* : *wer* 416; *smelle* : *dele* 588 etc. Die flexion ist fast die des Neuenglischen.

Lamentacio Beate Marie. Die unterschrift dieses gedichts lautet *Amen quod Rathe*. Auf p. 107 der hs. befindet sich unter dem text ein fisch, der eine blume im maule trägt, abgezeichnet. Die Lamentacio beate marie ist in der achtzeiligen Chaucerstrophe abgefasst: *ab ab bc bc*; indes haben die meisten verse vier, nur eine geringe anzahl fünf hebungen. Das gedicht hat 96 verse, also 12 strophen. Strophe 2 weicht ab mit dem reimschema *ab ab cd cd*. Das untreffige end-*e* ist stumm im reime: *knelle* (ae. *knelan*? dän. *knæle* n. Skeat.) : *welle* (ae. *wěl*) 1; *hele* (ae. *hǣlo*) : *wel* (ae. *wěl*); *place* : *alas*; : *masse*; : *was* 4 etc.

Der inhalt unseres gedichtes ist folgender: Der dichter erzählt eine vision, die er bei der messe kniend gehabt hat. Er sah die Lady Mary mit ihrem sohne zusammen in der kirche. Maria seufzt und jammert, weil sie noch unter den lebenden weilt, weil sie nicht zugleich mit ihrem geliebten kinde gestorben ist. Sie wendet sich klagend an alle mütter, die sie vor sich sieht. Die mütter, sagt sie, sollen nicht traurig sein, wenn ihnen ihre kinder sterben; denn Jesus hat ja für sie den tod erlitten. Dieser gedanke ist öfters wiederholt. Auch bittet Maria die mütter, stets ihrer und ihres sohnes zu gedenken, wenn sie mit ihren kindern spielten und sie liebkosten. Den schluss des gedichtes bildet die kurzgefasste erzählung von der kreuzigung Jesu.

Die heimat unsers gedichtes ist mit bestimmtheit nicht festzustellen. Einige part. praet. (indes nur mit sich selbst reimend) weisen nach dem mittellande bezw. nach dem süden:

wepynge : *brekinge* 44; : *lykinge* (verb. subst.) 41; *dansynge*
: *lykinge* 50; *beynge* : *wepynge* 53. Mittelländisch ist ferner
masse im reim mit *place, alas* 2. Chaucer und Londoner
urkunden haben *masse* und *messe*, im norden ist nur *messe*
belegt. Folgende eigentümlichkeiten weisen nach dem norden:
done (part. praet. mit *n*) : *upone*; : *mone* 36; *makyste* (1. *maste*)
: *haste* (2. pers. sg. prs.) 43; die contrahierten formen von
macian sind weder bei Chaucer, noch haben sie eingang in
die schriftsprache gefunden; *he lyes* (3. pers. sg. prs. auf *-s*)
: *wyse* 15. Im Vi. mehre solcher formen auf *-s*: 27, 74, 94.
(Im Vi. aber auch *hath* 45, 68). Im Vi. einige pluralformen des
praes. ohne endung: *ʒe do* 13; *ʒe danse* 29; *ʒe clyppe* 30 etc.
Das gedicht wird demnach entweder dem norden oder dem
nördlichen mittellande angehören.

Die zeit der abfassung ist das XV. jh. Die flexion ist
fast der neuenglischen gleich. Der wortschatz bietet auch
keine altertümlichkeiten. Andresteils ergeben die reime, dass
die aussprache der vocale mit der Chaucers noch übereinstimmt:
upone : *done* : *mone* (ne. *moan*) 34; *ded* (ne. *dead*) : *mede* (ne.
meed) : *blede* (ne. *bleed*) 82; *messe* (1. *masse*) : *was* : *place*
: *alas* 2; *were* : *dere* (ne. *dear*) 86 etc.

Vanyte. Dieses gedicht ist 77 verse lang und in Chaucers
lieblingstrophe, der royal stanza abgefasst. Das erste reim-
wort des gedichtes und das letzte jeder strophe ist *vanyte*.
Der inhalt ist: Alles irdische ist eitel. Ein gedicht genau desselben inhalts, in dem ebenso jede strophe mit *vanyte* schliesst,
ist in der E. E. T. S. 24 von Furnivall aus Lambeth ms. 853
herausgegeben.

Die heimat des gedichtes wird das mittelland sein. Im
reim finden sich keine beweisenden formen; im Vi. haben wir
zweimal *ben*, als 3. pers. pl. praes. 23, 25; einmal *be* 27; sodann *doth* 3. pers. sg. prs. 24; *intendyth* 3. pers. sg. prs. 58;
remembyrs 3. pers. sg. prs. 59; *thinkes* 3. pers. sg. prs. 66;
commys, seys 3. pers. sg. prs. 69.

Lay of the Commandments. Dieses gedicht, 56 verse
lang, kreuzweise gereimt *ab ab*, ist im viertaktervers abgefasst.
Die unterzeichnung ist *Amen quod Rate*. Darunter befindet
sich eine zeichnung: ein kreis mit 6-teiligem, sternartigem
blatt da:'n und darunter ein roh gezeichneter fisch.

Der inhalt sind die 10 gebote Mosis; denen, die danach leben, wird der himmel als lohn versprochen. Ähnliche gedichte sieh von Furnivall herausgegeben in E. E. T. S. 24, eins aus Lambeth Ms. (1)853, ab 1430, AD p. 47; ein andres in 2 hs. Lambeth Ms. 853, ab 1430, AD p. 49 und Vernon Ms. ab 1370, AD fol. 408 b col. 1.

Die heimat des gedichts ist wahrscheinlich das mittelland. Klar beweisende reime finden sich nicht. Die zeit der abfassung ist das XV. jh.

Über die gedichte **A Morning Hymn**, ein dank an Jesu für die bewahrung vor unheil in der vergangenen nacht, 28 verse lang, 4-taktig, reimschema *ab ab*, ohne mundartliche formen und **An Eucharistic Hymn**, ein abendmahllied, 33 verse lang, strophe: vers 1 und 2 reimen im ersten 4-taktigen teil unter sich, ebenso vers 3 und 4; der 2. dreitaktige teil von vers 1 und 2 reimt dann seinesteils mit dem 2. dreitaktigen teil von vers 3 und 4; von vers 5—28: das reimschema *aab ccb*; von 29—33 *aa bb c*. *aa cc* hat vier hebungen, *b* meist drei hebungen. *aa* beginnt stets mit *heylle*, — auch ohne mundartliche formen, beide gedichte *Amen quod Rate* unterzeichnet, An Eucharistic Hymn ausserdem noch mit dem fisch, — ist nur dasselbe zu sagen wie über das Lay of Commandments. *hath : grace* 6 in A Morning Hymn. *blode* (blut) : *mode* 23 in An Eucharistic Hymn sind die einzigen reime, die gegen die neuenglische aussprache der vokale zeugen.

Im VI. heft der Bonner Beiträge hat nun Mr. Brown noch den schottischen Alexander (1580 von A. Arbuthnot gedruckt) für den Bannatgne Club 1831 herausgegeben, dem David Rate (bez. dem verfasser von R. R. I) zuweisen zu können geglaubt.

Während indessen die übrigen von Mr. Brown genannten gedichte ihrer mundart und der zeit ihrer abfassung wegen von R. R. zu trennen waren, ist hier das verhältnis ein anderes. Mundart und zeit der abfassung stimmen überein; vergl. A. Herrmann, Dissert. Halle 1893, Untersuchungen über das schottische Alexanderbuch. Auf einen gemeinsamen verfasser aber kann man doch nicht schliessen; sprache und metrik zeigen nämlich mancherlei, wenn auch nicht sehr

grosse verschiedenheiten. — Erwähnenswert sind hier aber
sodann einige übereinstimmende punkte in den beiden stofflich
so sehr verschiedenen gedichten — ihre lehre und tendenz ist
dieselbe; vergl. die 4 letzten verse der vorrede des zweiten
teils des Alexanderbuches (The avowis of Alexander): *For
wise men sais he that in wit, Settis his intent and followis it,
It garris him oft tymes leif foly, And all murning of musardy;*
mit R. R. 84 *ʒhit than wyll god syk grace thaim geif, That
settis maist part thar lewyng In rychtwysnes and gudly
thinge;* ferner R. R. 1742 ff., wo die tugend als das erstrebens-
werteste im leben dargestellt wird unter berufung auf Vergil,
Plato, Socrates, Ipocrates, Aristoteles und Salomo, mit dem
zweiten nachwort des Alex., wo der verfasser sagt, dass die
leser seines romans durch Alexanders beispiel vor allen dingen
die tugend lieben lernen sollen; sodann noch R. R. 9—14,
*And gyf swyk caus sall fal in the, Trow weill at þow sal
punyst be, In this lyf here, with mekle scham, For þow fordyd
al thar gud nam.* mit den versen des zweiten nachwortes des
Alex.; *that your name may for your bounte Amang men of
gude merit be, For quhen ʒe lawe ar laid lame Than lewis
thair nathing bot ane name.*

Köln.   **Dr. Ludwig Ostermann.**

Die Mittelenglische Stabzeile im 15. und 16. Jahrhundert.

I.

Einleitung.

Die me. stabzeile ward früher von fast allen gelehrten für eine viermal gehobne, aus zwei zweimal gehobnen halbversen bestehnde langzeile gehalten, bis prof. Trautmann Anglia XVIII, s. 83 ff. in dieser langzeile einen siebentakter erkannte. Seine ansicht ward bestätigt durch die arbeiten von F. Mennicken, Bonner Beitr. z. Anglistik, heft 5, s. 33 ff., J. Fischer, B. B. z. A., heft 11, s. 1 ff., H. Steffens, B. B., heft 9, s. 1 ff. und B. Kuhnke, IV. heft der 'Studien zum germanischen Alliterationsvers' hgg. von M. Kaluza, Berlin 1900.

Mennicken, Fischer und Kuhnke hatten gedichte des 14. jahrhs. untersucht. Das von Steffens untersuchte fällt in die erste hälfte des 15. jahrhs. Es fragt sich nun, welches der zustand der übrigen stabreimenden gedichte des 15. und derer des 16. jahrhs., mit denen die echte stabzeile ausstirbt, ist, ob sie denselben rhythmus zeigen und siebentakter sind und ob der stabreim denselben gesetzen folgt.

Einwände gegen die darlegungen der genannten sind nicht erhoben worden außer von Luick im Beibl. zur Anglia bd. XII, nr. 2. Auf diese haben Mennicken und Fischer bereits B. B. heft 9, s. 148 ff. geantwortet. Wie ich von prof. Trautmann höre, wird er selbst gelegenheit nehmen, auf die ganze frage zurückzukommen. Unter diesen umständen seh ich mich nicht veranlasst, hier auf allgemeine fragen einzugehn. Ich habe mich vollständig davon überzeugt, dass nur die ansichten der genannten vor der vernunft und den tatsachen bestehen können: auch für mich sind die verse der stabreimenden gedichte des 14. und, soweit sie untersucht sind, des 15. jahrhs. siebentakter.

II.
Die denkmäler stabender langzeile
aus dem 15. und 16. jahrh.

Eine ziemlich vollständige liste der hier in betracht kommenden werke findet sich sowol in dem 'Essay on Alliterative Poetry' von W. W. Skeat im 3. bde. des Bishop Percys Folio Manuscript, Ballads and Romances, wie auch bei Schipper, Metrik I, s. 213 und bei Luick, Grundr. II, s. 1009 ff. Ich kann daher darauf verzichten, dieselben hier noch einmal aufzuzählen.

Alle dort genannten werke einer eingehnden untersuchung zu unterziehn, kann nicht meine aufgabe sein; es entspricht dies auch nicht dem zweck der arbeit, der darin besteht festzustellen, wie und wo die stabende langzeile im 15. und 16. jahrh. in England weiterlebte, und ob sie ihre haupteigenschaften beibehielt. Zu diesem zwecke können nur solche werke ausgewählt werden, derer entstehung wenigstens für das jahrhundert feststeht, und die nicht durch abschreiber zuviel von ihrer ursprünglichen gestalt eingebüßt haben, wie z. b. 'Jack Upland' und 'Thomas a Becket's Prophecies'. Ferner ist es unzweckmäßig, die kleineren stabenden gedichte, z. b. die in 'Reliquiae Antiquae' I. und II. bd. gedruckten mit in betracht zu ziehn wegen ihres geringen umfangs und ihrer sehr schlechten überlieferung. Es bleibt immer noch eine anzahl größerer, im ganzen sicher datierbarer denkmäler übrig, welche diese gattung im 15. und 16. jahrhundert vertreten. Es kommen besonders in betracht die folgenden achte, von denen die vier ersten in der bekannten dreizehnzeiligen, zugleich stab- und endreimenden strophe geschrieben sind:

1. 'The Buke of the Houlate' von Holland. (Houl.)
2. 'The Taill of Rauf Coilȝear'. (Coilȝ.)
3. 'The Knightly Tale of Golagros and Gawane'. (G. G.)
4. The 'Proloug of the aucht buik' of Gavin Douglas' 'Translation of Virgil'. (Dougl.)
5. 'The Reply of Friar Daw Topias'. (Reply)
6. 'Death and Liffe'. (D. L.)
7. 'The Tua Marriit Wemen and the Wedo' von W. Dunbar. (Dunb.)
8. 'Scottish Ffeilde'. (S. F.)

A. Die mit endreim versehnen dichtungen.

1. The Buke of the Houlate. [1])

Das gedicht findet sich in zwei hss., dem um 1515 entstandenen 'Ms. of John Asloan' und in dem 'Ms. of G. Bannatyne' aus dem jahre 1568. Außerdem ist das bruchstück einer um 1520 gedruckten black-letter-ausgabe erhalten mit der strophe 43 und 45. Alle drei texte ähneln sich sehr. Von den fünf neueren ausgaben hab ich zu meiner untersuchung die beiden letzterschienenen, anerkannt besten gewählt. Die von Amours im 27. bde. der Scottish Text Society, s. 47 ff. veranstaltete ist eine genaue widergabe des Asloan-Ms.; die andre ausgabe, von Dr. Diebler, unter dem titel: 'Hollands Buke of the Houlate with Studies in the Plot, Age and Structure of the Poem' bietet ebenfalls einen getreuen abdruck und zwar des Bannatyne-Ms. Ich vermute, dass das B.-Ms., trotzdem es später entstand als das A.-Ms., eine bessere widergabe des originals ist, einmal, weil sich seine formen dem rhythmus besser anpassen, dann auch, weil es mehr stabende wörter als das A.-Ms. aufweist. Das gedicht besteht aus 77 dreizehnzeiligen strophen = 1001 versen. Dieblers eingehende untersuchungen über dichter, zeit der entstehung sowie über den aufbau und die absicht des gedichtes sind sorgfältig geprüft und ergänzt von Amours in seiner oben erwähnten einleitung. Seinen ausführungen entnehm ich folgendes: Verfasser des gedichtes ist der sonst wenig bekannte geistliche Richard Holland oder, wie er sich auch nennt, Richard de Holland, dessen lebenszeit wol in das zweite bis letzte viertel des 15. jahrhs. fällt. Das gedicht kann nur in der zeit von 1449 bis 1452, also rund um 1450, verfasst worden sein. Es ist ein gedicht, das Elisabeth Dunbar, Countess of Moray, der gemahlin seines beschützers, gewidmet ist und in der verherrlichung des berühmten hauses der Douglas gipfelt. Um der dichtung ein gefälligeres äußere zu geben, ist sie in die form einer allegorie gebracht, wozu die bekannte fabel von der stolzen eule den rahmen lieferte.

---

[1]) Vgl. einleitung zum 27. bd. der 'Scottish Text Society' s. XX—XXXIV.

2. The Taill of Rauf Coilȝear.[1]

Da uns von dem gedichte keine hs. erhalten ist, gehn
sämtliche neueren ausgaben auf den von dem original fast ein
jahrh. entfernten druck von Robert Lekpreuik aus dem jahre
1572 zurück. Von den zahlreichen späteren ausgaben war
mir die von J. Herrtage im jahre 1882 für die E. E. T. S.
besorgte und die von Amours (Scottish Text Society, 27. bd.,
s. 82 ff.) zugänglich. Die dichtung besteht aus 75 dreizehnzeiligen strophen = 975 versen, doch fehlen in str. XI die
verse 135 und 136; in str. LV fehlt der vers 709. Gegen die
gewöhnliche reimstellung der dreizehnzeiligen strophe verstoßen
die strophen VII und LVI mit der reimstellung ab ab ae ae
cd dd c, bez. ab ab ab ab bc cc b. Der verfasser des gedichtes
ist unbekannt, doch weist dasselbe — wie Amours a. a. o.
s. XXXVI zeigt — in mancher hinsicht ähnlichkeit mit Gol.
und Gaw. auf, sodass man versucht sein kann, beide gedichte
ein und demselben verfasser zuzuschreiben. Bei der frage
nach der mundart kommt Tonndorf — vgl. s. 12 seiner unten
genannten schrift — zu dem ergebniss, dass das gedicht auf
grund seines laut- und formenstandes, sowie mit rücksicht auf
seinen wortschatz im südlichen Schottland verfasst worden
sei und zwar im letzten viertel des 15. jahrhs. Einige
der in dem gedichte erwähnten geschichtlichen momente weisen
auf den zeitraum von 1481—1498 hin — vgl. Tonndorf s. 15 —.
Das gedicht behandelt zwei in der mittelalterlichen litteratur
vielbehandelte stoffe. Der erste teil (die verse 1—780) enthält
die begegnung Karls des Großen mit dem köhler Rauf. Der
kürzere zweite teil schildert Raufs kampf mit einem Sarazenen.

3. 'The Knightly Tale of Golagros and Gawane'.[2]

Das gedicht ist uns einzig und allein erhalten in einem
druck aus dem jahre 1508 von W. Chepman and A. Millar.
Über die zuverlässigkeit dieses druckes vgl. das unter nr. 4
der zweiten gruppe darüber gesagte. Von den verschiedenen
neueren ausgaben hab ich die von Trautmann in Anglia II,
s. 410 ff. benutzt. Die dort, sowie die von Amours — vgl.
a. a. o. s. 249 ff. — gemachten anmerkungen kamen mir sehr

---

[1] Vgl. Amours in seiner einleitung s. XXXIV—XL.
[2] Vgl. Amours einleitung s. X—XX.

zu statten. Das gedicht umfasst 105 dreizehnzeilige strophen
= 1365 verse. Als verfasser des gedichtes vermutet Trautmann (vgl. die einleitung seiner ausgabe) den Schotten Clerk
von Tranent, einem orte nahe bei Edinburgh. Trautmann
setzt die entstehung kurz vor 1500. Der dichter erzählt
den zug des königs Artus nach dem hl. lande sowie dessen
kampf und versöhnung mit Golagrus.

4. The 'Proloug of the aucht buik' of Gavin Douglas 'Translation of Virgil'.

Von dem gedichte sind fünf hss. vorhanden, die sämtlich
noch aus der ersten hälfte des 16. jahrhs. stammen. Gedruckt
erschien das gedicht zuerst in 'black-letter', London 1553,
dann 1710 von Th. Ruddiman, 1839 in der für den Bannatyne
Club von Rutherford und Dundas veranstalteten ausgabe und
zuletzt 1874 in 'The Poetical Works of Gavin Douglas', hgg.
von J. Small, 3. bd., s. 142 ff. Diese ausgabe hab ich benutzt.
Sie ist ein genauer abdruck der Elphynstoun-hs. mit gleich-
zeitiger angabe der abweichenden lesarten sämtlicher hss. und
des ersten druckes. Das gedicht besteht aus 14 dreizehnzeiligen strophen = 182 versen; es ist entstanden in der zeit
von Mai 1512 bis Juli 1513. Verfasser ist der bekannte
schottische dichter Gavin Douglas.

B. Die dichtungen ohne endreim.

1. 'The Reply of Friar Daw Topias',

erhalten in einer gleichzeitigen hs., jetzt in der Bodleian
Library zu Oxford, Ms. Digby no. 41, fol. 2 r°, zum ersten
und einzigen male hgg. von Th. Wright, London 1861 in seiner
sammlung: 'Political Poems and Songs' vol. II, s. 39—114.
In der hs. ist das gedicht wie prosa geschrieben, doch sind
die halbverse — etwa 2000 — durch senkrechte striche voneinander getrennt. Der herausgeber erkannte die zusammengehörigkeit zweier solcher kurzverse noch nicht, sondern
druckte das gedicht in kurzzeilen. Da nun die übrigen hier
zu behandelnden gedichte alle in langzeilen gedruckt sind
und danach zitiert wird, fass ich auch in diesem gedichte stets
zwei kurzverse zu einer langzeile zusammen. Das gedicht ist,
wie die sprache zeigt, im Mittelland entstanden. Aus guten

gründen, denen ich beipflichte, setzt der herausgeber — vgl.
dort s. XI und s. 16 fußnote — die entstehung des gedichtes
in das jahr 1401; wahrscheinlich also ist es älter als 'The
Wars of Alexander'. Das gedicht ist das mittlere von drei
religiösen streitgedichten zwischen den Wicliffiten und den
'friars'. Der friar John of Walsingham sucht unter dem namen
Daw Topias die mannigfaltigen beschuldigungen und anklagen,
welche gegen seinen orden von einem Wicliffiten in dem
gedichte 'Jack Upland' (= Jack on the country) erhoben
worden waren, zu widerlegen.

2. 'Death and Liffe'.

Die einzige hs., in der dieses gedicht sowie das unter 4.
genannte 'Scottish Ffeilde' erhalten ist, wurde — wie Furnivall in den 'Forewords' der von ihm und W. Hales veranstalteten ausgabe des Bishop Percys Folio Ms., Ballads and
Romances, London 1868, vol. I, s. XIIf. zeigt — um 1650 von
einem schreiber aus dem nordwestl. Mittelland angefertigt.
Die erhaltung dieser hs. verdanken wir dem verdienten
sammler englischer und schottischer gedichte, dem bekannten
Bishop Percy. Nach dieser hs. wurde 'Death and Liffe'
zum ersten und wol einzigen male gedruckt im 3. bde. der
oben erwähnten ausgabe s. 49—75 mit einer einleitung von
W. W. Skeat und anmerkungen von Furnivall. Die ersten 86
kurzzeilen der hs. hat der herausgeber richtig als 43 langzeilen erkannt und demnach gedruckt. Das ganze gedicht
umfasst 458 langzeilen. Zur bestimmung der zeit der entstehung des gedichtes fehlt jeglicher anhalt. Der dichter ist
unbekannt, auch findet sich in dem Gedichte keine einzige
anspielung auf zeiteräugnisse. Selbst die hs. ist flüchtig und
anscheinend nach einem diktate angefertigt, sodass sie eine
durchaus schlechte widergabe des originals ist (vgl. Furnivall
a. a. o. s. XIII). Percy und Skeat versuchen daher durch vergleich des phrasenschatzes mit dem in 'Piers Plowman' und
'Scottish Ffeilde' zu einer bestimmung der entstehung des
gedichtes zu gelangen.[1]) Beide kommen zu dem ergebniss,

---

[1]) Vgl. Percy in seinen 'Reliques of ancient english poetry' London
1765, vol. I, s. 199 und vol. III, s. 303 (of the 5th edition); ferner Skeat
in seiner oben erwähnten einleitung s. 49.

dass D. L. und S. F. von demselben verfasser herrühren. Da
nun S. F. im 2. jahrzehnt des 16. jahrhs. entstanden ist (vgl.
dort), so wäre D. L. frühestens in die 2. hälfte des 15. oder
in den anfang des 16. jahrhs. zu setzen. Die beobachtungen
Percys und Skeats haben manches für sich, doch ist es ebenso-
gut möglich, dass D. L. dem dichter von S. F. nur bekannt war
und gewissermaßen als vorlage diente. Da der rhythmische
bau des gedichtes (vgl. abschnitte IV u. X) eine bedeutend
größere anzahl von notwendigen -e verlangt als S. F., neig
ich zu der annahme, dass unser gedicht etwa 50 jahre vor
diesem, also etwa um die mitte des 15. jahrhs. entstanden
sein wird, welche annahme diejenige Percys und Skeats nicht
ausschließen würde.

3. 'The Tua Marriit Wemen and the Wedo' von Dunbar.

Das gedicht findet sich auf s. 81—96 des Maitland Ms.
Der teil der hs., der auch unser gedicht enthält, wurde
von dem sechsten schreiber eingetragen. Der umstand, dass
am schlusse dieses teiles in der aufzählung der mitglieder
der familie Maitland als drittletzter *John Maitland, died
3d October 1595* genannt ist, gibt uns veranlassung diese
niederschrift des gedichtes in den anfang des 17. jahrhs., also
rund 100 jahre nach seiner entstehung zu setzen (vgl. weiter
unten). Außerdem besitzen wir einen teil des gedichtes (v. 104
bis schluss) in dem schon erwähnten alten drucke von Chepman and Millar aus dem jahre 1508. Dass die südlichen formen
in diesem drucke alle von den *'expert men'* aus dem 'süden' (?)
herrühren müssen, hat Schipper auf s. 18 der einleitung zu
seiner ausgabe der gedichte Dunbars in 'Denkschriften der
Wiener Akademie, Philosoph.-histor. Classe', bd. 40 nur behauptet, aber nicht bewiesen. Bekanntlich waren den schülern
Chaucers, und dazu gehört nicht zuletzt Dunbar, die formen
des meisters geng und gebe (vgl. abschnitt X dieser arbeit).
Ich möchte daher annehmen, dass einige von diesen südlichen
formen dem original selbst angehörten. Meiner untersuchung
liegt die oben erwähnte ausgabe von Schipper zugrunde. Da
dieselbe sich nach dem Maitland Ms. richtet, das, wie schon
gesagt, aus dem anfange des 17. jahrhs. stammt, ist wol
schwerlich anzunehmen, dass der text besonders hinsichtlich

der formen der sprache des dichters entspricht; es muss daher der druck von 1508 stets zum vergleich herangezogen werden.[1]) Das gedicht besteht aus 530 langzeilen. Als zeit der entstehung gibt Schipper in seinem 'Grundriss der Engl. Metrik' s. 86 den anfang des 16. jahrhs. an; in seiner ausgabe der gedichte führt er es unter den 'poems written before 1503' auf. Das gedicht wäre demnach zwischen 1501 und 1503 entstanden. J. G. Mackay (vgl. S. T. S. 16. Introduction s. CLVIII) setzt das gedicht 'several years before 1508'. Der dichter belauscht, im gebüsch versteckt, das gespräch dreier vornehmer frauen, von denen die eine witwe ist. Die beiden verheiratheten ergehen sich in recht derben schmähreden gegen ihre ehegatten, mit denen sie äußerst unzufrieden sind. Die witwe weiß von den beiden gatten, die sie gehabt, nichts besseres zu berichten.

4. 'Scottish Ffeilde'.

Das gedicht ist nur in einer hs. u. z. in derselben wie D. L. erhalten. Gedruckt erschien es zuerst 1855 in der von Robson besorgten ausgabe für die Chetham Society nach dem jetzt nicht mehr vorhandnen Lyme Ms., das nach Madden aus der zweiten hälfte des 16. jahrhs. stammt, demnach um etwa 100 jahre dem originale näher steht, als die dem Folio Ms. Percys zugrunde liegende hs. Dieser druck gibt das gedicht zwar nicht vollständig, ist aber im übrigen dem Folio Ms. vorzuziehn. Über die beiden hss. sagt Furnivall vol. I, s. 200:

„it [= Lyme Ms.] is an older and more valuable copy than the one here given. It again and again preserves the alliteration where it has been corrupted in the Folio copy." Und weiter unten: „The two copies mutually correct and elucidate each other. The differences between them are merely verbal; all worth noticing are mentioned in the notes."

Das gedicht besteht aus 422 langzeilen. Bei unsrer untersuchung haben wir natürlich die fassungen beider hss. da, wo sie voneinander abweichen, zu vergleichen und zu prüfen.

---

[1]) Hgg. in 'Scottish Text Society' bd. II, s. 30 von Small mit einleitung, erklärung und glossar.

Leider war mir Robsons druck nicht zugänglich, weshalb ich mich mit der von Furnivall und Hales nach dem Folio Ms. veranstalteten ausgabe im 1. bd., s. 212 ff. ihrer vorhin genannten sammlung und den dort unter 'Robson' angegebenen varianten begnügen musste. Wie Furnivall (vgl. dort s. 210) zeigt, liegt die zeit der entstehung des gedichtes ziemlich fest. Die darin beschriebne schlacht auf dem 'Flodden Field' fällt bekanntlich in das jahr 1513; der dichter war sicherlich augenzeuge; außerdem wird das im jahre 1515 erfolgte ableben des 'Bishop of Ely' als ein *recent event* erwähnt. Mit sicherheit können wir demnach die entstehung des gedichtes in das zweite jahrzehnt des 16. jahrhs. setzen. Über die person des dichters wissen wir wenig; am schlusse des gedichtes, in den versen 416—420 gibt er seinen stand und seine herkunft an:

> *„he was a gentleman by Jesu:*   *that this iest made,*
> *which say but as he sayd:*   *forsooth, & noe other.*
> *att Bagily*[1]*) that bearne;*   *his bidding place had,*
> *& his Ancetors of old time:*   *haue yearded their longe,*
> *Before william Conquerour,*   *this cuntry did inhabitt."*

Nähere aufschlüsse über den dichter sind außer den bei D. L. schon erwähnten versuchen von Percy und Skeat nicht erbracht worden. Der dichter berichtet uns zunächst die geschichte Heinrichs VII. von seiner landung zu Milford Haven bis zu seinem tode. Darauf behandelt er die tronbesteigung Heinrichs VII., seinen feldzug nach Frankreich im jahre 1513 und die belagerung von Terouenne, sowie den gleichzeitigen einfall der Schotten in England und die schlacht bei Flodden. Zum schlusse wird dann die siegesbotschaft dem noch in Frankreich weilenden könige überbracht.

Diese aufzählung zeigt, dass sich die me. stabzeile hauptsächlich in Schottland und zum teil im Mittelland bis ins 16. jahrh. hinein erhalten hat.

Die hier angegebnen ausgaben der einzelen werke hab ich benutzt; außerdem hab ich zu rate gezogen:

ten Brink, Chaucers Sprache und Verskunst. Leipzig 1899. (ten Brink).

Dr. J. Fischer, Die stabende langzeile in den werken des Ga-[waindichters]. Bonn. Beitr. heft 11, s. 1 ff. (Fischer).

---

[1]) Situated about three miles from Stockport in Cheshire.

J. Kaufmann, Traité de la langue du poète écossais William
  Dunbar. Bonn 1873. Diss. (Kaufmann).
Luick, Die engl. Stabreimzeile im XIV., XV. und XVI. Jahrh. in
  Anglia XI, s. 533 ff. und XII, s. 466 ff. (Luick).
Dr. F. Mennicken, Versbau und sprache in Huchown's 'M[orte]
  A[rthur]'. Bonn. Beitr. heft 5, s. 33 ff. (Mennicken).
Morsbach, Mittelengl. Grammatik, Halle 1896. (Morsb.).
Schipper, Englische Metrik, I. Teil, Bonn 1881. (Schipper I.).
Schipper, Grundriss der engl. Metrik, Wien und Leipzig 1895.
  (Schipper Grdr.).
O. Noltemeier, Über die Sprache des Gedichtes: 'The Knightly
  tale of golagros and gawane'. Diss. Marburg 1889. (Nolte-
  meier).
Dr. H. Steffens, Versbau und sprache des mittelenglischen stab-
  reimenden gedichtes 'The W[ars of] A[lexander]'. Bonn.
  Beitr. heft 9, s. 1 ff. (Steffens).
M. Tonndorf, Rauf Coilyear. Ein mittelschottisches Gedicht.
  Litterarische, sprachliche und metrische Untersuchungen. Diss.
  Halle 1893. (Tonndorf).
Trautmann, Zur Kenntniss und Geschichte der mittelengl. Stab-
  zeile. Anglia XVIII, s. 83 ff. (Trautmann).

Wo ich mich auf obige werke berufe, sind die in klammer
beigefügten abkürzungen angewant.

III.

Der vers ein siebentakter.

Sehn wir zunächst zu, wie sich unsre gedichte den beiden
aufgestellten theorien gegenüber verhalten. Suchen wir zu
entscheiden, ob sich ihre verse besser mit 2 + 2 hebungen
'bei wesentlich anapästischem rhythmus' oder nach den regeln
des siebentakters lesen lassen.

A. Versuch, die verse nach den regeln der 2 + 2 hebungenlehre zu lesen.

1. Die mit endreim versehnen dichtungen.

Damit wir uns bei der lesung mit 2 + 2 hebungen keines
verstoßes schuldig machen, halt ich es für angebracht, das,
was Luick, Anglia XII, s. 446 ff., Schipper, Grdr., s. 92 ff. und
Tonndorf, s. 45 ff. über den rhythmus der verse sagen, kurz

zu skizzieren. Zunächst sind alle drei einig in der annahme, dass die ersten neun verse einer jeden strophe unsrer gedichte langzeilen sind.[1]) Über die treffigung der vier kurzverse am schlusse jeder strophe jedoch 'gehn die ansichten' der anhänger der 2 + 2 hebungenlehre 'sehr auseinander' (vgl. Luick, s. 437). Dies darf aber nach meiner meinung bei einer auf bestimmte, stets widerkehrende typen gebauten theorie nicht vorkommen. Luick gebührt das verdienst, zuerst, u. z. 1889 in Anglia XII, s. 437 f. klar bewiesen zu haben, „dass die drei ersten kurzzeilen, die längeren, nichts andres sind als die ersten halbzeilen, die vierte, kürzere, ein zweiter halbvers", also die drei ersten, wie wir sagen, anverse, die vierte ein abvers. Zu eben dieser meinung bekennt sich Schipper in seinem Grdr., nachdem er schon 1881 in seiner Metrik, I. Teil, s. 218 ff. 'die verse des abgesangs' für 'durchaus zweihebig' erklärt hatte. Obschon jedoch die beiden hauptverfechter der 2 + 2 hebungenlehre in dieser annahme übereinstimmen, ist die verschiedenheit der meinungen über den bau der vier schlussverse durchaus nicht beseitigt. Tonndorf sieht noch im jahre 1893 die verse 10, 11 und 12 jeder strophe als 'dreihebig', v. 13 als 'zweihebig' an. Zu gunsten der 2 + 2 hebungenlehre nehm ich an, dass die meisten anhänger derselben sich der meinung Luicks angeschlossen haben. Danach besteht die dreizehnzeilige strophe aus zwölf an- und zehn abversen.

Sehn wir jetzt zu, wie die halbverse mit zwei hebungen zu lesen sind. Was zunächst die abverse betrifft, so sind sie sämtlich mit endreim versehn. Der endreim sowie der natürliche akzent der wörter sind zwei wichtige faktoren für den rhythmus des verses. Das erkennen Luick und Schipper an, wie aus dem folgenden deutlich hervorgeht. Gesteht man beiden faktoren gleiche bedeutung zu, so lassen sich zahlreiche verse, nämlich alle, in denen worttreff und endreim nicht

---

[1]) Tonndorf sagt s. 47: „... über die zahl der hebungen in den ersten halbversen könnte man schwankend sein, da manchmal drei stäbe sich finden, oder eine größere anzahl senkungen im auftakt (bis 4) die annahme von nur zwei hebungen abzuweisen scheint. Dennoch müssen alle verse mit 2 + 2 hebungen gelesen werden, und dass dies die absicht des dichters war, zeigen schon die anfangsverse des gedichts". [Ein recht schlagender beweis!?]

auf dieselbe silbe fallen, nicht mit zwei hebungen lesen. Da
nun Schipper und Luick nicht von ihrer theorie abgehn wollen,
müssen sie sich entscheiden, ob sie in diesen versen dem endreim oder dem worttreff den vorzug geben. Bei beantwortung
dieser frage geraten die beiden hauptvertreter nicht nur
untereinander, sondern auch jeder mit sich selbst in
zwiespalt:

Luick (vgl. s. 449 oben) stellt für die skansion des
zweiten halbverses die regel auf: „Die erste hebung trifft
die stammsilbe des ersten vollwortes, die zweite die reimsilbe;
in welchem abstande beide voneinander stehn, kommt nicht
in betracht".

Der endreim entscheidet also. Versgebilde wie:

and frét full of fairhéid   (Houl. 6²)
próvdę in his apparále   (Houl. 125²)

sind also nach seiner meinung berechtigt.

Nun ist aber diese regel nur auf den abvers anwendbar.
Bei der skansion des 'eine größere fülle erfordernden ersten
halbverses' zögert er, nach demselben grundsatze zu verfahren. Es entstehen nämlich versgebilde mit ganz ungeheurer
senkung wie z. b.:

The thráll to be of thirlláge : wage   (Dougl. 38)
Bárrounis and Bacheléiris : steiris   (Coilʒ. 12)
I ráikit till a revéir : feir : cleir   (Houl. 12).

Da er jedoch trotzdem bei der lesung mit nur zwei gehobenen
silben verharrt, 'bleibt', um seine eignen worte zu gebrauchen
— „nichts übrig, als jene bequemen reimsilben überhaupt zu
vermeiden, oder sie mit tonverschiebung zu gebrauchen".
Doch die unzulänglichkeit und unfolgerichtigkeit, die in diesem
verfahren liegt, sieht er bald ein. Auf der suche nach einem
einzigen, auf an- wie abvers anzuwendenden grundsatze
kommt er zu folgendem ergebniss, das allein schon wegen
der bestimmtheit, in der es abgefasst ist, wenig vertrauen
erweckt. Er sagt:

„Wahrscheinlich wird man durch schwebende betonung
den hier mehr als in gleichtaktigen metren ins ohr fallenden
widerstreit zwischen wort- und verston zu verschleiern gesucht haben."

Schipper ist das verhältniss zwischen endreim und alliteration und der davon abhängigen rhythmischen betonung
— wie er selbst sagt (vgl. Grdr., s. 92 ff.) — 'weniger klar'.
Nach seiner meinung entscheidet — im gegensatz zu Luick
— der natürliche akzent der wörter. Hierbei stößt er auf
eine reihe von schwierigkeiten. Er macht zu gunsten seiner
theorie folgende recht seltsame, gänzlich unbegründete unter-
scheidung:

„In denjenigen mehrsilbigen wörtern am ende des verses,
derer erste silbe die hebung trägt und derer letzte silbe
mit einer hochtonigen, also in die hebung tretenden silbe
reimt, erhält die endreimsilbe einen nebenton, z. b.:

gúde and gráciùs

: and full chéuailrús   (G. G. 389², 391²)

oder   kéene and crùèll:

: with ane cástéll

: téirfull to téll   (G. G. 46², 44², 42²)

oder   with mékil hónoùr

: in ane hóur

: that próuit páramoúr   (G. G. 648², 650², 654²).

Dagegen erhält die endreimende silbe keinen nebenton, wo
die tieftonigen, metrisch in der senkung stehenden, den
endreim bildenden endsilben sämtlich zwei- oder dreisilbigen wörtern angehören, z. b.:

sémbland : léuand : conséntand : éndúrand

(G. G. 428 ff.)".

Dieses verfahren ist offenbar unfolgerichtig.

Zum schlusse kommt auch er zu der annahme, dass in
allen fällen, in denen zu den beiden haupthebungen noch eine
nebenhebung hinzutritt, 'mehr schwebende betonung gelten
müsse'.

Wir sehn, Luick und Schipper sind auf zwei ganz verschiednen und recht unsichren wegen im großen und
ganzen zu demselben ergebniss gekommen.

Um nun zu zeigen, wie die besprochnen, mit endreim
versehnen verse sowie die noch nicht besprochnen neun ersten
anverse ohne endreim in jeder strophe zu lesen sind, führ ich

die erste strophe von G. G. genau so, wie sie Schipper auf
s. 92 seines Grdr. bestrichelt hat, vor:

In the *tý*me of Árthur,   as *tré*w men me *tá*ld,
The king *tú*rnit on ane *tý*de   towart *T*úskáne,
Hym to *sé*ik our *the* *sé*y,   that *sá*iklese wes *sá*ld,
The *sý*re that *sé*ndis all *sé*ill,   *sú*thly to *sá*ne;
5 With *bá*nrentis, *bá*rounis,   and *bé*rnis full *bá*ld,
*B*iggast of *bá*ne and *b*lúde   *b*réd in *B*rítàne.
Thai *wá*lit out *w*érryouris   with *wá*pinnis to *wá*ld,
The *gá*yest *g*rúmys on *g*rúnd,   with *g*éir *that* my*g*ht *g*áne;
*D*úkis and *d*ígne lòrdis,   *d*oúchty and *d*éir,
10 *S*émbillit to his *s*úmmòvne,
*R*énkis of grete *r*énòvne,
*C*ùmly *k*íngis with *c*róvne
Of góld that wes cléir.

Nach den vorhin besprochnen gesetzen haben die anverse
10 und 11 sowie der abvers 6 einen nebenton bez. ausgang
mit schwebender betonung erhalten, also drei gehobne silben.
Außer diesen zeigen noch fünf anverse, nämlich 4, 6, 8, 9
und 12 je eine mit nebentreff versehne silbe, offenbar, weil
starktreffige wörter wie: *sendis, biggast, gayest, lordis, cumly*
nicht in die senkung treten können. Demnach lassen sich
unter den 12 anversen 7 und unter den 10 abversen einer
nicht mit 2 hebungen lesen. Zudem hat Schipper sicherlich 2 fälle übersehn, nämlich v. 1^2 und v. 2^1, in denen die
starktonigen subjekte: *men* und *king* unter keiner bedingung
in die senkung treten dürfen.

Außerdem behaupten die verfechter der 2 + 2 hebungenlehre, dass der rhythmus der stabzeile 'wesentlich ana-
pästisch verlaufe'. Überall, wo drei- oder mehrsilbige
senkung entsteht, müssen sie demnach einen nebenton annehmen. Dies hat Schipper — augenscheinlich wegen der
schon ohnehin gewaltigen anzahl von versen mit nebenton —
in der angeführten strophe an drei stellen unterlassen; in den
versen 2^1 und 11^1 sind trotz der schon vorhandnen drei
hebungen drei silben in der senkung, ausserdem zeigt sich
noch dreisilbige senkung in v. 7^2.

Somit finden sich, wenn wir genau nach den regeln der
2 + 2 hebungenlehre lesen, unter den 12 anversen 2 mit

4 hebungen, 6 mit 3 hebungen, unter den 10 anversen 3 mit 3 hebungen, also unter den 22 halbversen derer 11, die sich nicht mit 2 hebungen lesen lassen.

Lesen wir die drei ersten strophen eines jeden unsrer denkmäler in dieser weise, so zeigt sich folgendes:[1])

Unter 1. zähl ich die fälle auf, in denen 'schwebende betonung' eintritt; unter 2. die verse, in denen ein starktreffiges wort einen nebentreff erhält; unter 3. die verse, in denen drei- oder mehrsilbiger vorschlag oder solche senkung durch einen nebentreff vermieden wird.

Houl. 1. Die verse 19^2, 32^2, 36, 37. (**4** $\times$)

    2. Die verse 2^1, 5^1, 6^1, 9^1, 14^1, 17^1, 18^1, 23, 24, 27^1, 28^1, 30^1, 33^1. (**13** $\times$)

    3. Die verse 5^2, 8^2, 10, 11, 12, 13, 16^1, 19^1, 22^2, 25, 31^1, 32^1, 34^1, 35^1, 38. (**15** $\times$);

also unter 66 halbversen 32 mit 3 gehobnen silben.

Coilz. 1. Die verse 1^2, 10, 11, 30^2. (**4** $\times$)

    2. Die verse 2^1, 6^1, 12, 15^2, 16^1, 17^1, 17^2, 24, 27, 34^2, 36. (**11** $\times$)

    3. Die verse 2^2, 3^2, 4^1, 4^2, 6^2, 14^1, 18^1, 18^2, 19^1, 20^1, 20^2, 22^1, 23, 25, 27^1, 29^1, 30^1, 31^1 32^1, 33^1, 33^2, 34^1, 37, 38. (**24** $\times$);

also unter 66 halbversen 39 mit 3 gehobnen silben.

G. G. 1. Die verse 6^2, 10, 11. (**3** $\times$)

    2. Die verse 1^2, 2^2, 4^1, 6^1, 8^1, 9^1, 12, 17^1, 17^2, 18^2, 19^1, 20^1, 21^1, 23, 24, 25, 27^1, 28^1, 29^1, 30^2, 31^1, 32^1, 33^1, 34^2, 35^1, 36^1. (**26** $\times$)

    3. Die verse 7^2, 14^2, 16^1, 18^1, 39. (**5** $\times$);

also unter 66 halbversen 34 mit 3 gehobnen silben.

Dougl. 1. Die verse 2^2, 17^2, 36, 38. (**4** $\times$)

    2. Die verse 7^1, 8^1, 9^1, 10, 11, 12, 14^1, 15^1, 16^1, 17^1, 18^1, 22^1, 23, 24, 27^1, 28^1, 29^1, 31^1, 32^1, 33^1, 34^1, 35^1. (**22** $\times$)

    3. Die verse 1^2, 2^1, 3^2, 4^1, 5^1, 6^1, 19^1, 21^1, 25, 30^2, 32^2, 34^2, 37. (**13** $\times$);

also unter 66 halbversen 39 mit 3 gehobnen silben.

---

[1]) Die hier in betracht kommenden verse zähl ich in der folgenden tabelle nur auf, da sich dieselben sämtlich in den später folgenden proben aus den einzelen gedichten finden und dort verglichen werden können.

Dieses ergebniss stimmt mit dem bei der ersten strophe von G. G. gefundnen genau überein. Zu gunsten der 2 + 2 hebungenlehre hab ich die ungedeckten end-*e* in keinem falle als silbenbildend betrachtet, wie Schipper und Luick es bei der großen fülle von silben, auf die sie nur 2 hebungen verteilen wollen, zu tun genötigt sind (vgl. Morsb., § 71, s. 99; § 72, s. 101; § 73, s. 103 und § 74, s. 104). Wie die vorangehnde aufzählung zeigt, sehn sich die vertreter der 2 + 2 hebungenlehre genötigt, durchschnittlich mehr als die hälfte der verse mit nebenton oder schwebender betonung, also mit drei gehobnen silben zu lesen. Das bedeutet aber nicht mehr und nicht weniger, als dass ihre theorie nicht durchführbar, dass sie also falsch ist.

2. Die dichtungen ohne endreim.

Die dichtungen ohne endreim bestehn nur aus langzeilen. Da nun noch niemand behauptet hat, das versmaß in diesen dichtungen sei ein andres als in den langzeilen der endreimenden gedichte, so könnte ich mich kurz fassen und sagen: da sich die 2 + 2 hebungenlehre bei den dichtungen mit endreim als undurchführbar erwiesen hat, ist sie, da es sich um gleichgebaute verse handelt, auch undurchführbar bei den dichtungen ohne endreim. Um jedoch jedem einwand vorzubeugen, führ ich auch hier alle verse, die nach Schipper und Luick mit drei gehobnen silben zu lesen sind, an. Ich lasse es dahingestellt, ob wörter wie *prophecie, comounte, sovereynli* am ende des anverses nur einmal u. z. auf der ersten silbe zu treffigen sind; m. e. entspricht die treffigung: *próphecìe, cómountè, sóvereynlì* durchaus dem worttreff sowie dem rhythmus dieser wörter in den gedichten mit endreim. In den 30 ersten versen der hierhin gehörigen denkmäler finden sich 10 solcher fälle nämlich: Reply verse 5[1], 10[1], 12[1], 18[1], 25[1], 28[1]; D. L. verse 2[1], 20[1]; Dunb. —; S. F. verse 11[1], 23[1]. Im übrigen gestaltet sich bei diesen dichtungen die tabelle folgendermaßen:

Reply 2. Die verse 1[2], 4[1], 9[1], 15[1], 15[2], 16[1], 20[1], 21[1], 22[1], 23[1], 26[1], 27[1]. (12 ×)

3. Die verse 1[1], 2[1], 3[1], 3[2], 4[2], 8[1], 9[2], 11[2], 12[2], 13[1], 14[1], 17[1], 19[1], 19[2], 20[2], 23[2], 27[2], 30[1]. (18 ×);

also unter 60 halbversen 30 mit 3 gehobnen silben.

D. L.   2.   Die verse 1^1, 3^1, 4^1, 5^1, 10^1, 19^1; 25^1, 27^1, 29^1.
           (9 ✕)

    3.   Die verse 1^2, 2^2, 7^1, 13^1, 14^1, 14^2, 15^1, 16^2, 17^1,
           18^1, 21^1, 21^2, 22^1, 26^1, 26^2, 28^1, 30^1, 30^2.   **(18 ✕)**;
also unter 60 halbversen 27 mit 3 gehobnen silben.

Dunb.   2.   Die verse 2^1, 3^1, 4^1, 9^1, 10^1, 11^1, 12^1, 16^1, 17^1,
           18^2, 19^2, 21^1, 23^1, 23^2, 24^1, 24^2, 25^2, 26^1, 27^1, 28^1,
           30^1, 30^2.   **(22 ✕)**

    3.   Die verse 1^2, 5^1, 6^1, 6^2, 7^1, 8^1, 9^2, 11^2, 13^1, 14^1,
           16^1, 16^2, 18^1, 19^1, 20^1, 21^2, 22^1, 25^2, 29^1.   **(19 ✕)**;
also unter 60 halbversen 41 mit 3 gehobnen silben.

S. F.   2.   Die verse 1^1, 9^1, 10^1, 12^1, 16^1, 17^1, 19^1, 20^1, 22^1,
           24^1, 24^2, 26^1, 28^1, 29^1.   **(14 ✕)**

    3.   Die verse 2^1, 3^2, 4^1, 6^1, 7^1, 8^1, 9^2, 10^2, 11^1, 14^1,
           14^2, 15^1, 19^2, 20^2, 21^1, 27^1, 29^2.   **(17 ✕)**;
also unter 60 halbversen 31 mit 3 gehobnen silben.

Wir sehn, bei den dichtungen ohne endreim zeigt sich
dasselbe ergebniss wie bei denen mit endreim. Mehr als die
hälfte der halbverse lassen sich nur mit drei oder mehr gehobnen silben lesen; die $2 + 2$ **hebungenlehre ist also
abzuweisen.**

B. Versuch, die verse nach den regeln des siebentakters zu lesen.

Bei diesem versuche nehm ich als proben die drei ersten
strophen der mit endreim versehnen dichtungen sowie die 30
ersten langzeilen der gedichte ohne endreim. Silben, die zugleich wort- und verstreff haben, sind durch den acutus, silben,
die nur verstreff haben, durch ein gravis gekennzeichnet. Ich
gebe die verse in der form, die nach vergleich der lesarten
in den hss. bez. drucken, den bessren sinn, eine geläufigere
versform und unter umständen einen fehlenden stabreim bietet.

Da — wie aus abschnitt II hervorgeht — unsre sämtlichen
denkmäler meist in recht späten, oft ein bis zwei jahrhunderte
nach ihrer entstehung angefertigten hss. oder auch nur in
drucken erhalten sind und die schreiber und drucker mit der
setzung von gedecktem und ungedecktem -e recht willkürlich
verfuhren, indem sie häufig sogar formen ein -e gaben, denen

gar keines zukam, so sind die hss. und drucke grade in dieser
hinsicht wenig zuverlässig; wir können uns nach ihnen nicht
richten (vgl. auch Morsb. § 73, s. 103). Daher sind in den nun
folgenden proben die geschichtlich berechtigten ungedeckten -e
in zweisilbigen wörtern, bez. die erst in me. zeit angetretnen
unorganischen -e überall da, wo durch lesung derselben zweisilbige senkung entstehn würde, weggelassen, bez. nicht gesetzt,
oder durch einen darunter gesetzten punkt bezeichnet. In den
übrigen fällen lass ich sie gelten, bez. setze sie ein. Nur die
fälle, in denen der vers die setzung eines schwachen -e unbedingt verlangt, sind durch einen über das -e gesetzten
punkt kenntlich gemacht. Die gründe zu diesem verfahren
sind in abschnitt X genauer dargelegt. Über die geltung des
ged. -e in zweisilbigen wörtern vgl. ebenfalls abschnitt X.

Houl.

    Ín the míddis of máije,   at mórne, ás I mént
    Throw mírthe márkìt on mólde,   tíll a gréne méide,
    The blémis blýwèst of blée   fró the sóne blént,
    Thát all brýchtnìt abóut   the bórdòuris on bréide
5   With álkin hérbis off áire,   þat wár in érde lént,
    The féildis flówrischịt and ffrétte   fúll of fáirhèide,
    So sóft wás the séasoùn   our sóuerán doun sént,
    Thrów the gréàbill gíft   óff his gódhèide,
    That áll was ámiàble óur   þe áir ánd þe érde:
10 Thus, thrów the clíftìs so cléir,
    Alón but fállów or féir,
    I ráikit tíll a ríwèir, þat rýàlly réirde.

    This ríche rýwer dóune rán,   but résting or róve
15 Thrów a ffórrèst on fáulde   þat férlý was ffáir;
    Áll the bráyis óff that brýme   buirẹ brénchìs abóve,
    And bírdis blýithèst off blé,   on blóssòmes báir;
    The lánd lóun wás and líe,   with lýkìng and lóve,
    And fór to lénde bý that láke,   thócht me lévàr,
20 Becáuse thát þir hértìs   in hérdis coud hóve,
    Pránsànd and prúnʒeànd,   be páir ánd be páir:
    Thus sát Í in sólàce,   sékirlỳ and súir,
    Contént óf the fáire fírthe,
    Mékil máir óf the mírthe

25 Als was blýith óff the bírthe þát the gróund búir.

The bírthe þát þe gróund búr was bróudỳn on brédis
With gérße gáye ás the góld and gránìs off grácę
Méndis and médicìne for álle ménnis néidis;
30 Hélp till hérte ánd till húrte, hélefùll it wás.
Vndér þe círclė sólàr thir sánouròusė sédis
Werę núrist bé damę nátùre, that nóbill máistrès;
Bot áll thair námỳs to nývin as nów is nócht néid is
It wér prolíxit and láng, lénthing of spácę,
35 And Í haif mékill mátèr in métìr to glóß,
Óf ane ýþir séntènce,
And wáik ís my éloquènce;
Thairfóir in háste will I hénce Tó the púrpòß.

Überraschend gut fügen sich sämtliche angeführten verse dem schema des siebentakters. V. 20 könnte vielleicht anstoß erregen; denn der 4. takt des anverses wird von einer schwachtreffigen silbe gebildet. Das äußerst seltne vorkommen solcher verse in unsren schottischen gedichten sowie die mangelhafte stabsetzung in diesem verse berechtigt m. e. zu der annahme, dass derselbe schlecht überliefert ist.

Coilȝ.

Ín the chéiftỳmę of Chárlis, that chósin Chíftàne,
Thair féll anę férlyfùllė flán withín thay féllis wíde,
Quhair Érlis and Émpreòurįs and ýther móny áne
Túrnit frá Sanct Thómàs befóir the ȝúle týde.
5 Thay pást ṽnto Párìs, thay próudèst in páne,
With móny Prélàtįs and Príncis, that wás of mékill prýde;
Áll thay wénte with the kínge tó his wórthy wáne,
Óur the féildìs sa fáir thay fúre bé his sýde.
Áll the wórthièste wénte ín the mórninge;
10 Baith Dúkis and Dúchepèiris,
Bárròunįs and Báchelèiris,
Móny stóute mán stéiris Of tówne with the Kínge.

And ás that Rỳàllė ráid óur the rúde múrę
15 Hím betýdę anę témpèst that týme, hárd I télle,
The wínd blew óut óf the Eíste stíflì and stúrę,

The drífte dúrandlïè dráif   in móny déipe délle;
Sa féirsli frá the Fírmamènt,   sa féllounlï it fúr
Thair micht na fólk háld na fút   ón the héiche félle
20   In póint thay wár to párische,   thay próudest mén and
                                         púrę,
     Ín thay wickit wédderįs   thair wíste nánę to dwélle.
     Amáng thay mýrke Móntànįs   sa mádlïe thay mére,
     Be it was prýme óf the dáy,
     Sa wónder hárde fúre tháy
25   That ilk anę túik anę séire wáy,   And spérpèllįt full fére.

     Íthand wédderįs óf the éiste   dráife ón sa fást,
     It áll to-bláistèrįt and bléw   thát thairínnè báid.
     Be tháy disséuęrit síndrì,   mídmórn was pást;
30   Thair wíst na Knícht óf the Cóurte   quhat wáy the
                                         Kíng ráid.
     He sáw thair wás na béttèr   bot Gód át the lást,
     His stéid agánìs the stórm   stáluàrtli stráid;
     Fórth he Cáchit frá the Cóurt,   sic wás his áwin cást,
     Quháir na bódy was hím abóut,   be fíue mýlis bráid.
35   Ín thay Móntànįs, I-wís,   wóx he álle wíll,
     In wickit wédderįs and wíchte,
     Amáng thay Móntànįs on híchte
     Be thát it dréw tó the níchte,   The Kíng lýkit íll.

Um eine geläufigre versform zu erhalten, ist in den versen
3¹ und 35² umstellung vorgenommen aus: *Quhair Émperòurįs
and Érlìs* bez. *he wóx álle wíll*. In den versen 2¹ u. 14 ist wol
anzunehmen, dass der dichter im anschluss an die flexion der
adj. bei Chaucer *ferlyfullè* bez. *ryalle* gelesen hat; v. 33¹
lässt sich durch ein einleitendes '*forth*', das durchaus dem
sinne entspricht, bessern.

G. G.

     Ín the týmę of Árthùr,   as tréwe mén me táld,
     The kíng túrnit ón anę týde   tówart Túskàne
     Hím to séike óur the séy,   that sáiklès wes sáld,
     The sýr, þat séndìs all séill,   súthlỳ to sáne,
5   With bánrèntis, bároùnįs   and bérnis full báld,
     Bíggàst of bánę and blúde,   bréd in Brítàne.
     Thai wálit out wérryòuris   with wápìnnįs to wáld

The gáyest grúmys on grúnde,   with géire thát myght
                             gáne;
Dúkis and dígnè lórdis,   dóuchtỳ and déir,
10 Sémbillit tó his súmmòvnę,
Rénkis of gréte rénòvnę,
Cúmly kíngis with cróvnę   Of gólde, þát wes cléir.

Thús the róyalę cán remóve   wíth his Róunde Tábill,
15 Of álle ríches máiste ríke,   in ŗiàll arráy;
Wes néuer fúndùn on fólde,   but fénʒeing or fábill,
Anę fárayr flóur ón anę féilde   of frésche mén in fáy.
Fárand ón thair stédis stróng   stóute mén and stábill,
Móny stérne óur the stréite   stértis on stráy.
20 Thair báneris scháne wíth the sóne   of síluèr and sábill,
And ýthir glémỳt as góld   and gówlis so gáy,
Of síluèr and sáphir   schúrlỳ þai scháne.
Anę fáire báttèll on bréide
Mérkit óur anę fáire méide,
25 With spúrris spédelỳ þai spéide   Our féllis in fáne.

The kíng fáris wíth his fólke   our fírthis and féllis
Féille dáyis, ór he fánd   of flýnde ór of fýre;
But déipe dális bedéne,   dóvnis and déllis,
30 Móntàins and márrèsse   with móny ránke mýre,
Bírkin béwìs abóut,   bóggis and wéllis
Withóutin béildìng of blísse,   of bérne ór of býre;
Bot tórris and téne wáis,   teirfùll quha téllis.
Túglit and trávàlit   thus tréwe mén can týre,
35 Sa wóundir wáit wés the wáy,   wíte yé but vvén;
And áll thair víttàlis war gón,
Thát thay wéildìt in wónę
Ressét cóuth thai fínde nóne,   þat súld thair búte bén.

Alle verse fügen sich ohne jede schwierigkeit dem schema
des siebentakters. In v. 18[1] hab ich *'strong'* hinzugefügt
(vgl. v. 555); hierdurch wird der vers hinsichtlich der form
und des stabreims gebessert.

Dougl.

Of dréfling and drémis   quhat dów it tó endýte?
For, ás I lényt ín a léy   in Lént this láste nýcht,

I sláide ón a swévynnỳnge,   slúmmerànd a líte;
And sónę a sélcòuthè sége   I sáw tó my sýcht,
5 Swównand ás he suélte wálde   sóupìt in síte,
Was néuir wrócht ín this wárlde   mayr wófùll a wýcht,
Rámand: Réssoùn and rýcht   is rént by fálse ríte.
Fréndschip flémyt ís in Fránce,   and fáyth hés the
                                                        flýcht;
Léïs, lúrdanrỳ and lúst   ár our láid stérne;
10 Pécę is pút óut of pláy,
Wélth and wéilfàir awáy,
Lúfę and láwtè bayth tuáy   Lúrkìs full dérne.

Lángour lént ís in lánde   all lýchtnès is lóst,
15 Stúrtyn stúdy hés the stéyre,   distróyànd our spórt;
Músing márrìs our mýrthe   half mángit állmòst,
So thóchtis thrétìs in thrá   our bréistis óurthwòrt;
Báilfull býssynès bayth blýs   and blýthnès can bóst:
Thair ís na sége fór na scháme   that schrínkìs at schórt,
20 Máy he cúme tó his cáste   be clókìng, but cóst:
He rékkys nówthìr the rýcht   nor ráklès repórt;
Áll is wéle dón, God wáit,   wéilde hé his wílle.
That bérn is bést cán nocht blýnne
Wránguis guídìs to wýnne:
25 Quhy súld he spáir, for óny sýnne,   His lúst tó fulfýlle?

All léidis lángìs in lánde   to lánche quhát thaim léif is;
Lúffaris lángis ónlỳ   to lóke ín thair láce
Thair ládeis lúfelỳ, and lóuk   but lét ór reléifis;
30 Quha spórtìs thaim ón the spráye   spáris fór na spáce;
The gáliart grúm grúnschìs   at grámmìs him grénis;
The fíllok hír defórmit fáx   wald háuę a fáire fáce,
To mákę her máikles óf hir mán   at mýster mischèif is;
The gúdę wyffę grúling befór   God grétis éfter gráce;
35 The lárd lángis éftir lánde   to léife tó his áire;
The préist fór a pérsonàge,
The séruand éftèr his wáge,
The thráll to bé of thírllàge,   Lángìs full sáyre.

Alle verse passen ausnehmend gut in unser schema. Von
den beiden fällen (in den versen 1¹ und 31¹), wo eine schwach-

treffige silbe den letzten takt des anverses bildet, lässt sich
v. 1¹ durch umstellung leicht bessern: *Of drémis ánd of dréf-
līng.* In v. 4¹ ist wol statt *selcouth* flectiertes *sélcòuthè* zu
lesen.

Reply

    Hó shal gráunten tó myn éye   a strónge strém of téres,
    to wáilen ánd to wépỳn   the sórwỳng of sýnnè?
    for cháritè is chásìd   and flémed óut of lóndè,
    and évẹry státe stákèrth   unstábill ín him sílfe.
5 Now appérìd the próphecìe   thát seint Jöön séidè,
    to jóyne thérto Jóhèl   ín his sóthe sáwis;
    the móone ís al blódì   and dýmme ón to lókyn,
    that sígnefìeth lórdshìp   forslókènd in sýnnè;
    the stérres bén on érthe thrówun   and fállen tó the érthè,
10 and só ís the cómountè   tróulì oppréssid;
    the súnne ís eclípsìd   with ál his twélve póintes,
    by érroùrẹ and héresìe,   that régnith ín the chírchè.
    Nów is óur biléve láft   and Lóllàrdi grówith;
    énviẹ ís enháunsìd   and apróchèd to préestes,
15 that shúldèn enfórm her flók   and gróund in Góddes láwè,
    to lóvẹ her Gód sóvẹreynlì,   and síthèn her bróthir.
    Bot nót for thánne nów is táuʒt   hindrìng of státes,
    and púrsuỳng of póvertè,   that Christ háth appróved.
    Now ís that séed of císmè   sówen ín the chírché;
20 the whéte fádith wíth the flóure,   our fódẹ is fór to féché.
    Ffóxes fréttid ín the fére   wástèn the córnes,
    and Crístes vínẹ is vánìshịd   tó the vérray rótè.
    Now Áchor spóilith Jéricó,   and lýveth óf the théftè;
    and so lývèn this Lóllàrdis   ín her fálse fáblis.
25 Dátàn and Ábiròn   and Chórèès chíldren,
    with néwe séncèrs enséncen   the áutèrs of sýnnè.
    Báal préestès ben bólde   sácrifìcẹ to mák·,
    ánd a mórtel máladì   crépith in as a cánker;
    and thús ís Jak Úplònd   fódìd with fóli
30 ánd thourʒ fórmyng óf his fórmer   thus fréynèth a frérè.

Die abverse lassen sich alle tadellos dreitaktig lesen.
Von den anversen könnte v. 28 bedenken erregen; durch ein-
fügung des unbestimmten artikels '*a*', der durchaus sinngemäß

ist, erhalten wir eine gute versform. Dass eine schwachtreffige
silbe den 4. takt des anverses ausmacht, scheint in diesem
gedichte noch nichts seltnes zu sein; unter den 30 angeführten
versen finden sich nicht weniger als 5 fälle, nämlich die verse
2, 3, 11, 14 und 19 (vgl. hierzu abschnitt VII). V. 19 *cismė* =
afr. *cisme*, griech. σχίσμα; das -*ė* ist also berechtigt. Über
den ausgang der anverse vgl. abschnitt VII.

D. L.

   Christ, chrístène kíng   that ón the crósse thóled,
   hadd páynès and pássyòns   to púrifỳ our sóules,
   gívę us gráce ón the gróunde   thee gréatlỳ to sérvė
   fór that róyall rédé blóod   that ránn fróm thy sídė,
5 and ták awáy of thy winne wórd   ás the wérlde ásketh,
   thát is richer óf renówne   réntès or óthers.
   for bóldnèss of bódỳ   nor blýthenèss of hártė,
   cóning of Cléarkès   ne cóst v́pon éarthė,
   bút all wástèth awáy   and wórthès to nóughtė
10 when déath driueth átt the dóore   wíth his dártes kéenė,
   thén noe trússe cán be táken   noe tréasùr on éarthė,
   bút all Lórdshìpps be lóst   ánd the liffe bóthė
   if thóu hauę pléasèd the prínce   that páradicė wéldeth,
   therę ís noe béarn bórèn   that máy thy blísse récon;
15 but if thóu hauę wróngfúlly wróught   and will nót améndė,
   thóu shalt býterlỳchė býe   or éls the bóok ffáyleth.
   thérfòr begín in gód   to gréatèn our wórkes,
   and ín his ffáythfùllė sónne   that ffréelỳ him fólloweth
   in hópe óf the hóly ghóst   that yéeldė shall néuer.
20 gód thát is grácyòus   and góuèrn us állė,
   bríng us állė ínto blísse   that bróught us óut of bálė!
   thus ffárèd I thróugh a ffrýth   werę fflówèrs werę mányė,
   bríghte bówes ín the bánke   bréathèd ffull swéetė,
   the réde ráylingė róses   the richèst of fflówers,
25 léaned bróad ón their bánkes   wíth their brighte Léaues,
   ánd a riuer thát was rích   rúnn óur the gréenė
   with stille stúrringė streámes   that stréamèd ffull bríghtė.
   óur the glítteringė gróund   ás I thére glódė,
   methóught itt Lénghtènęd my liffe   to lóoke on the bánkes.
30 thén amóng the fáyre flówers   I séttled mé to sítte
   undér a húge háwthórne   that hóre wás of blóssomęs;

Auch die verse dieses gedichtes lassen sich offenbar gut
siebentaktig lesen, nur müssen, wie die probe zeigt, in den
anversen 16, 18, 24, 27 und 28 sowie in dem abvers 19 geschichtlich berechtigte -e gesetzt werden: v. 16 *bitterlichė*, v. 18
faithfullė, v. 24 *raylingė*, v. 27 *sturringė*, v. 28 *glitteringė* (vgl.
v. 135) sind flektierte adj. bez. p. praes. — v. 19 *yeeldė* ist inf. —
Der seltne ausgang des anverses: *blissė* v. 21 ist durch ein-
fügung von '*alle*' gut zu vermeiden.

Dunb.

 Apón the Mídsùmmer éwin mírrièst of níchtis,
 I múvit fúrth alláne, néir as mídnìcht wes pást,
 Besýd anę gúdli gréine gárth fúll of gáye flóuris,
 Hégeit óf anę húge híchte, with háwthórnė tréis;
5 Quhairón anę bírd, ón anę bránsche so bírst óut hir nótis
 That néuęr anę blýthfúllar bírd was ón the béuche hárd:
 Quhat thrów the súgàrat sóund óf hir sánge gláide
 And thrów the sávour sánatìue óf the suéite flóuris,
 I dréw in dérne tó the dýke to dírkin éfter mírthis;
10 The déw dónkit the dáill and dýnnìt the féulis.
 I hárd vndér anę hólỳn héwinlì grein héwit,
 Ane híe spéiche, át my hánde with háutàndė wóurdis,
 With thát in háiste tó the hége so hárd I ìnthràng
 That Íwas héildịt with háwthórne ánd with héynde léveis:
15 Throw pýkis óf the plét thórne I présàndli lúikit,
 Gif óny pérsoun wéld appróche withín that plésand
            gárding.
 I sáw thre gáye ládeis sítte ìn anę gréine árbeir,
 All gráthit ín to gárlàndịs of frésche gúdli flóuris;
 So glítterịt ás the góld wére thair glórius gílte tréssis,
20 Quhill áll the gréssìs did gléme óf the gláide héwis;
 Kémmit wás thair cléire háir and cúriòusli schéd
 Attóur thair schúlderịs dóun schýre, schýnìng full bríchte,
 With cúrches, cássin thám abóne, of kírspe cléir and
            thínne,
 Thair mántillịs gréin war ás the gréss that gréw in
            Máy séssoun.
25. Fétrit with thair quhíte fíngarịs abóut thair fáire sýdis:
 Of férlifùll fyn fávóur wár thair fáceis méik,
 All fúll of flúrist fáirhèid, as flóurìs in Júne;

Quhýte, séimlì and sófte,   ás the swéite lìllies;
Néw vpspréd úpon spráy,   as néw spýnist róse,
30 Arráyit rýallì abóut   with móny ríche wárdour,
That nátúr full nóbillì,   annámalìt with flóuris
Off álkin héwis únder héwin,   that óny héynd knéw;

Während sich sämtliche anverse als gut gebaute viertakter
erweisen, müssen wir in den beiden abversen 4 und 12 ein
schwaches -e einfügen: v. 4 hawthornė mit unorgan. e? oder
hawthornę and treis? — v. 12 hautandė mit südlichem end-e.

S. F.

Gránde, gráciòusé gód   gránde mé this tímė
that Í may sáye ór I céase   thy séluèn to pléasė,
and Márỳ his Móthèr   that Máked áll this wérldė
and áll the séemlìé Sáintes   that sìttèn in héaven
5 Í will cárpè of Kínges   that cónquèrẹd full wídė,
that dwélled ín this lándè   thát was álways Nóblé;
Hénerỳ the séauènth   that sóveràignė Lóverd,
How he móued ín at Mílfòrd   with mén bút a féwè.
therẹ werẹ líte Lórdes ín this lánde   that tó that Lórde
                              lónged,
10 but of dérbỳ, that déare Éarle   that dóughty háth been
                              éuer,
ánd the Lórd chámberlàine   that wás his chéefe bróther,
Sáuàgẹ, his sísters sóne   a Sége thát was áblé,
and Gýlbèrt the géntìl   wíth a Jólly méany,
all Láncashìr, thesẹ láddès   the lédden átt their willė,
15 and Chéshỳr hath chósen thém   fór their chéefe Cáptain;
Much wórshipp háuẹ they wóon in wárre   théir was óf
                              their námes
in fránce ánd in féwe lándes   so fáyre thém beháppen
sith Brúte héer abórdèd   and fírste búilt up hóuses.
Sir Jámes Blúnt, that bólde Knight   he bówed tó their
                              hándes;
20 So díd Sir Édward Póynings   that próued wás of déedes;
Sir John Bíròn was néuẹr afráyd   fór no bárn lìuingẹ
a móre mánfull mán was nót   óf this Mólde máked:
thus wíth a róyall rétinèwe   rákèd they fórward,
On this sidẹ Bósworth in a báncke   they bráide fórth their
                              stándards

25   wíth a drágòn full déarfe   that dréd wás theráfter,
     ráyled fúll of réde róses   and richès enówė.
     thérę he bíckeręd wíth a bóre   that dóughtì was cálled,
     Richárd that ríche Lórd   ín his bríghte ármour,
     he héld himsélf no Cówàrd   for he wás a Kíng Nóblė,
30   ánd he fóught full fréshlì   his fóemèn amóngė.
     till áll his bríghte ármóur   was all blóudy̆ berónen.

Auch hier noch lassen sich die verse durchweg siebentaktig lesen. Nur in einigen anversen stoßen wir, wie der
text steht, auf schwierigkeiten. Diese kommen aber nur auf
rechnung der schlechten überlieferung und sind, wie schon
im texte angedeutet, meist leicht zu beseitigen. In v. 1 ist
offenbar die schwache form des adjectivs einzusetzen, die bei
und auch noch nach Chaucer dem vocativ des adjectivs ganz
geläufig ist: wie *lēofa Bēowulf,* so bei Chaucer: *leve broother,*
o stronge God und so an unsrer stelle *gráciòusė gód.* — In
v. 4 geben wir dem adjectiv das *-e* der mehrheit: *seemliė* oder
seemlichė. — In v. 5 lassen wir das *-e* des infinitiv, in v. 6 das
des dativ, in v. 7 im anschluss an Chaucer (vgl. ten Brink, s. 134)
das der sw. flexion der ordinalzahlen gelten. In den versen 6
und 7 entsteht dennoch seltner ausgang des anverses. M. e.
weist die mangelhafte stabsetzung darauf hin, dass diese beiden
verse verderbt sind (vgl. s. 32). — *Gentle* in v. 13 ist natürlich
zweisilbig, ob es so oder *gentil* geschrieben ist. — Ausgänge
des anverses wie: v. 14 *láddès,* v. 18 *abórdèd* scheinen auch
dem dichter von S. F. noch eigen zu sein (vgl. abschnitt VII);
in v. 18 bringt die hs. *abode,* wahrscheinlich verschrieben aus
aborded (nfr. *aborder,* älteres ne. *to abord* = landen, das hier
besseren sinn gibt). — V. 15 ist durch umstellung gebessert aus:
and *Chéshyr háth them chósèn.* — V. 30 füg ich '*and*' ein.

Wir sehn, die verse lassen sich in allen acht
denkmälern bequem nach den regeln des siebentakters lesen. Ich bin dabei weder mit meinen vor-
gängern noch mit mir selbst in widerspruch geraten.
So stell ich denn die behauptung auf: Die me. stabzeile
ist auch in den denkmälern des 15. und 16. jahrhs.
noch ein siebentakter. Diese behauptung bleibt auch
dann voll bestehn, wenn jemand unsre einsetzung einiger süd-

lichen formen nicht anerkennen wollte. Es wären dann einfach
einige verse von den dichtern falsch gebaut, die große mehrzahl wären doch glatte siebentakter (vgl. jedoch abschnitte IV
und X).

Eine bestätigung der ansicht, dass in unsren gedichten
wirklich siebentakter vorliegen, findet sich in einer reihe von
gedichten in der art des 'The Avowynge of King Arther,
Sir Gawan, Sir Kaye and Sir Bawdewyn of Bretan'
aus dem 14. jahrh. Dies gedicht besteht aus sechzehnzeiligen
strophen, derer jede widerum in vier gleiche teile zerfällt.
Versuchen wir zunächst etwa die verse der ersten strophe zu
skandieren:

> Hé that máde vs ón the múlde
> And fáir foúrmèt the fólde,
> Áttę his wílle, ás he wóld;
>   The sée, ánd the sánde.
> Gíffę him jóy, thát willę hére
> Of dúʒti mén ánd of dére
> Of háldurs, thát be-fórę vs wére,
>   That lífd ín this lónde.
> Ónę was Árthèr the kínge,
> With-ówtun ány létting
> With hím was móny lórdìnge,
>   Hárdì of hónde;
> Wíte and wár óftę thay wére,
> Bóld vndir bánère,
> And wiʒte wéppuns wóld wére,
>   And stíflỳ wold stónd.

Das sind glatte vier- bezw. dreitakter! Jedem leser wird
nun die ähnlichkeit der verse 1, 2, 3, 5, 6, 7, 9, 10, 11, 13,
14, 15 mit den anversen, der verse 4, 8, 12 und 16 mit den
abversen unsrer langzeilen sowie die ähnlichkeit jedes viertels
dieser strophe mit dem aus vier kurzzeilen bestehnden ab-
gesang unsrer dreizehnzeiligen strophe aufgefallen sein. Sehn
wir genauer zu, so bestätigt sich unsre vermutung: Nicht nur
in bezug auf den rhythmus, sondern auch hinsichtlich der stabsetzung stimmen diese verse mit unsren an- bez. abversen
genau überein. Erkennen wir aber die vier- bez. drei-

taktigkeit dieser verse an,[1]) so müssen wir die siebentaktig-
keit der me. stabzeile ebenfalls anerkennen.

Wie die gegebnen proben, so fügen sich auch die übrigen
verse unsrer gedichte den regeln des siebentakters, die meisten
sogar ohne jede schwierigkeit. Doch finden sich in den werken
immerhin einige verse, die sich unsrem schema nicht fügen
wollen; sie sind entweder zu kurz, oder zu lang. Die zahl
solcher verse ist unbedeutend und in den einzelen werken
verschieden. Dass es sich in den meisten fällen um fehler-
hafte überlieferung handelt, darauf deuten verschiedne anzeichen hin: in vielen dieser verse liegt mangelhafte stabsetzung vor, andre geben keinen oder nur schlechten sinn.
Die meisten dieser verse lassen sich durch eine kleine ändrung
bessern. Aus diesem grunde und gegenüber der gewaltigen
überzahl der regelmäßigen verse können sie nicht gegen
unsre theorie verwant werden.

Im folgenden führ ich die zu kurzen und zu langen verse,
die sich unter den zweihundert ersten versen eines jeden der
denkmäler finden vor und versehe sie — wo möglich — mit
besserungvorschlägen, ohne jedoch den anspruch zu erheben,
auch nur in einem falle die fassung des originals getroffen
zu haben.

Zu kurze verse.

a) Anverse.

Houl. 20 *Because that þir hertis!* nur ein stab im anvers!
108 [*Ánd*] *withóutin cáusę or crýme.*
177 *The Se Mawis war monkis*; stellen wir den satz
um, so erhalten wir nicht nur eine regelrechte
versform, der nebensatz schließt sich auch besser
an: *Mónkis wár the Sé Máwis.*

---

[1]) Dies tut J. Ellinger in seiner im jahre 1889 zu Troppau veröffentlichten programmarbeit 'Über die sprachlichen und metrischen Eigentümlichkeiten in 'The Romance of Sir Perceval of Galles', einem gedichte gleichen
metrums; und trotz der einsprache Luicks (Zs. f. Österreich. Gymnasien,
42, 853 f. und Anglia XII, s. 440 f., sowie Pauls Grundriss¹ II, s. 1016),
der diese verse, die kurzen wie die langen, mit nur zwei hebungen gelesen
wissen will, ist auch prof. Bülbring, der obigen text im verflossenen
semester seinen seminarübungen zu grunde legte, unsrer meinung.

Coilʒ. 3 *Quhair Empreouris and Erlis*; auch hier erhalten
wir durch umstellung eine bessere versform: *Quhair
Érlis and Émpreòuris.*

48 *Báith [my] týde ánd [my] týme.*

131 *Than benwart thay ʒeide* > *Thán thay ʒéide bén-
wàrt.*

145 *And gáng begín the búird [nów].*

175 *Quhair the Coilʒear bad*; mangelhafte stabsetzung!

187 *Thay [bústeous] Béirnis, ás I wéne*; ich füge
'*busteous*' hinzu, weil *Beirn* sich an den beiden
andren stellen (in den versen 730 und 781) des
gedichtes mit diesem beiwort findet.

208 *With wyne at thair wille.*

G. G. 18 *Fárand ón thair stédis [strángę]*; vgl. v. 555.

82 *Lightly claughte, throu lust* > mit umstellung
Cláughtè líghtlỳ throu lúst.

84 *[Ánd] than dýnnỳt the duérgh.*

168 *[Thát] he sálbe sét agáne*; das '*that*' passt durchaus dem sinne nach als einleitung des von '*I say
yow*' abhängigen satzes.

215 *The meriest war menskit.*

Dougl. 1 *Of dreſling and dremis*; mit umstellung les ich:
Of drémis ánd [of] dréſlìng.

31 *The galiart grum grunschis.*

60 *To semble wyth thair schaftis*; viell. mit umstellung
zu lesen: *With thair scháftìs to sémble* oder: *With
thair scháftịs to sémbìll.*

120 *Quhát [a] bérn be thóu in béd.*

151 *The son, the sevin sternis*; stellen wir um, so
erhalten wir einen regelrechten vers, der sich
inhaltlich besser an das vorhergehnde anschließt:
149² *the plánèttịs begáne, the sévin stérnìs, the
són* —.

Reply 19 *Now is that seed of cisme*; diesen vers führ ich
hier an, weil in unsren denkmälern eine silbe
mit unged. -e keinen ganzen takt füllen kann;
dennoch lässt sich die zweisilbigkeit des wortes
cisme ne. *schism* nicht bestreiten. Die 2. silbe

des wortes erhielt den vierten treff; entweder
ist m. e. zu lesen: *císmè* oder, wozu ich eher
neige: *císèm*, mit silbenbildendem '*m*'.

34 u. 55 *wede corn ne gras*; ich lese nach Trautmann:
wódè córèn ne grás; wode = holz giebt besseren
sinn als *wedę* = unkraut; *corn* war nach der
längung des *o* zweisilbig geworden; vgl. hierzu
Gen. u. Exod. 2133/34:

'Jc rede ðe king, un her bi-foren
To maken laðes and gaderen coren.

85 *and ʒit ben ther but foure.*

89 *thóu [a] próphètę of Báal.*

95 *ffor thou and thi secte*; mit umstellung zu lesen:
ffór thi séctè and thóu.

97 *ánd [the] rélès of sýnne.*

102 *ánd [they] réden hém her fórme.*

121 *Whó [then] týthèth bot ʒé.*

176 *[ánd] the smórtherìngè smóke.*

181 *the whích preténden fìrste.*

200 *off énvìè [ánd of] príde*, oder mit umstellung:
of príde ánd of énvìe.

D. L. 33 nehm ich umstellung vor, indem ich an- und
abvers vertausche: *vndér the gréenè háwthórne
thus prést I ón apáce.*

59 *that shimered and shone*; viell. zu lesen: *that shónę
ánd that shìmèręd* oder *that shónè and shìmèred.*

84 *óf [the] góodlỳest gréene.*

100 *Sir Cómfòrt, that Knight*; sicherlich fehlt das
beiwort zu *Knight*, etwa *gode* oder *bolde.*

101 *Sir Hópę and [álsò] Sir Hínd.*

113 *ánd [the] ffíshes óf the fflóode.*

116 *whát [a] wómàn that wás.*

151 *I there saw a sight*; viell. mit umstellung: *Thérè
sáw Í a sight.*

154 *soe gríslỳè ánd [so] gréat.*

167 *[ánd] her chéekès werę léane.*

173 *and in the lefte hande*; nimmt man vom abvers
like zum anverse noch hinzu, so sind beide bezüglich form und stabsetzung regelmäßig.

186 *morningę and mone*; auch hier ist wie so oft
    umstellung vorzunehmen in: *mónè and mórnìng.*
198 *[áll] for dréad of dáme déath.*

Dunb. 163 *A roust that is so ranclit*; der alte druck von
    Chepman und Myllar aus dem jahre 1508 gibt:
    ráncìld, welche form besser dem verse entspricht,
    vgl. 'ausg. d. anverses'.
200 *He is at Venus werkis*; viell. *At Vénus wérkìs
    he is —.*

S. F. 6 *[ánd] that dwélled ìn this lánde*; im übrigen
    findet sich hier wie im folgenden verse mangel-
    hafte stabsetzung.
    7 *Hénerỳ the séauènthę* oder *Hénerỳ the séauenthè*;
    das *-e* der ordinalia hat sich bekanntlich recht
    lange gehalten; in M. A., Ga. und W. A. hat es
    stets geltung.
   42 *bút [the] déath át him dróue.*
   48 *that proved was a prince*; viell. *thát was próvèd
    a prínce.*
   60 *as Lórd ánd [as] Léiuętenànt.*
   65 *of Búcckinghàm, [the] Dúke bóld.*
   70 *[áll] they wénde átt their wílle.*
   79 *ánd had óftè béenę assáyd* statt: *and ofte had
    beene assayd.*
   86 *or léaue hérę my [góde] líffe.*
   96 *nów wee Léauè our Kíng.*
  132 *from Orkney that Ile*; mit umstellung les ich:
    fróm that Ílè Órknày.
  151 *thén for féarè they fléd* statt: *then they fled for
    feare.*
  160 *then mett he with a Man*; viell. zu lesen: *thén
    he métt wíth a Mán.*
  162 *[bút] a wárrìòur full wíse.*
  169 *tíll they séenę hád that séege.*
  171 *then nüged they nighe*; mit umstellung zu bessern
    in: *thén they nighè nüigèd.*
  184 *that serueth not forsoothe.*
  192 *and [sóne] kéred tó his Kíng.*

b) Abverse.

Houl. —

Coilʒ. 169   *thús [a] gáite léird.*

G. G. —

Dougl. —

Reply 80   *whán [that] néde áskith.*

D. L. 42   *ánd [of] wálled tównes* oder: *and wállèdè tównes.*

Dunb. 127   *fra Venus werkis*; viell.: *fra wérkis of Vénus.*

S. F. —

Zu lange verse. [1])
a) Anverse.

Houl. -

Coilʒ. —

G. G. —

Dougl. 158   *Leid, lérnę me ane úther léssòun.*

Reply 45   *thát men cállen (frere) Dáw Topías.*

104   *and cállen hém (forth) her léssoùns*, oder: *and cállen hem fórth her léssoùns.*

126[1]   ist bedeutend zu lang. Die ganze langzeile ist wol so zu ändern, dass man den abvers zum anvers nimmt und mit weglassung der drei letzten worte den anvers als abvers, also: *Ʒe resséyvę ʒour wísdòm | thourʒ quénching of tórches.* Außerdem ist durch diese ändrung der seltne ausgang des abverses: *wísdom* ersetzt durch einen sehr geläufigen der form $\overset{\frown}{-}\times$ (vgl. ausg. des abverses).

147   *The bítternèssę of (ʒour) bácbìtyng.*

157   *Máximìnę ne Mánichè (nevere).*

169   *(vae) for énvyę, (vaĕ) fór ipócrisìe;* die beiden 'vae' sind von dem herausgeber hinzugesetzt, sind aber durchaus nicht notwendig.

193   *the whíchę werę rédyę (bothe) dáy and nýʒte.*

D. L. —

Dunb. 33   *Frágrant, (all) fúll of frésche ódour.*

138   *I have ane condition of ane curchefᵴ;* der alte druck von Chepman und Myllar hat eine bessere fassung: *I háue condítioun óf₁ a cúrche.*

---

[1]) Was wegfallen soll, ist in runde klammern gesetzt.

b) Abverse.

Houl. -

Coilʒ. -

G. G. -

Dougl. —

Reply 75 *the (seven) sácramèntęs we séllen.*

　　 93 *that mátrimòny (thus) we márne.*

　 169 *and (vae) fór your léccheriè* (vgl. weiter oben).

D. L. 33 vgl. dazu s. 39.

　　 78 *(all) they bówèd ffull lówè.*

　 107 entweder: *(and) Damę Mércỳ the hýnde,* oder: *and (Dame) M. th. h.*

Dunb. —

S. F. 109 *sauę Millers and Masse preistes;* viell. mit verschleifung: *sauę Míllers and Másse préistes.*

Wie in den stabreimenden gedichten des 14. jahrhs. und in W. A. finden sich auch in unsren mittelländ. denkmälern, also in Reply, D. L. und S. F., verse, in denen wir einem unged. *-e* einen verstreff geben müssen, weil sonst die erforderliche taktzahl nicht erreicht würde. Es handelt sich hier stets um wörter der form $\acute{}_\times$ bez. $\acute{\times}_{\times\times}$. Ich führe im folgenden sämtliche fälle aus den ersten 200 versen der drei genannten gedichte an:

a) Unged. *-e* erhält einen verstreff im anvers:

Reply 77 *begán to sówè the séed, sowè* ist inf.

　　 78 *sórowè,* ae. *sorg, sorh,* me. mit unorgan. *-e.* — 163 *sónnè* = ae. *sunne.*

D. L. 158 *bóth of hídè and héw; hidè* mit dat. *-e,* viell. ist auch zu lesen: *bóth of híde ánd of héw.*

S. F. 76 *ón what wísè was bést; wise* mit dat. *-e.*

　　 5 *Í will cárpè of Kíngs; carpè* mit inf. *-e.*

　 140 *wittè;* viell. = *wétè,* inf.

b) Unged. *-e* erhält einen verstreff im abvers:

Reply 56 *férmè the díkcs; fermè* ist inf.

47 u. 68 *Jak, lówdè thou lýest; lowdè* hat adverbiales *-e.*

— 77 *hérè* ist inf. — 117 *Jákkè*, gewöhnl. form
dieses namens vom 13.—15. jahrh., vgl. Murray V.
— 137 *íre and énvie, ire* = afr. *irè*; viell. ist
umstellung — wie so häufig — anzunehmen.
Lesen wir: *énviȩ and írè*, so vermeiden wir nicht
nur das schwache *-e* in der hebung, sondern auch
einen seltnen ausgang des abverses. — 148 *stèrre*
= ae. *steorra.* — 171 *brésè* = ae. *briosa, breosa* (?)
(vgl. Stratm. s. 90). — 180 *lóngè*, pl. des attribut.
adj. — 146 *amóngè* oder mit umstellung: *ʒour
máistrìs amóngè*.

D. L.   19   *that yéeldè shall néuer; yeeldè* ist inf.
158   *and héarè alsóè; hearè* ist gen. von ae. *hǣr*; viell.
ist zu lesen: *ánd of héare álsoȩ* wodurch auch
der ausgang regelmäßig wird.

S. F.   75   *to wittè their willès; witte* viell. schon = *wétè*
mit dem *-e* des inf.

In den untersuchten stellen unsrer **schottischen** gedichte
tritt unged. *-e* **kein mal** in die hebung. Diese erscheinung
hängt zusammen mit dem verstummen des schwachen *-e*,
welcher vorgang in Schottland bekanntlich früher eintrat als
im Mittelland.

Bei dem versuche, unsre proben nach den regeln des
siebentakters zu lesen, sahn wir uns außer in den genannten
versen **auch noch in andren** genötigt, geltung von unged. *-e*
anzunehmen selbst in den schottischen gedichten, jedoch in
merklich geringerer anzahl als in denen aus dem Mittelland.
Es empfielt sich m. e. gleich hier auf diese verse einzugehn.
Aus abschnitt IX geht hervor, dass eine nebentreffige
silbe nicht allein einen ganzen takt füllen kann. Meist folgt
ihr ein einsilbiges wörtchen, wie artikel oder praeposition,
z. b. *and wittȩ of déedes*, S. F. 162[2] u. a.; beide machen
dann zusammen den takt aus. Folgt ein solches wörtchen
nicht, so müssen wir, um die notwendige taktzahl zu
erreichen, in einigen versen ein geschichtlich berechtigtes
— oder erst in me. zeit angetretnes unorgan. — *-e* gelten
lassen. In den 200 ersten versen unsrer denkmäler finden
sich folgende fälle: Um den schon erwähnten unterschied hin-

sichtlich der anzahl dieser fälle in den mittelländ. werken
einerseits und den schottischen andrerseits hervortreten zu
lassen, trenn ich:[1])

a) Die werke aus dem Mittelland.

Reply   51² *as bóxomnèssè áskith.*

52² *as séculèrè préestes; seculerè* mit plur. -e.

86¹ *ffálslȳė ás thou séist;* viell. auch *ffálslȳchè.*

90¹ *the goódnèssë óf the gróst.*

123¹ *blaúnchìdè grávès;* flectierte form d. part. perf.

124¹ *wánderȳngè wéder-còkkes;* plur. d. part. praes.

167¹ *Thérfòrè thríes váe!*

171¹ *ther róse smótherȳngè smóke.*

176¹ *[ánd] the smótherȳnge smóke.*

D. L.   1 *Christ, chrístènè kíng; christenè* ist gen. plur. von
ae. *cristen* adj. u. sb.; in me. denkmälern ist nur
diese form belegt, vgl. Stratmann, s. 140.

13² *that páradìcè wéldeth;* bloß orthogr. -e.

50² *a séemelȳè síght;* viell. *séemelȳchè.*

58¹ *intò a boólìshè bánke.*

61² *with cómpanȳè nóble.*

83¹ *thát was cómelȳè cládd;* siehe oben.

90¹ *blísfùllè* (plur.). — 91¹ *náckèdè* (flect. form d.
attrib. adj.). — 96² *sélcòthè* (plur.). — 110¹ *mínistrel-
sȳè.* — 135 *glítterìngè.* — 168¹ *máruelòusè* (nominativ-
oder analoges dativ-*e*). — 144¹ *bíggèstè* (gewöhnl.
form d. superl., vgl. Mennicken, s. 129). — 146¹ *rátt-
lìngè.* — 148² *wáylìngè.* — 149² *bóldlȳè.* — 155¹ *quínt-
fùllè.* — 157¹ *ffóulèstè.* — 160² *Línènnè* (plur. d.
adj.). — 161¹ *féarfùllè.* — 171² *únrìdè* (flect. form d.
adj.). — 172¹ *búrnìschtè* (flect. form d. adj.).

S. F.   1¹ *grácìòusè* (sw. form d. adj.). — 4¹ *séemlìè* (vgl.
oben). — 44¹ *celéstiàllè* (nach þe wie in W. A. vgl.
Steffens, s. 61). — 87² *páradìcè* vgl. v. 203 und
D. L. 13². — 103¹ *glórìnge* (nach þe). — 128² *súndrȳè*

---

[1]) Es handelt sich hier um mehrsilbige wörter mit nebentreffiger
vorletzter silbe. Die behandlung derselben ist gleich der in M. A. (vgl.
Mennicken, s. 58) und in Ga. (vgl. Fischer, s. 7).

(dat. plur.). — 170¹ *scáclèchè* (plur. u. nach *these*). — 179¹ *rádlỳè.* — 196¹ *Scóttishè* (nach *þe*). — 192² *cárefùllè* (plur.).

b) Die schottischen gedichte.

Houl. 31² *sánouròusè* (plur.). — 53¹ *grýslìè* (adv.). — 54² *chúrlìchè* (plur. d. adj.). — 95² *sánctitùdè.* — 99¹ *spédelỳè* (adv.). — 168¹ *dígnetìè* (*-ie* schreibung für älteres *-e*). — 200¹ *résidèncè* (mit frz. stütz*-e*). — 201 *cóllègè.*

Coilȝ. 2¹ *férlyfùllè* (sw. form d. adj.). — 14¹ *Rỳàllè* (ebenso). 41¹ *hárberìè.* — 93¹ *Cúnnìngè* (verbalsubst. mit *-e* vgl. Kaluza, Hist. Gr. II, p. 152). — 109¹ *Rỳàllè* (wie oben). — 125¹ *Coúrtasìe* (mit analog. dat. *-e*). — 190 *wórthìè* (dat.). — 200¹ *mánassìngè* (plur. d. part. prs.).

G. G. 51 *vìttàlè* (mit dem *-e* des plur.). — 70¹ *lévàndè* (part. prs. im schott. noch lange auf *-e*, vgl. Dunb. unten). — 101¹ *Spédelỳè* (adv.). — 120¹ *fáirnèssè* (dat.). — 157¹ *láthlèssè.* — 166¹ *présèncè* (mit stütz-*e*). — 189¹ *rídàndè* (vgl. oben). — 197¹ *thóusàndè* (plur.). — 203¹ *kýndnèssè.*

Dunb. 4 *háwthòrnè* (mit unorgan. *-e*?). — 12 *háutàndè* (part. praes.) ebenso 101¹ *glówràndè*, 108¹ *glémàndè.* — 121² *íngỳnè* (dat.). — 136² *récompènsè.* — 149² *rỳatùsè* (dat.), ebenso 193². — 172¹ *flúrissìngè* (verbalsubst.) — in 77¹ jedoch würde eine nebentreffige silbe allein einen ganzen takt füllen, wenn wir nicht umstellung vornähmen in: *thát suld wéildę my wómanhèid.*

Dougl. 4¹ *sélcòuthè* (flect. form d. adj.). — 129 *cúrtasỳè.* — 172¹ *márvalùsè* (flect. adj.).

IV

Die formen des verses.

Der anvers der me. stabzeile tritt in acht, der abvers in vier verschiednen formen auf. Die einzlen versformen werden nicht gleich oft von den dichtern verwant. Um ein annähernd getreues bild von der häufigkeit des auftretens derselben zu erhalten, müssen wir ausgehn von solchen versen, die unter allen umständen einer bestimmten versform zufallen. Daher bleiben zunächst alle diejenigen verse ausser betracht, in denen erst die geltung bezw. nichtgeltung von unged. -e in zweisilbigen wörtern über die zuzählung zu dieser oder jener versform entscheidet.

Die ausgänge der beiden vershälften bezeichne ich mit $\overset{-}{\underset{\sim}{\times}}$ für das abvers-[1]) und mit $\sim$ für das anversende.

A. Die sichern formen des abverses.

Die möglichen formen des abverses sind:

$$\text{I.} \quad \times\times \mid \times\times \mid \overset{-}{\underset{\sim}{\times}}$$
$$\text{II.} \quad - \mid \times\times \mid \overset{-}{\underset{\sim}{\times}}$$
$$\text{III.} \quad \times\times \mid - \mid \overset{-}{\underset{\sim}{\times}}$$
$$\text{IV.} \quad - \mid - \mid \overset{-}{\underset{\sim}{\times}}$$

Es finden sich:

in	von vers	sichre verse	davon entfallen auf die			
			I. form	II. form	III. form	IV. form
Reply ..	1—200	152	90	57	5	—
D. L. . . .	1—200	130	40	83	7	—
S. F. . . .	1—200	130	58	53	19	—
Houl. . . .	170	124	23	69	32	—
Coilȝ. . . .	168	120	45	50	25	—
G. G. . . .	170	114	12	91	11	—
Dunb.. . .	1—200	135	40	76	19	—
Dougl. ..	140	86	23	49	14	—

[1]) Vgl. abschnitt VI, ausg. d. abverses.

B. Die sichern formen des anverses.

Die möglichen formen des anverses sind:

I. ×× | ×× | ×× | ~   V. − | ×× | − | ~

II. − | ×× | ×× | ~   VI. − | − | ×× | ~

III. ×× | − | ×× | ~   VII. ×× | − | − | ~

IV. ×× | ×× | − | ~   VIII. − | − | − | ~

Hier finden sich:

in	von vers	sichre verse	davon entfallen auf die						
			1. form	II. form	III. form	IV. form	V. form	VI. form	VII.u.VIII. form
Reply .	1—200	128	67	24	5	18	12	2	—
D. L. .	1—200	124	37	11	56	10	9	1	—
S. F...	1—200	124	41	16	32	24	11	—	—
Houl. .	204	131	29	9	57	23	12	1	—
Coilȝ. .	202	139	40	15	56	24	4	—	—
G. G. .	204	129	23	18	70	5	8	5	—
Dunb. .	1—200	154	59	9	48	31	6	1	—
Dougl..	168	128	42	10	39	30	7	—	—

Aus dieser aufstellung geht hervor, dass in unsren sämtlichen gedichten — genau wie in denen des 14. jahrhs. und
in W. A. — die IV. form des abverses sowie die VI., VII. und
VIII. form des anverses, also versformen, in denen zwei oder
drei einsilbige takte aufeinanderfolgen, gemieden sind. Daher
werden wir bei der einordnung der noch bleibenden verse in
die versformen diese vier ebenfalls zu meiden suchen. Da nun
in fast allen diesen versen durch das lesen eines geschichtlich
berechtigten — oder eines sogenannten unorgan. -e eine häufiger
belegte versform entsteht, so ist anzunehmen, dass der dichter
in diesen fällen das schwache -e gelesen hat. In versen, in
denen zwei wörter mit fraglichem -e vorkommen, genügt meist
schon die lesung des einen, um eine geläufige versform herbei-
zuführen. Da es jedoch in den meisten fällen zweifelhaft bleiben
würde, welchem -e man den vorzug geben soll, so lesen wir
derartige fälle mit allen fraglichen -e. Halten wir hieran
fest, so erfahren folgende versformen einen zuwachs:

(abvers)

$- \mid - \mid \sim$ wird zu $\times\times \mid - \mid \sim$ in folgenden versen:

Houl. 196 *that búrè óffìce*.

G. G. 47 *to yónè cíetè*; Coilʒ. 66 *héirè néir hànd*; (viell. ist mit Trautm. zu lesen: *héirè néir [at] hánd*).

$- \mid - \mid \sim > \times\times \mid \times\times \mid \sim$:

D. L. 46 *and sáidè thésè wórdes*.

S. F. 49 *our móstè dréadè Lórd*; — 63 *our móstè dréadè King*.

Dougl. 80 *bost gréte bráge bláwis*; — 93 *to préntè fálsè plákkis*.

(anvers)

$\times\times \mid - \mid - \mid \sim > \times\times \mid \times\times \mid - \mid \sim$:

Reply 4 *and évẹry státè stákèrth*; ferner 31 *wísè*; — 56 *Iákkè*; — 116 *wérè* (prt. plur.); — 132 *stérnè*.

D. L. 31 *vndér a hugè háwthórne*; ferner 40 *gréatè*; — 46 *dównè*; — *cléarè* (plur.).

S. F. 82 *it wás so déepè délùen*, (*deepè* = adv.).

Houl. 113 *And tíll accúsè Nátùr*, (*accuse* mit inf. -e); ferner 141 *hávè* (inf.); — 181 *físchè* (gen. plur.).

Coilʒ. 12 *Móny stóutè mán steíris*; — 22 *mýrkè* (plur. d. attrib. adj.); — 160 *hávè* (inf.); — 166 *mýnè*.

G. G. 11 *Rénkịs of grétè rénòvne* oder *Rénkìs of grétẹ renóvne*; — 50 *híè* (attrib. adj.).

Dunb. —

Dougl. 135 *To mé is mýrkè mírròur*.

$\times\times \mid - \mid - \mid \sim > \times\times \mid \times\times \mid \times\times \mid \sim$:

Coilʒ. 24 *Sa wónder hárdè fúrè tháy*.

$- \mid - \mid \times\times \mid \sim > \times\times \mid - \mid \times\times \mid \sim$:

Reply 26 *with néwè séncèrs enséncen*; — 133 *révè* (inf.); — 144 *thríddè* (nach þe); — 180 *shórtè* (plur. d. attribut. adj.).

D. L. 24 *the rédè ráylìngè róses*; — 27 *stíllè* (adv.); — 38 *déepè* (plur. d. attrib. adj.); — 99 *blýthè* (ebenso); — 109 *állè* (dat.); — 123 *sáydè* (prt.); — 161 *móre*, (ae. *mara*); — 172 *bríghtè* (attrib. adj.); — 183 *prýdè*, (mit unorgan. -e); — 193 *gréenè* (attr. adj.).

S. F. 39 *mádè* (prt.); — 51 ebenso; — 175 *súnnè* (ae. *sunnè*).

Houl. 28 *gérssè* (dat.); — 44 *móirè* (vgl. o.); — 53 *grétè*, (sw. prt.); — 128 *férmè* (attrib. adj.); — 135 *tréwè* (ebenso); — 136 *dónè* (part. perf.); — 153 *fáirè* (attrib. adj.); — 163 *rídè* (ebenso); — 172 *quhýtè* (ebenso); — 175 *féwè* (ebenso); — 198 *grétè* (part.); — 210 *grénè* (attrib. adj.); — 216 *dénè* (mit unorgan. -*è*).

Coilӡ. 174 *In féirè fáirlìe̦ he fóundis,* (vgl. Stratm. s. 219: *in ferè = in company*); — 185 *bróchtè* (plur. d. prt.); — 191 *forsúithè.*

G. G. 23 *fáirè* (attrib. adj.); — 29 *déipè* (ebenso); — 64 *wéillè* (adv. vgl. Stratm. s. 674); — 68 *bríghtè* (plur. d. attrib. adj.); — 80 *smállè* (ebenso); — 126 *héyndè* (attr. adj.); — 141 *býè* (inf.); — 172 *wéillè* (s. o.); — 190 *déirè* (adv.); — 198 *wísè,* (ae. *wīse*); — 200 *wéillè* (s. o.).

Dunb. 28 *quhýtè* (plur. d. adj.).

Dougl. 52 *wráchè,* (ahd. *raka*); — 62 *hýnè,* (ae. *hina*).

– | – | ×× | ∼ > – | ×× | ×× | ∼:

Coilӡ. 168 *TheKing sáidè tó himsélf*

G. G. 108 *Stók-stìllè ás ane̦ stáne,* (*stìllè* = ae. *stillè*).

– | – | ×× | ∼ > ×× | ×× | ×× | ∼:

Reply 165 *and állè thésè bén alúred.*

Coilӡ. 137 *of ìlkè áirtè óf the Éist.*

G. G. 48 *and áskè léifè át the lórd,* (*askè* 1. plur. praes.; *léifè* = ne. *leave, permission*; me. mit unorgan. -*e* vgl. Stratm. s. 389); — 77 *ane̦ bríghtè fýrè cóuth he sé,* (*fýrè* hat in d. hs. ein -*e*; außerdem findet sich das wort zweisilb. in *Gen. & Ex.* v. 3522, ich lasse daher auch hier das -*e* gelten).

Dunb. 12 *ane̦ híe spéichè, át my hánd,* (*spéiche* = ahd. *sprācha*; die form mit -*e* findet sich im me. stets, vgl. Stratm. s. 564).

Bei der verteilung dieser 'unsichren' verse auf die einzlen versformen hat die I. form des abverses sowie die I., II. und IV. form des anverses einen geringen, die III. form des anverses

dagegen einen ziemlich bedeutenden zuwachs an belegen erfahren. Der äußerst seltnen — in den untersuchten versen
sogar gar nicht belegten — IV. form des abverses sowie der
VI., VII. und VIII. form des anverses wurde dabei absichtlich
kein vers zugeteilt. Wir glaubten uns zu diesem verfahren
berechtigt, da die zusammenstellung der sichren verse zeigte,
dass die dichter selbst diese formen gemieden haben. Indem
wir so dem von den dichtern gewiesnen wege folgten, stellte
sich heraus, dass selbst in den schottischen denkmälern mit
ausnahme von Dunb. noch recht häufig geltung des unged. -e
nach haupttonsilbe anzunehmen ist u. z. besonders bei attributiv
gebrauchten adjektiven im sgl. und plur., weniger zahlreich
bei feminin. subst. im nom., ferner im dat. sgl. und im plur.
sämtlicher nomina, bei adverbien, sowie bei verben im praesens,
schwachen praeteritum und im infinitiv.

Bei diesem — man kann fast sagen — durchgeführten
gebrauch der südlichen -e würde es unfolgerichtig sein, wollten
wir in den noch bleibenden 'unsichern' versen diese unged. -e
nicht lesen. Die dichter haben sie sicherlich gesprochen (vgl.
hierzu abschnitt X); denn ihr ohr war zu sehr gewöhnt an
den wolklingenden wechsel von hebung und senkung, wie er
sich regelmäßig findet nicht nur in den gedichten ihres lehrers
Chaucer, sondern auch in den zahlreichen französischen epen,
die zu jener zeit bekanntlich auch England überflutet hatten.

Wir müssen also die schwachen -e auch in diesen versen
lesen. Die I. versform erfährt somit folgende weiteren belege:

im abvers:

1. aus ×× | – | –×̰:
   Reply 18 verse, z. b. 24 *in her fálsè fáblis.*
   D. L. 38   „   z. b. 53 *and mány déerè Érles.*
   S. F. 35   „   z. b. 149 *as yóu shall hérè áfter.*
   Houl. 18   „   z. b. 95 *ór my tálè téll.*
   G. G. 25   „   z. b. 147 *me thínk it grétè skíll.*
   Coilʒ. 25 „   z. b. 147 *and máid anẹ stráng̣è fáir.*
   Dunb. 39   „   z. b. 120 *fór that lénè gíb.*
   Dougl. 28 „   z. b. 149 *and hów the mónè schánẹ.*

2. aus – | ×× | –×̰:
   Reply 12 verse, z. b. 46 *as lóng̣è ás thou wólt.*
   D. L. 22   „   z. b. 120 *to wíttè mé the sóothe.*

S. F. 31 verse, z. b. 124 *that féircè wérę in ármes.*
Houl. 17 „ z. b. 185 *clénè chárteròuris.*
Coilʒ. 19 „ z. b. 170 *quhair gúdè hés benę rýfe.*
G. G. 30 „ z. b. 137 *anę chárgè fór to sáy.*
Dunb. 25 „ z. b. 75 *and chángè quhén me lýkit.*
Dougl. 23 „ z. b. 124 *I hópè thóu wald néyse.*

im anvers:

1. aus ×× | ×× | – | ∼:
Reply 8 verse, z. b. 13 *Nów is óurę bilévè láft.*
D. L. 6 „ z. b. 124 *this ís my Lády dámè Líffe.*
S. F. 11 „ z. b. 138 *trúly bý their ównè tóunge.*
Houl. 2 „ z. b. 125 *that wás the próper Pápe Iáye.*
Coilʒ. 5 „ z. b. 72 *or óny úther gúdè fállow.*
G. G. 5 „ z. b. 54 *Gránt me, lórd, on yónè gáit.*
Dunb. 9 „ z. b. 126 *For Indílling óf that áuldè schréw.*
Dougl. 8 „ z. b. 160 *Quod hé, and dréw me dóvnè dérn.*

2. aus ×× | – | ×× | ∼:
Reply 10 verse, z. b. 17 *Bot nót for thánnè nów is táuʒt.*
D. L. 19 „ z. b.   3 *gíuę us grácè ón the gróund.*
S. F. 11 „ z. b. 57 *fór to fárè ínto ffránce.*
Houl. 26 „ z. b. 115 *mákę a fáirè fóulę of mé.*
Coilʒ. 15 „ z. b. 60 *for Í deféndè thát we fálle.*
G. G. 29 „ z. b. 149 *Quhý I téllè thé this táille.*
Dunb. 24 „ z. b. 12 *with thát in hástè tó the hége.*
Dougl. 15 „ z. b. 170 *Than wólx I ténè át I túk.*

3. aus – | ×× | ×× | ∼:
Reply 11 verse; — D. L. 7 verse, z. b. 19 *in hópè óf the hóly ghóst*; — S. F. 3 verse; — Houl. 2 verse; — Coilʒ. 8 verse; — G. G. 8 verse, z. b. 214 *the séirè cóurssis thát war sét*; — Dunb. 2 verse; — Dougl. 3 verse.

Durch diese zahlreichen belege ist die I. versform in ab- und anvers bedeutend gewachsen. Im anvers übersteigt die zahl der belege für die I. form nunmehr in allen denkmälern die der III. form; im abvers dagegen ist die II. versform immer noch etwas stärker geblieben als die I. (vgl. die erklärung hierfür bei Steffens s. 55).

V.

Trennung der langzeilen und verse.

In der regel sind die langzeilen in den stabreimenden gedichten des 14. bis 16. jahrhs. durch einen starken sinneinschnitt getrennt. Wie in M. A., Ga. und W. A. findet auch in unsren gedichten ein leichtes hinübergreifen des sinnes gelegentlich statt:

in Reply unter 500 langzeilen 10 mal.

in D. L.	„	458	„	32	„
in S. F.	„	422	„	34	„
in Houl.	„	300	versen	8	„
in Coilʒ.	„	300	„	7	„
in G. G.	„	300	„	18	„
in Dunb.	„	530	langzeilen	15	„
in Dougl.	„	182	versen	5	„

Ein schwereres hinübergreifen ist wie in den übrigen stabreimenden dichtungen auch in unsren gedichten seltner:

in Reply 199 . . . . *with her deedly dartis*
of envie . . . .
ebenso v. 314.

in D. L. 83 . . . . *in kirtill and Mantill*
of goldlyeste greene . . . .
ebenso in den versen 120, 201, 252, 269,
327, 447.

in S. F. 219 . . . . *to warne his Deare Brother*
Edward, that Egar knight . . . .

in Houl. 114 u. 115 *Thus throw your halynes may ʒe*
Mak a faire full of me (hinübergreifen
bei kurzversen).

in Coilʒ. findet sich kein beispiel.

in G. G. 197 . . . . *and traistfully tight*
of wise . . . . . .
ferner in den versen 280, 284 u. 312.

in Dunb. 31 . . . . *annamalit with flouris*
off alkin hewis under hewin . . .
ferner v. 434.

in Dougl. kein beispiel.

Zwischen an- und abvers ist in der regel ebenfalls ein sinneinschnitt vorhanden. In unsren texten findet, genau wie in M. A., Ga. und W. A., oft ein schwächeres oder stärkeres hinübergreifen statt, sodass die hauptglieder eines und desselben satzes von einander getrennt werden:

Solche fälle, in denen eng zusammengehörige wörter, wie substantiv und praeposition oder adjektiv, voneinander getrennt werden, finden sich auch in unsren denkmälern selten. (In M. A. und Ga. fanden sich je 6 fälle unter 1000 versen).

in Reply 3 mal unter 500 versen u. z.:

111 *that ech holihous that Crist   himselfė in dwellith*
338 *more than ony preest is   weddid to his coroun.*
419 *and unsemely it is   to see deedę men begge.*

in D. L. kein beispiel.

in S. F. 1 mal unter 422 versen u. z.:

239 *there mette thé a muster · than, many a thousand.*

in Houl. 4 mal unter 325 versen u. z.:

9 *that was amiabill our   the airė and the erdė.*
214 *lychtit as lerit men   of lawė by that lake.*
222 *the croussė capoun, a clerk   under clerė wedis.*
315 *ernis ancient of air   kingis that cround is.*

in Coilʒ. 5 mal unter 300 versen u. z.:

98 *The gude wyfę glaidė with   the gle to begin.*
124 *gif thow at bidding suld be   boun or obeysand.*
160 *thow byrd to hauė nurtour   aneuch, and thow hes nane.*
213 *and gar our Gaist begin, and syne   drink thow to me.*
· 266 *quhair anę buręly bed was   wrocht in that wane.*

in G. G. 5 mal unter 300 versen u. z.:

12 u. 13 *cumly kingis of crovne   of goldė, that was cleir.*
20 *the banerįs schanė with the sone   of siluer and sabill.*
214 *the seirė courssis, that warę   set in that semblee.*
280 *It is full fairė, for to be   fallow and feir.*
281 *to the bestė, that has benę   brevit you beforne.*

in Dunb. 2 mal sicher unter 530 versen:

2 *I muvit furth allane, neir   as midnicht wes past.*
63 *and lattis thair fulʒeit feiris   flie quhair thai pleis.*

In 2 fällen neig ich dazu, ein hinübergreifen anzunehmen, um einen regelrechten anvers zu erhalten.

45 *nor thame̦ that ʒe ʒour fayth hes   festini̦t for euir.*
200 *he is at Venus werkis na   war nor he semis.*

in Dougl. findet sich kein sichres beispiel; vielleicht liegt ein hinübergreifen des sinnes in den abvers vor in v. 34.

VI.
Der ausgang des abverses.

In den vorher oft erwähnten arbeiten von Dr. F. Mennicken, Dr. J. Fischer und Dr. H. Steffens wurde für den ausgang des abverses in den me. gedichten in stabreimender langzeile eine doppelte behauptung aufgestellt:

1. der abvers geht aus auf ein zweisilbiges wort
2. mit meist langer erster silbe.

Sehn wir nach, ob diese behauptungen auch für die hier zu behandelnden dichtungen zutreffen. Betrachten wir zunächst **die werke ohne endreim.** Der untersuchung liegen in Reply und Dunb. 500 verse, in D. L. und S. F. je 400 verse zu grunde. Was die erste behauptung betrifft, so lässt sich für diese werke folgendes feststellen:

Sicher zweisilbigen ausgang,[1]) also auf *-es, -er, -el, -ed, -en* finden wir in je hundert versen:

	im	1.	2.	3.	4.	5. hundert
in Reply		52✕	41✕	45✕	40✕	36✕
in D. L.		36✕	31✕	42✕	37✕	—
in Dunb.		41✕	37✕	38✕	35✕	35✕
in S. F.		46✕	47✕	46✕	46✕	—

---

[1]) Mit Mennicken, Fischer und Steffens rechne ich diese ausgänge ohne weiteres zu den sichren; denn gedecktes *-e* zeigt sich, wie ein flüchtiger blick in die vorhin gegebnen proben lehrt, gerade in den werken aus dem Mittellande im innren des verses fast stets silbenbildend verwant. Recht häufig tritt ged. *-e* in die hebung, bekommt also einen verstreff; am ausgang des anverses wird es sogar in Reply, D. L. und S. F. manchmal taktfüllend verwant.

Manchmal fehlt das -e in diesen endungen, besonders in D. L. und S. F., die beide in beträchtlich späterer zeit u. z. von demselben schreiber aufgezeichnet wurden. Im original haben die formen mit -e sicherlich gestanden, da formen mit und ohne -e bei demselben worte wechseln, z. b. S. F. *deeds* in den versen 20, 226, 273, 282, dagegen *deedes* in den versen 340 und 392.

Neben diesen zahlreichen sichren ausgängen auf ged. -e finden sich in jedem der texte (mit ausnahme von Dunb.) fast ebensoviele auf unged. -e. Wie wir bereits gesehn haben, hat dieses unged. -e in zweisilbigen wörtern im innern des verses noch recht oft silbenwert, ja in Reply, D. L. und S. F. erhält es sogar manchmal einen verstreff. Wir müssen daher annehmen, dass unged. -e nach haupttreffsilbe auch am ausgange des abverses gegolten hat, wenigstens in unsren mittelländischen gedichten. Bei Dunbar muss es dagegen zweifelhaft bleiben, ob der dichter auch hier -e gesprochen hat, da, wie wir gesehn, in diesem denkmal der gebrauch der schwachen -e im innren der verse viel seltner ist als in den mittelländischen denkmälern; außerdem zeigt sich hier auch eine beträchtlich größere anzahl von sicher stumpfen ausgängen als in den übrigen gedichten. Ich kann daher auf die weitere untersuchung des ausgangs des abverses in diesem denkmal verzichten.

In den werken aus dem Mittelland werden wir die -e, wie gesagt, gelten lassen müssen, auch da, wo die hs. sie nicht bringt, z. b.:

bei subst. und adjekt. im dativ und plur.:
>in Reply 128 *swot(ė)*, 400 *dish(ė)*, 405 *oth(ė)*, 427 *hil(ė)*.
>in D. L. 7 *hart(ė)*, 12 *both(ė)*, 122 *chin(ė)*, 216 *way(ė)*.
>in S. F. 8 *few(ė)*, 12 *will(ė)*, 38 *Land(ė)*, 106 *gold(ė)*, 115 *ground(ė)*, 135 *hand(ė)*, 337 *death(ė)*, 386 *sight(ė)*.

bei adverbien:
>*best(ė)*, *away(ė)*, *ynough(ė)*, *fast(ė)* in allen drei werken.

bei verben, hauptsächlich im infinitiv u. sw. praeterit:
>in Reply 94 *sent(ė)*, 411 *list(en)* = praes. plur.
>in D. L. 15 *amend(ė)*, 30 *sitt(ė)*, 45 *behold(ė)*, 48 *know(ė)*, 49 *bethought(ė)*, 68 *wold(ė)*, 85, 88 *tell(ė)*, 98 *had(dė)*,

114 *cold(ė)*, 115 *thought(ė)*, 117 *might(ė)*, 144 *wist(ė)*, 150 *cast(ė)* etc.

in S. F. 41 *call(ė)*, 53 *wold(ė)*, 86 *might(ė)*, 101 *begin(nė)*, 116 *wold(ė)*, 125 *brought(ė)*, 127 *know(ė)*, 311 *behold(ė)*, 343 u. 348 *hadd(ė)*.

in fällen, wo gemeinme. ein -e gesetzt wird:

in Reply 144 *therof(ė)*, vgl. Luick, Angl. XI; 263 *himself(ė)* oder -(*ėn*).

in D. L. *about(ė)* 2 mal (in Reply findet sich das wort stets mit -e); 60 *therin(nė)*; 176 *swond — swounė* (dat.), vgl. auch Stratm. s. 599.

in französischen lehnwörtern im dativ, wo es durch analogie häufig antritt:

in Reply 391 *prest(ė)*.

in S. F. 55 *host(ė)*.

Alle diese fälle müssen wir zu den klingenden ausgängen rechnen.

Als stumpfe ausgänge des abverses blieben noch:

in Reply 5 sichre fälle: 46 *wolt* (2. sgl. praes. vgl. ten Brink s. 115, § 197; — 281 *witt*; — 361 *hoot*; — 373 *sheeld*; — 442 *wyf*; — v. 500 ist unvollständig.

in D. L. 3 sicher stumpf in 300 langzeilen u. z. 142 *hard* (pt. perf.), 145 *was*, — 158² viell. zu lesen: *ánd [of] héare álsoe*; — 270 *grew* (praet. 3. sgl.).

in S. F. 2 sichre fälle: 7 *Lord* (diese form findet sich zweimal; vielleicht las der dichter an diesen stellen die ältere form 'Loverd'); — 43 *wight*; — 63 *king* (viell. die ältere form 'kynning' im original); — 132 *host* (nom.).

Bisher war nur von solchen fällen die rede, wo nur eine silbe u. z. eine untreffige (ged. -e oder unged. -e) auf die letzte hebung im abvers folgte. Wie sind nun die wenigen fälle zu verstehn, in denen auf die letzte hebung eine neben- und eine untreffige, oder zwei untreffige silben folgen oder folgen können?

Hier kann man für die german. wie roman. wörter folgende regel aufstellen: Jedes praefixlose dreisilbige wort mit nebentreffiger zweiter silbe und ged. oder unged. -e im auslaut wird auf der ersten silbe getreffigt; das in dritter silbe stehende -e geht verloren z. b.

in Reply 113 *waúnwardę*, 124 *wáginzę*, 210 *fólię*, 84 *éroręs* (vgl. 334 *érrours*), 172 *bátailę* (vgl. 185 *báteil*), 357 *mésurę*, 325 *scrípturę*.

in D. L. 33 *háwthornę* (vers verderbt), 375 *rightlyę*.

in S. F. 15 u. 358 *Cáptainę*, 24 *stándard(ę)s*, 28 *ármour(ę)*, 36 *cúntryę*, 113 *Méssagę*, 165 *pártyę*, 192 *Tíding(ę)s*, 249 *Moúntainę*, 257 *hómęward(ę)*, 262 *vánwardę*, 264 *Hówardę*, 350 *sérvicę*, 376 *dównward(ę)s*, 387 *stándlyę*.

Diejenigen dreisilbigen wörter ohne praefix, derer beide letzten silben ein schwaches -e haben, werden nach dialekten verschieden behandelt. Morsbach sagt § 71: „Der norden lässt gern das letzte -e verstummen (größeres schwanken nur, wenn liquida oder nasal vorhergeht) und zwar schon früh, der süden zieht auch noch in späterer zeit vielfach die synkope des mittleren -e vor." In keinem unsrer texte lässt sich hierüber eine regel aufstellen. In Reply scheinen die formen: 303 *apostlis*, 424 *maistris*, 302 *cloistris*, 378 *schuldris*, 487 *clattris*, 491 *suffren*, 420 *pistlis*, 212 *mylne*, 25 *children* dafür zu sprechen, dass das erste -e verstummt sei; dagegen sind zweifelhaft: 244 *angels*, 497 *beggers*. In S. F. findet sich: 4 *heavene*, 144 *hapened*, 145 *waters*, 151 *fareden*, 178 *weapons*. In D. L. 6, 143, 283 *others*, 24, 34 *flowers*, 43 *towers*. Hier scheint das letzte -e wirklich verstummt zu sein.

Dreisilbige wörter ohne praefix, derer erste silbe kurz ist, müssen (viell. gilt dies in Schottland nicht; vgl. Hebung und Senkung) besonders behandelt werden. Hier ist das schwache -e stets zu lesen, da, wie bald nachgewiesen wird, der ausgang des abverses stets eine lange silbe in der hebung hat.

Es werden demnach wörter der form $\smile\times\times$ zu wörtern der form $\stackrel{\_}{\smile}\times$ durch verschleifung der beiden ersten silben auf der hebung.

Beispiele hierfür aus:

Reply 179 *ményè*, 248 *bódiès*, 198 *cómingè* (dat.), 266 *lývingè*, 316 *wídewis*.

Hier ist vielleicht mit absicht das -e in der hs. stets gesetzt.

D. L. 18 *fólloweth,* 22 *mánye* [7×< mit, 1×< (v. 44) ohne *-e*],
   sórrowe 234, 406 (dat.), aber 441.

S. F. 21, 177 *líuinge* (aber 313), 159, 390 *fóllowid,* 181 *árrowes,*
   195, 279 *mány(e).*

Mehr als dreisilbige wörter ohne praefix kommen —
von einzelen nominalkompositis abgesehn — in Reply, D. L.
und S. F. im ausgange des abverses nicht vor. Die wenigen
fälle in Reply sind unsicher: 169 *and vae for your leccherie;*
entweder ist hier das *vae* oder das *your* zu streichen, da der
vers sonst zu lang wäre. Durch wegfall eines dieser wörter
erhielten wir die treffigung: *léccherìe.* — 297 *men cállen hére-
mytes* (mit dem subjektsnomen '*men*' im vorschlag). — v. 385
that signefieth symplenesse, ist zu lang. — v. 479 *to the hethene
emperour,* ist ebenfalls zu lang.

**Von den mehrsilbigen wörtern mit praefix fallen
die dreisilbigen, ausgehend auf ged. oder unged. *-e,***
unter die zweisilbigen und sind dort schon mitgezählt. Es
fallen hierunter german. und roman. wörter, z. b.

Reply 18 *appróved,* 475 *astáte.*

S. F. 209 *abídeth,* 236 *decláred.*

D. L. 52 *attýred,* 174 *enóughe.*

Die mehr als dreisilbigen dieser gattung werden
wie dreisilbige ohne praefix behandelt. Es finden sich hierfür
nur beispiele in:

Reply 482 *apéchinge,* 493 *constréynede.*

   Die endung *-ion* ist wie ne. einsilbig gebraucht; 187
   detráccion, 341 *relígion,* 422 *opýnyon.*

Aus dieser ganzen untersuchung geht hervor, dass die
me. stabzeile im 15. und 16. jahrh. **im Mittelland** noch
klingenden ausgang gehabt hat. Wenigstens wurde dies
von den dichtern erstrebt, wenn sie auch, wie die große anzahl
der ausnahmen zeigt, an korrektheit den dichtern des 14. jahrhs.
nachstehn.

Bei den endreimenden dichtungen trat zu den beiden
forderungen, die der ausgang des abverses an den dichter
stellte, durch den reim noch eine neue schwierigkeit hinzu.
Es ist klar, dass diese neue forderung in erster linie beob-
achtet wurde. Infolgedessen mussten die beiden ursprünglichen
zurückstehn und schließlich wegfallen.

So finden wir denn in den endreimenden dichtungen bald klingenden, bald stumpfen ausgang des abverses, meist in derselben strophe miteinander abwechselnd. Selten finden sich strophen mit nur klingendem oder nur stumpfem ausgang.

Sehn wir nun zu, ob der letzte takt des abverses da, wo er durchweg klingenden ausgang zeigt, auch die form $\_\times$ hat. Von den wenigen fällen, in denen vielleicht kürze vorliegt (ae. ɣ und ŭ in offener silbe), kann ich die zweisilbigen übergehn, da sie nur in einem unsrer werke vorkommen und da nur sehr selten. Von den dreisilbigen hab ich schon vorhin gesprochen. Es erübrigt demnach nur einiges über die fälle zu sagen, in denen im me. schwanken der dehnung eines vokals eintritt (Morsbach § 64). Von diesen kommen die dreisilbigen ebenfalls nicht in betracht, da, falls die erste silbe wirklich kurz wäre, sie durch synkope des ersten -e geschlossen und demnach lang würde. Von den zweisilbigen lässt sich wie in M. A. und Ga. (vgl. Mennicken s. 39 und Fischer s. 8) kürze keinmal sicher beweisen. In den einzelen denkmälern kehren dieselben beispiele immer wieder:

brothir Reply 32, S. F. 11;
ferner: *other, water, euer, fader* u. a. m.

Wir können deshalb mit demselben rechte wie Mennicken für M. A., Fischer für Ga. und Steffens für W. A. die behauptung aufstellen, dass der ausgang des abverses in den stabreimenden dichtungen des 15. und 16. jahrhs. ohne endreim da, wo er zweisilbig ist, die form $\_\times$ hat.

––––––––

VII.
Der ausgang des anverses.

Eine genauere untersuchung der ausgänge des anverses, wie sie in M. A., Ga. und W. A. vorgenommen worden ist, ergiebt für die einzelen werke verschiednes. Wir werden ebenso wie beim ausgang des abverses die dichtungen ohne endreim und die mit endreim, beide getrennt, betrachten.

In den dichtungen ohne endreim findet sich klingender
ausgang des anverses:

in Reply unter 100 versen durchschnittlich 48×,
in D. L. „ 100 „ „ 52×,
in Dunb. „ 100 „ 46×,
in S. F. „ 100 „ „ 50×.

Es sind hierbei die fälle nicht mitgezählt, in denen eine
silbe mit volltönendem vokal auf die letzte hebung des anverses
folgt z. b.

Reply 30 *fórmer(ę)*, 35 *lábour*.
D. L. 35 *wákingę*, 61 *cómlyę*.
Dunb. 25 *fíngars*, 114 *áver*.
S. F. 46 *mércy*, 61 *ábsencę*, 157 *Báw-béner*.

Diese verse könnten für eine fünfte hebung im anvers
sprechen, doch ist ihre anzahl zu gering; außerdem lassen
sich zwei derselben leicht ändren:

D. L. 61 *shée camę shéereing (full) cómlyę*, — S. F. 157
Báwbèner ist verderbt aus *Báwmèr* oder *Bówmèr*,
wie der text des Lyme Ms. zeigt.

Ebensowenig beweisen die stumpfen ausgänge,
wo eine schwache untreffige silbe die letzte hebung
trägt — also den letzten takt ausfüllt — für die drei-
taktigkeit des anverses (vgl. Mennicken, s. 47 ff.). Ich
führe im folgenden die hierher gehörigen fälle aus den ersten
200 versen unsrer texte an u. z. zunächst diejenigen, in denen
eine silbe mit ged. -e den letzten takt füllt:

Reply **12 mal**, u. z. 2 *wépyn*, — 5 *chásìd*, — 11 *eclípsìd*, —
14 *enháunsìd*, — 32 *séctès*, — 100 *wíllès*, — 117
shéwèn (inf.), — 122 *fácès* (plur.), — 123 *grávès*, —
132 *stórmès*, — 178 *blíndìth*, — 179 *éllìs*.
D. L. **6 mal**, u. z. 8 *cléarkès*, — 33 *bírdès*, — 54 *swáynès*, —
62 *clóthès*, — 81 *bírdès*, — 90 *bréastès*.
Dunb. **1 mal**, u. z. 43 *réwìt*.
S. F. **8 mal**, u. z. 14 *láddès*, — 18 *abórdèd*, — 38 *yéerès*, —
73 *cómèn*, — 79 *assáyèd*, — 82 *déluèn*, — 128 *sédgès*,
— 137 *númbrèd*.

In den übrigen schottischen denkmälern sind verse
dieser art ebenfalls sehr selten; wir rechnen sie daher zu den

zu kurzen versen (vgl. s. 36 ff.). In unsren gedichten aus dem Mittelland dagegen können wir wegen der verhältnissmäßig zahlreichen fälle annehmen, dass die dichter ged. *-e* in zweisilbigen wörtern am ausgange des anverses taktfüllend verwanten.

Verse, in denen unged. *-e* nach haupttoniger silbe den letzten takt des anverses füllt, sind nicht nur seltner als die vorhin besprochnen, sie tragen meist auch deutlich die spur von verderbniss an sich. Wir haben diese verse schon unter den 'zu kurzen versen' behandelt.

Gegenüber den zahlreichen sicher klingenden ausgängen der anverse findet sich — im gegensatz zum ausgang des abverses — eine recht beträchtliche anzahl von sicher stumpfen ausgängen. Ein flüchtiger blick über die proben wird jeden davon überzeugen. Wir kommen demnach zu demselben ergebniss wie Mennicken, Fischer und Steffens: In unsren dichtungen ohne endreim wechselt stumpfer und klingender ausgang des anverses regellos ab.

In den gedichten mit endreim dagegen zeitigt die untersuchung ein ander ergebniss. Sicher klingende ausgänge finden sich in den versen 1—200 unsrer gedichte:

in Houl. 33 *névyn* (inf. = *to name*), — 72 *améndis.*

in Coilȝ 1 *Chárlis* (gen.), — 6 *Príncis* (plur.), — 43 *Créillis,* — 97 *néuer,* — 113 *áwin,* — 136 *stórmis,* — 174 *fóundis* (3. sgl. prs.).

in G. G. 9 *lórdis* (plur.), — 184 ebenso, — 60 *vnclósit* (part. prt.), — 67 *dais = dayis?* (plur.), — 109 *faris* (3. sgl. prs.), — 153 *áwin* (= *ávne,* vgl. v. 147), — 154 *knáwin* (part. prt.), — 155 *dráwin* (part. prt.), — 160 *laítis* (plur.), — 217 *sélvin* (acc. plur.).

in Dougl. 53 *wríngis,* — 56 *héryit,* — 67 *wórdis,* — 108 *kýrkis.*

Ausgänge auf volltönenden vokal sind ebenfalls selten:

in Houl. 109 *présenc̣e,* — 137 *létters.*

in Coilȝ. 46 u. 126 *Cóilȝear,* — 54 u. 72 *fállow.*

in G. G. kein beispiel.

in Dougl. 40 *múltur,* — 42 *cópill,* — 93 *bóddum,* — 145 *léssoun,* — 172 *máter.*

Verse, in denen ged. -e in zweisilbigen wörtern den letzten takt des anverses füllen würde, sind in den schottischen gedichten äußerst selten. Sie sind deshalb zu den 'zu kurzen versen' gezählt und dort bereits aufgeführt.

Unged. -e nach haupttreffsilbe lassen wir hier nicht gelten, da in den mit endreim versehnen anversen (in jeder str. v. 10, 11 und 12) häufig solche wörter mit einsilbigen im reim gebunden sind. Die beispiele hierfür sind recht zahlreich. Ein blick in die proben wird uns davon überzeugen.

In den gedichten mit endreim ist stumpfer ausgang des anverses vorherrschend. Die dichter haben, wie die meisten reime zeigen, stumpfen ausgang des anverses erstrebt.

VIII.
Der vorschlag.

Während der ae. vers verhältnissmäßig selten und nur unter gewissen bedingungen durch eine oder zwei vorschlagsilben eingeleitet wurde, findet sich bei an- wie abvers der me. stabzeile ein auftakt recht häufig und ohne dass eine regel für die setzung desselben wahrgenommen werden könnte.

Vergleichen wir nun das vorkommen des auftaktes in den alliterierenden dichtungen des 14. jahrhs. und in den 'Wars of Alexander' mit der häufigkeit desselben in unsren dichtungen, so kommen wir im großen und ganzen zu demselben ergebniss.

Der vorschlag beim anvers.

Verse ohne vorschlag bilden in M. A. etwa 41%, in Ga. 50%, in W. A. 28%, in Reply 31%, in D. L. 61%, in S. F. 36%, in Houl. 40%, in Coilȝ. 32%, in G. G. 40%, in Dunb. 14%, in Dougl. 32% der verse insgesamt.

Die meisten verse haben einsilbigen vorschlag. Es handelt sich hier (wie beim abvers) stets um leichte sinnschwache wörtchen. Am häufigsten finden sich an dieser stelle: der bestimmte und unbestimmte artikel, conjunktionen, praepositionen, pronomina und adverbia; seltner begegnen wir formen von hilfverben wie: *arę, was, warę,* die hier, wie meist auch im innern der verse, als einsilbig anzunehmen sind. Einsilbig sind auch formen wie: *sum(ę)* (Houl. 64), *yonę* (G. G. 115), *alse* (= *as*) (G. G. 142). Zu den schwachbetonten wörtchen gehören auch die titel: *Schir* (Coilȝ. 89, G. G. 53, 81, 100, 131, 170) und *Damę* (Coilȝ. 107).

Selten steht eine schwere silbe im vorschlag wie: Houl. 94 *said* (3. sgl. praet.), — 98 *gaif,* — 126 *baid* etc.

Zweisilbiger vorschlag ist auch in unsren gedichten selten. Es handelt sich entweder um fälle, in denen verschleifung vorliegen kann wie Coilȝ. 56 *For i,* D. L. 96 u. 156 *with a,* oder es stehn dort zwei unbetonte wörtchen wie: D. L. 60 *throughę the,* 174 *with the;* S. F. 89 *then they* (= *the*), 130 *by the,* 140 *that the;* Coilȝ. 72 u. 125 *and ȝif;* von diesen kann in der regel eines ohne schädigung des sinnes wegfallen.

In Houl., G. G. und Dunb. kommt kein beispiel zweisilbigen vorschlags vor.

Mehr als zweisilbiger vorschlag findet sich in den untersuchten stellen nicht.

Der vorschlag beim abvers.

Auch hier herrschen fast dieselben verhältnisse wie in M. A., Ga. und W. A.

Verse ohne vorschlag bilden in M. A. etwa 31%, in Ga. 35%, in W. A. 32%, in Reply 35%, in Houl. 41%, in Coilȝ. 43%, in G. G. 49%, in Dunb. 24%, in Dougl. 30%, in D. L. 35%, in S. F. 27% der verse insgesamt.

Auch hier haben die meisten verse einsilbigen vorschlag. (Der hier verwante wortstoff ist derselbe wie beim anvers). Leichte wörtchen wie: Houl. 65 *sum(ę),* 73 *anę;* Coilȝ. 252 *alsę;* G. G. 48 *yonę* verlieren ebenfalls ihr -*e.*

Selten steht eine schwere silbe im vorschlag wie: Houl. 16 *buir(ę)* (3. plur. praet.); Coilȝ. 157 *ga* (imp.); G. G. 105 *leit* (3. sgl. prt.), 146 *said* 149 (imp.).

Zweisilbiger vorschlag findet sich beim abvers fast nie.

IX.

Hebung und senkung.

Hier sind dieselben regeln wahrzunehmen wie in M. A., Ga. und W. A.

Der takt besteht aus hebung und senkung. Als hebung kann jede silbe dienen. Nur eine untreffige oder schwache silbe kann in die senkung treten. Im allgemeinen kann zur füllung eines ganzen taktes nur ein einsilbiges sinnstarkes wort oder die treffsilbe eines mehrsilbigen sinnstarken wortes verwant werden. Am ausgange des anverses füllt manchmal ein sinnschwaches wort oder die nebentreffsilbe, in den denkmälern aus dem Mittelland wahrscheinlich sogar die unbetonte silbe (ged. -e) eines zweisilbigen wortes einen ganzen takt.

Wie verhält es sich nun in unsren gedichten mit dem zweiweiligen gebrauch einer kurzen silbe mit ausnahme am ausgang des abverses?

In M. A. ließ sich der zweiweilige gebrauch einer kurzen silbe nicht feststellen, in Ga. schien er vom dichter absichtlich gemieden.

Wenn schon Mennicken (s. 94) mit Luick und Sarrazin annimmt, dass nördlich vom Humber $\check{\imath}$ und $\check{u}$ vor dem ende des 13. jahrhs. zu $\bar{e}$ bezw. $\bar{o}$ geworden seien, so ist diese dehnung im 15. bezw. 16. jahrh. dort, wahrscheinlich auch schon im Mittelland eingetreten. Demnach giebt es in unsren texten keine kurzen stammsilben mehr.

Über die zwei- und mehrsilbigen romanischen wörter mit einem treff, die durch zurückziehn des accentes selbige gelängt haben, hat Dr. Mennicken auf s. 90 seiner untersuchung gehandelt. Ich schließe mich seiner meinung an.

Hebung und senkung sind in der regel einsilbig. Wo dreisilbiger takt vorkommt, handelt es sich fast stets um verschleifung wie in M. A. und Ga.

In keinem unsrer denkmäler ist dreisilbiger erster takt vom dichter beabsichtigt wie in W. A. In den seltnen fällen, in denen keine verschleifung eintreten kann, ist der vers entweder durch eine leichte ändrung zu bessern, oder wir müssen bei wörtern wie *aftyr*, *undir* und andren an treffumstellung denken, wenn nicht der vers auf falsche überliefrung hinweist, oder solche anzunehmen ist.

X.
Gedecktes und ungedecktes -*e.*

Nachdem wir nun einen einblick in das wesen und den bau der langzeile in unsren gedichten gewonnen haben, ist es wol am platze, auf die höchst wichtige frage nach der geltung bezw. nichtgeltung von ged. und unged. -*e* einzugehn.

Ged. wie unged. -*e* nach nebentreffiger silbe war zum teil schon früh in der sprache des volkes verstummt. Unged. -*e* nach haupttreffsilbe hatte sich in Schottland bis in die mitte des 14. jahrhs. erhalten; im süden dagegen dauerte es noch länger fort. Ged. -*e* nach haupttreffsilbe hatte auch in Schottland noch geltung im ganzen 15. jahrh. (vgl. Morsbach § 72 u. 77).

Der rhythmische bau unsrer gedichte dagegen erfordert — wie wir gesehn — einen noch recht ausgedehnten gebrauch gedeckter wie ungedeckter -*e* nach haupttreffsilbe; seltner ist -*e* zu lesen nach nebentreffsilbe. Diese erscheinung ist meines erachtens recht einfach zu erklären. In Chaucers sprache lebten die formen mit ged. und unged. -*e* noch. Die dichter des 15. und 16. jahrhs. und nicht zuletzt Dunbar und Douglas. waren schüler Chaucers; wie ist es da zu verwundern, wenn sie zuweilen in der sprache ihres meisters redeten, derer formen ihnen beim bau ihrer verse dazu noch sehr willkommen waren, da nur durch sie der erstrebte, zwischen hebung und senkung regelmäßig wechselnde rhythmus erreicht werden konnte (vgl. abschnitt IV, s. 140 ff.). Dass die schottischen dichter häufig südliche formen gebrauchten, ist längst bekannt. Murray[1]) sagt hierüber folgendes:

„With Lyndesay, as with the older writers, from Barbour to Dunbar, the Lowland tongue is always 'English'."

Und wo er von den formen des dichters Douglas spricht, heißt es (vgl. s. 47 anm.):

„Some of these forms were indeed more 'Sodroun' than the literary English of his own day, but all are Chaucerian and show, how deeply Douglas had drunk of him."

---

[1]) 'The Dialekt of the Southern Counties of Scottland' (London, publ. for the Philolog. Soc.) s. 48.

Bei Lange *'Chaucers Einfluss auf Douglas'* (Anglia VI, s. 46 ff.)
heißt es:

„Bezüglich der sprache lässt sich die beobachtung machen,
dass, seit Chaucer von den schottischen dichtern fleißig nach-
geahmt wurde, auch der nördliche dialekt sich sowol im
vokalismus, als auch in der flexion mehr und mehr trübt
und mit südlichen elementen versetzt erscheint."

Stellen wir nun die resultate bezüglich der verwendung
von ged. und unged. -e, wie sie sich in den einzeluntersuchungen
ergaben, kurz zusammen so kommen wir zu folgendem ergebniss:

Ged. -e in zweisilbigen wörtern ist in den mittelländ. und schottischen gedichten fast ausnahmelos in
geltung. Es wird meist zur füllung von senkungen
verwant; in den gedichten aus dem Mittelland wurde
es am ausgange des anverses wahrscheinlich sogar
taktfüllend gebraucht.

Unged. -e nach haupttreffsilbe ist in den mittelländ. denkmälern bei starktreffigen wörtern fast
überall in geltung; in den schottischen denkmälern
jedoch findet es sich je nach der stellung des betr.
wortes im verse beliebig verwant. In den von natur aus
weniger betonten wörtern, wie praepositionen, conjunktionen
und pronomen, zeigt sich in den me. denkmälern schwanken
der geltung des -e; in den schottischen werken dagegen ist
das -e in diesen formen durchweg verstummt.

Ged. und unged. -e nach nebentreffiger silbe ist stets
stumm, wenn die betreffenden wörter nur einen treff bekommen;
erhalten sie aber haupt- und nebentreff, so zeigt sich schwanken.
Aus der geringen anzahl der belege lässt sich für die einzlen
denkmäler keine genauere bestimmung treffen.

XI.
Die treffigung der wörter.

Die treffigung der wörter in unsren gedichten, wie sie
sich aus dem rhythmus und zum teil aus dem stabreim zu
erkennen gibt, ist im großen und ganzen noch dieselbe, wie

sie von Morsbach (§ 19 ff.) im allgemeinen, von Dr. Mennicken für M. A. und von Dr. Fischer für Ga. aufgestellt ist. Dies geht aus folgendem deutlich hervor. Ich führe jedesmal von jedem unsrer werke möglichst sämtliche beispiele aus den beiden ersten hundert versen an.

Die germanischen wörter.

Die nicht zusammengesetzten german. wörter haben den treff auf der wurzelsilbe. Auch hier tritt, wie gemeinme. dem verse zuliebe in schwachen wörtern gelegentlich treffumstellung ein.

Die nominalkomposita haben den haupttreff auf der wurzelsilbe:

Reply 15 lórdship, 75 líʒtles, 99 félowshipe, 102 bóxomnesse, 145 shéndship, 179 góodnesse, 226 váunwarde, 124 wéder-cokkes, 126 wísdom, 140 lóveddaies, 146 bítternesse, 146 bácbiting, 175 dépnes, 181 mékenesse, 166 wóodness, 166 foolhárdiness, 194 brýmstone.

Houl. 8 gódheid, 30 hélefull, 45 réwthfully, 65 dólefully, 76 hálynace, 81, 90 pácok, 95 héllynes, 97, 164 wírschip, 116 dréidles, 128 fáithfull, 140 fúrthward, 155 mánlyke, 172 rókcattis, 174 stéidfast, 180 swérthback, 181 físchfanger, 186 sórrowfull, 192 fórward.

Coilʒ. 1 chéftyme, 2 férlyfull, 29 mídmorne, 61 fréindschip, 66 néirhand, 71 wélcum, 131 bénwart.

G. G. 3 sáiklese, 33, 42 téirfull, 55, 123, 171 bóid-word, 69 máuhede, 73 wóurship, 89 stálwart, 95 ládlike, 113 réstles, 121 fréndship, 185, 190 wélcum, 191 dóutles, 197 tráistfully.

Dougl. 4 sélcouth, 6 wófull, 8 fréndschip, 11 wéilfair, 79 wánthrift, 112 kýrkmen, 136 cáchekow, 167 módywart.

Dunb. 1 Mídsummer, 2 Mídnicht, 4, 14 háwthorne, 73 mákdome, 85 fúrthwart.

Von den jüngeren zusammensetzungen, die nach Morsb. § 29 b. schwanken des treffes zeigen, ist nur eine in unsren texten belegt u. z. S. F. 6, 168, 170 *alyes*, das auf der ersten silbe getreffigt ist.

Die vorsilbe *un*- hat in unsren texten, wie gemeinme. keinen treff:

Reply 33 unbóxum, 146 unsávery;

Coilʒ. 47 unrúfe, 148 unsémand, 161 unskílfull;
G. G. 93 unfáir, 95 unlúfsum;
Dougl. 119 unlúfsum;   S. F. 98 unkíndly;
D. L. unríd;   Dunb. 62 unfúlʒeit.

Leider ist das wort *uncouthe*, das im me. schwanken des
treffes zeigt, in keiner der untersuchten stellen zu finden,
ebenso nominalkomp. mit den vorsilben *al-*, *bi-* und *mis-*.

Nach Morsb. §§ 37 und 38 ist in der verbalkomposition
das praefix bei enger verbindung mit dem verb entweder
neben- oder untreffig; so auch in unsren texten:
Houl. 122 ourelérit, 147 rewárdit;
Coilʒ. 57 forbíd, 78 forʒeild, 98 begín, 125 forgét, 123 abíde;
G. G. 158 ourgílt, 196 refrésch;
Dougl. 146, 151 begáne, 162 begóuth;
S. F. 17 beháppen (97), 18, 171 abóde, 31 berónen, 51
     besóught, 76 begíne;
D. L. 7 begín, 49 beféll, 49 bethóught, 97 abýdeth, 109
     behóld;
Dunb. 13 ínthrang u. 29 úpspred.

Von den verbalkompositis mit *mis-* und *full-*, die gemeinme.
schwanken des treffes zeigen, sind nur zwei beispiele zu erwähnen:
Reply *misáveringe* und Dougl. 26 *fulfýll*, das auf der zweiten
     silbe zu treffigen ist, da es mit *will* reimt.

Die romanischen wörter.
Nomina.
Die nichtzusammengesetzten wörter mit einem treff
ziehen denselben auf die erste silbe zurück mit wenigen ausnahmen:
Reply verse 1—200:
     12, 84 érroure, 28 mórtel, 29, 84 fólie, 35 lábour, 38
     dóctours, 44 máters, 46, 65, 175, 177 málice, 57 pístele,
     61 cómoun, 63 sérpent, 69 cónseile, 70 péril, 89 próphete,
     104 léssouns, 105 cástels, 107 sérvauntis, 109 sólempne,
     110 fígure, 107 dísciplis, 142 sécounde, 172 bátaile, 176
     dóctrine, 178 résoun, 187 lýoun.

Houl. verse 1—200:

4 bórdouris, 7 séasoun, 9 ámiable, 12, 14 ríweir, 15 ffórrest, 22 sólace, 32, 58, 70, 105, 113, 119 náture, 32 máistres, 35, 144 máter, 36 séntence, 80 pástour, 103 hórrible, 106 figure, 119 párrell, 121 cóunsell, 122 próphetes, 127 túrture, 129 óffice, 129 hónest, 139 présent, 160 bénygne, 161 cóllege

Coilȝ. verse 1—200:

11 bárounis, 15 témpest, 48 tráuale, 64, 66, 83 hárbery, 69, 197 fórest, 84, 119 réssoun, 115 cóursour, 164 vértew.

G. G. verse 1—200:

5 bárounis, 22 báttell, 30 móntains, 30 márresse, 41, 44, 48 cíetè, 192 cástell, 46 crúell, 52 móney, 76 chýmne, 138 córtesse, 139 géntrice, 145 sényeour, 166 présence, 167 cértane, 173 lángour, 189 résoun, 193 fórest.

Dougl. verse 1—182:

7 réssoun, 71 lábour, 77 cúntre, 122 lóngeour, 135 mírrour, 145, 158 léssoun, 150 plánettis, 157 rómanis.

S. F. verse 1—200:

13 jóllye, 15 cáptaine, 25 drágon, 28 ármour, 36 cúntrye, 40 tríbute, 45 mátter, 61 ábsence, 74 cóurage, 75 cóuncell, 77 cíttye, 106, 120 présent, 144 báttell, 149 cáytiues, 150 cómmons, 165 pártye, 181 crúell, 188 ránsome, 191 móuntaines.

D. L. verse 1—200:

11 tréasure, 40 móuntaine, 44 pállaces, 78 bárrons, 89 cólour, 103 cóurteous, 104 hónor, 109 beáwtye, 115 máruell, 174 tálents.

Dunb. verse 1—200:

16 pérsoun, 24 séasoun, 26 fávour, 33 ódour, 40 máteris, 56 mónstreus, 69 jólie, 74 béwtie, 82 cúntre, 86 lábour. Die treffigung der wörter *nature* und *curage* ist mit sicherheit nicht festzustellen; vgl. zu *nature*:

58[2]   of kind and of nature
174[2]   quhill lost is his nature

Da beide male *nature* den stab nicht trägt, bleibt die treffigung des wortes unentschieden.

Zu *curage* vgl.:

67[2]   quhen thai lak curage
188[2]   and lyf without curage

11*

203² fra failge thair curage
215¹ to sic a crowdoun but curage.

Die stabsetzung im letzten beispiel könnte für *cúrage*
sprechen; die übrigen drei fälle sind zweifelhaft.

Wie gemeinme. findet das zurücktreten des treffes nicht
statt in den wörtern: *astáte* bezw. *estáte* Reply 251, G. G. 179
und in *coroune,* das schon das erste *o* verloren hat; vgl. D. L.
v. 95 etc.

Die nichtzusammengesetzten wörter mit haupt- und
nebentreff ziehen den haupttreff auf die erste silbe:
Houl. verse 1—200:

7 sóueràne, 29 médicìne, 31 sánouròus, 37 éloquènce, 81,
109 précióus, 85, 96 sánctitùd, 88 víolènt, 94 cóurtassỳe,
98 bénnesòun, 100 spéciàll, 121 cárdinàllis, 122 pátriàrkis,
125 ápparèll, 126 sécretàre (132), 146 réuerènce, 164
dígnitìe, 165 féllonỳe, 166 spírituàll, 200 résidènce; aber
wie ne. 160 obédiènce.

Reply verse 1—200:

3 cháritè, 5 próphecìe, 10 cómountè, 12 héresìe, 18 póvertè,
27 sácrifice, 28 máladì, 68 léwtè, 74 prélacìe, 75 sýmonỳe,
75, 79, 120, 154 sácramèntes, 87, 91 próphecìe, 87 fántasìe,
92 mátrimóny, 98 pássiòun, 113 sútilitè, 127 périlòuse, 136
óbstinàt, 137 dáliàunce, 144 créatùres, 176, 183 scórpiòun,
182 árrogàunce, 186 héresìe; aber wie ne. 337 ipócrisìe.

Coilȝ. verse 1—200:

3 émpreòuris, 14, 109 rỳàll, 18 fírmamènt, 125, 173 cóurtasìe.

G. G. verse 1—200:

14 róyàle, 69 ménciòune, 94 báchilèr, 136, 144 sóueràne,
159 cógnisànce.

Dougl. verse 1—182:

36 pérsonàge, 82 dígnitè, 83 trágedèis, 137 cápytàne, 149
máppamònd, 152 élemèntis.

S. F. verse 1—200:

1 grácìòus, 7, 47 sóveràigne, 23 róyàll, 23 rétinèwe, 37
róyaltìe, 54 séigniorỳ, 79 émperòur, 87 páradìce, 131
commándemènt, 152 méssengèr, 173 móuntenànce, 173
énemỳes, 186 prísonèrs.

D. L. verse 1—200:

2 pássyòns, 4 róyáll (121), 13 páradìce, 20 grácyòus, 61 cómpanỳe, 108 dállyànce.

Dunb. verse 1—100:

19 glórióus, 21 cúriouslỳ, 42 máryàge, 56 mátrimòny, 69 jóyèis, 71 pílgrimàges, 73 mánifèst, 73 múltitùde.

Zusammengesetzte nomina mit einem treff ziehen denselben meist nicht zurück:

Houl. 23 contént, 41 appéill, 46 affráy, 72 améndis, 83 demúre, 143 entént, 146 efféris, 154 degrée, 165 efféct, 190 relígioun;

Dougl. 159 perfáy;   S. F. 179 arráy;

D. L. 6 renówne, 15 aménd, 33 apáce;

Coilʒ. 109 desýre;

G. G. 11, 50 renóune, 14 remóve, 15, 133 arráy, 102 améndis;

Dunb. 43 condítioun, 49 efféiris.

In folgenden zusammengesetzten nominibus wird der treff auf die erste silbe zurückgezogen:

Reply 14, 137, 169 énvie, 104 prófit, 67, 70 prélates;

Houl. 30, 40 púrpos, 82 cónstant, 141 éntree, 182 u. 183 pérfyte;

Coilʒ. 6 prélatis, 198 invy;   G. G. 75 éntre, 150 púrpos;

Dougl. 159 púrpos;   S. F. 128, 163 súmmons;

D. L. 108 dísport, 118 cómfort.

Bei zusammengesetzten nominibus mit zwei treffen wechseln meist haupt- und nebentreff ihre stelle; doch finden sich auch ausnahmen:

Reply 139 interpretacion? the whích in hér intérpretàcion oder the whích in her ínterprétaciòn; 187 detráccion, 197 súperstícions;

G. G. 87 cóntenànce;

S. F. 60 as Lord and Leiuetenant; der vers ist zu kurz, wenn wir nicht *Léiueténànt* lesen; vielleicht ist aber das *as* zu wiederholen und zu lesen: as Lórd ánd as Léiuẹtenánt.

Verbalcomposition.

Das einfache verb hat wie gemeinme. den treff auf der ersten silbe.

Die mit **praefixen** gebildeten verben ziehen den accent meist nicht zurück, selbst wenn die vorsilbe den stab trägt:

Reply 5 appérid, 10 oppréssid, 11 eclipsid, 14 apróched, 15 enfórme, 18 pursúyinge (*p* stabt), 18 appróved, 42 suppósid, 61 dispósid, 63 aspied, 78 depárten, 79 dispénsen, 83 assóilen, 86 distróied, 91 presúmyst (*p* stabt), 93, 107 mainténist, 118 pursúen, 132 astónye, 154 inféctyng, 172 arráied, 181 preténden, 182 disdéyninge;

Houl. 34 prolíxit, 60, 152 appéir, 71 accús, 75, 109 apppéill, 77 refórme, 138 exprémit, 146 ressáuit, 169 indúring, 172 arráyit;

Coilȝ. 29 disséuerit, 60 defénd, 84 excúse, 101 abáisit;

G. G. 63 astálit, 94 suppóse, 107 astónayt, 165 displéise;

Dougl. 1 endýt, 15 distróyand, 32 defórmit, 159 persáue;

S. F. 21 afráyd, 61 advénture, 62 inváde, 79 assáyd, 89 advánced;

D. L. defénd, 52 attýred, 180 abáshed;

Dunb. 16 appróche, 43 revéill, 68 arráyit.

Der treff ist auf das praefix zurückgezogen in:

Houl. 96 súffise;   Coilȝ. 149 próffert,   D. L. próffered.

Bei den zusammensetzungen mit *con-* herrscht, wie gemeinme., schwanken; *con-* ist getreffigt in:

S. F. 5 cónquered;

es erhält den treff nicht in:

Reply confóundit;   Houl. commándit;   Coilȝ. 200 compéir.

XII.
Der stabreim.

In der ae. alliterierenden langzeile erfolgte die stabsetzung nach bestimmten regeln. Im me. werden diese regeln anfangs noch befolgt, nach und nach aber wird der gebrauch der stäbe immer freier. Dies zeigt sich deutlich in den dichtungen alliterierender langzeile aus dem 14. bis 16. jahrh. Es kommen hier die ersten hundert verse eines jeden der werke in betracht.

Die beschaffenheit des stabes.

In M. A., Ga. und W. A. sind die meisten stäbe einfach, d. h. sie werden von einem laute, einem consonanten, selten einem vokal gebildet.

Was den. consonantischen stabreim betrifft, so zeigen die werke des 15. und 16. jahrhs. eine meist beträchtliche mehrzahl von zusammengesetzten stäben. Unter diesen ist wieder der reim gleicher consonantengruppen selten.

Reime mit *bl* finden sich nur: Houl. 3 The *blemis blywest of blee fro the sone blent*; mit *cl* D. L. 62 *vpon cleane clothes : were all of cleare gold*; mit *dr* S. F. 25 *with a dragon full dearte* : that *adread was therafter*; mit *gr* S. F. 1 Grant, gracious god : *grant* me this time, ferner D. L. 3, 73, 86, Dunb. 24; mit *kn* D. L. 76 *Kings kneeled on their knees : knowing that Ladye*; mit *pr* Coilȝ. 6 *With mony Prelatis & Princis, that was of mekle pryde*, ferner D. L. 52, 77; mit *sch* Dunb. 22 *Attour thair schulderis doun schyre, schyning full bricht*, ferner Houl. 112; mit *ch* Coilȝ. 1 *In the cheiftyme of Charlis, that chosin Chiftane*, ferner S. F. 15, Dunb. 55, 75; mit *sh* D. L. 59 that *shimered and shone : as the sheere heauen*; mit *sk* Houl. 67 *Sum skirp me with scorne, sum skyrme at myn e*, ebenso Dunb. 92, 93; mit *sp* Dougl. 46 *Sum sparis nothir spirituall, spousit wyf, nor ant*, ferner Houl. 99, G. G. 25, 112, Dunb. 40; mit *st* Coilȝ. 32 *His steid aganis the storme staluartlie straid*, G. G. 18, 108, Dougl. 112, S. F. 95; mit *sw* D. L. 54 *Sweeres and swaynes : that swarmed full thicke.*

Ungleich häufiger staben verwante consonantengruppen miteinander, meist muta mit muta + liquida, z. b. *b : bl* oder *b : br*, oder *b : bl : br*, oder *bl : br*; dieselben verschiedenheiten bei *d, g, k, p* etc.

b-gruppen finden sich:
Dunb. 74 *And blaw my bewtie on breid, quhair bernis war mony*, außerdem 5, 6, 47; Houl. 4, 16, 27, 98; 17, 87; Coilȝ. 28; 34; G. G. 6, 31, 55, 59, 68, 74, 77 u. 78, 79, 80, 94, 125; Dougl. 18, 57, 72, 80, 85, 125; D. L. 7, 14; 21, 65, 71, 90, 99; 23; 25, 34, 58, 63, 74, 94; S. F. 18, 31; 19.

d-gruppen:

Houl. —, Coilȝ. —, Dougl. 1 *Of drefling and dremis quhat dow it to endyt?* ferner Dougl. 1, 41, 82; D. L. 10, 87; S. F. 25, 42, 63; Dunb. —.

g-gruppen:

Dunb. 98 *With gor his tua grym ene ar gladderrit all about,* ferner 18, 17, 20, 78; 19, 99; 100; Houl. 8, 27, 53, 86; Coilȝ. —; G. G. 8, 21, 54, 86, 105, 118, 124; Dougl. 31, 34, 45, 48, 51, 94, 121; S. F. 1, 55; 71; D. L. 20, 84; 28.

f-gruppen:

Houl. 6 *The feildis flowrischit, and ffret full of fairheid,* außerdem 56; Coilȝ. 18; G. G. 17, 27, 45, 56, 83, 106, 121; Dougl. 8, 100, 123; S. F. 17, 39, 51; D. L. 22, 72; Dunb. 27; 61, 66; 62; 87, 88.

c(k)-gruppen:

Dougl. 95 *Throw cury of the quentassens, thocht clay mugis crakis,* ferner 20, 42, 69, 86, 87, 95, 97, 109; Houl. 82, 108; Coilȝ. 43; G. G. 12 u. 13; 44, 46, 53, 92, 119; S. F. —; D. L. 8, 85; 47, 51, 100; Dunb. 21, 23.

p-gruppen:

Houl. 21 *Pransand and prunȝeand, be pair and be pare,* ferner 76, 90 u. 91, 109, 125; 40, 81; Coilȝ. 20; G. G. 129; Dougl. 55, 74, 81, 93, 98, 105, 106; S. F. 48, 87; D. L. 13, 79; 88; Dunb. 15, 76; 71, 80.

w-gruppen:

Dougl. 53 *The wrache walis and wringis for this warldis wrak,* ferner 6; Houl. 43; Coilȝ. 21; G. G. 64, 73, 90 u. 91; D. L. 15; Dunb. 36; 41.

th : thr: Dougl. 38 *The thrall to be of thirllage.*

t-gruppen:

S. F. 50 *that he wold take their tribute : & traine them noe further,* außerdem 40; Houl. 127; Coilȝ. 48; G. G. 1, 34, 61; Dougl. 83, 107; D. L. 11; Dunb. —.

s und die *s*-gruppen staben meist nur unter sich; z. b. Houl. 123 *Thaj salbe semblit full sone, that thow se sall,* und 150 *All the staitis of kirk out of steid steiris;*

es finden sich jedoch folgende ausnahmen:

mit *st*: Dougl. *Sturtyn study hes the steyr, distroyand our sport*; ferner G. G. 19, 107; D. L. 27;

mit *sp*: Houl. 100 *I com to speir, quoþ þe spreit, into speciall*, ferner Dougl. 30; Dunb. 29; Coilʒ. 51 u. 52.

Andere stäbe mit *s*:

Houl. 50 *And saw his awin schadow,*

68 *I se be my schaddow, my schap hes the wyte,*

84 *Schrowd in his schene weid, and schand in his schaip.*

G. G. 20 *Thair baneris schane with the sone of siluer and sabill,*

41 *Throu þe schynyng of the son anę ciete thai se,*

47 *I rede, we send furth ane saynd to yone ciete.*

Dougl. 3 *I slaid on a swevynnyng, slummerand a lite,* ähnlich ist v. 5; *s* : *sch* findet sich in den versen 19, 60, 61, 44; *sw* : *sc* in v. 68.

S. F. 2 *that I may say or I cease : thy sclucn to please,*

67 *& Shrewsbury, that sure Earle : the saddest of all other.*

Dunb. 8 *And throw the savour sanatiue of the sueit flouris.*

g (ʒ) : j :

Dougl. 99 *Sum garris with a ged stafi to jag throw blak jakkis,*

S. F. 13 *& Gylbert the gentle : with a Jollye meanye,*

Dunb. 61 *That ilk ʒeir, with new ioy, ioyis ane maik,*

69 *Gymp, jolie and gent, richt joyus, and gentryce.*

Eigenartige sowie fragliche stabverbindungen.

Houl. 37 *And waik is my eloquence*

5½ *At þe quhilk he culd grow, And maid a gowlyng* (?)

Coilʒ. 5½ *Sen thow speris, I the tell All the suith hale* (?)

Dougl. 43 *Calland the colʒear ane knaifi and culroun full queyr,*

95 *Throw cury of the quentassens, thocht clay mugis crakis.*

Vokalische stabreime kommen in unsren dichtungen
höchst selten, in manchen gar nicht vor. Es staben gleiche vokale
miteinander, aber auch ungleiche, oder ein *h* mit vokalen, z. b.:

    Houl. 5 h : a | : e,   103 u. 104 h : o | : o : o : a,   129 u. 130
       o : h | : e : h;

. Coilz. 82 u : e | : h;   D. L. 19 h : h | : y.

Zahl und stellung der stäbe.

Wie schon mehrmals vorher bemerkt, gingen die me. dichter
meist über das alte maß der stabsetzung hinaus.

W. A. hat regelmäßig im anvers 2, im abvers 1 stab.

M. A. zeigt hin und wieder im anvers 3 (76 unter 1000),
    im abvers 2 stäbe (73 unter 1000).

In Ga. herrscht etwa dasselbe verhältniss.

In unsren dichtungen ist die zahl der verse, die
nicht die regelrechte stabzahl tragen, verschieden.

Unter den ersten hundert versen finden sich:

      a b v e r s e m i t z w e i s t ä b e n:

in Houl. 60, Coilz. 23, G. G. 68, Dougl. 63, S. F. 7, D. L. 4, Dunb. 7.

Wir sehn, die mit endreim versehnen dichtungen haben
sogar meist zwei stäbe im abvers. Coilz. bleibt hinter den
andren zurück.

      a b v e r s e m i t d r e i s t ä b e n:

in Houl. 2, Coilz. 2, G. G. 3, Dougl. 3, S. F. 1, D. L. —, Dunb. —.

      a n v e r s e m i t d r e i s t ä b e n:

in Houl. 18, Coilz. 8, G. G. 27, Dougl. 45, S. F. 12, D. L. 19, Dunb. 18.

Auch im anvers macht sich besonders bei den endreimenden
dichtungen das streben nach stabfülle bemerkbar.

      a n v e r s e m i t v i e r s t ä b e n:

nur in G. G. 35 *Sa wundir wat wes the way,*
          64 *Weill wroght vves the vvall,*
und in Dougl. 18 *Bailfull byssynes bayth blys —.*

a n v e r s e m i t n u r e i n e m s t a b (bei guten dichtern selten):
in Houl. 3, Coilz. 8, G. G. 3, Dougl. 4, S. F. 1, D. L. 2, Dunb. 5.

Verse ohne hauptstab finden sich ebenfalls bei guten dichtern selten:

Houl. —; Coilȝ. 14 ✕; G. G. 4 ✕; vielleicht auch 113 *The renk restles he raid to Arthour the king*; Dougl. —; S. F. 3 ✕; D. L. 2 ✕; Dunb. 3 ✕.

Selten steht der hauptstab im dritten takt. In den endreimenden dichtungen kommt dieser fall wegen der bedeutung, die dem worte mit endreim häufig eigen ist, mehrmals vor. In Houl. 9 ✕, Coilȝ. 18 ✕, G. G. 2 ✕, Dougl. 2 ✕, S. F. —, D. L. 1 ✕, Dunb. —.

Besonderheiten in der stabsetzung.

In verschiedenen dichtungen findet sich insofern eine seltsame stabsetzung, als nicht wie gewöhnlich der anlaut der stabenden worte gleich ist, wie z. b.

Houl. 57 *My neb is nytherit as a nok   I am but ane oule,*
105 *I am nytherit ane oule   thus be nature,*
S. F. 28 *Richard that rich Lord   in this bright armour,*
D. L. 37 *lying Edgelong on the ground   list all my seluen,*
67 *meckely smiling with her mouth   and merry in her lookes.*

Ferner finden sich mehrere arten von doppelreim.

1. a : a | : b : b
Houl. 58 *Aganis natur in þe nycht   I waik into weir,*
ferner 60, 80, 95, 122 und wahrscheinlich die beiden kurzverse 38 u. 39, da die beiden letzten verse einer jeden strophe in Houl. durch stab gebunden sind.
Coilȝ. 16 *The wind blew out of the Eist   stiflie and sture,*
ferner 29, 46, 61, 67, 73, 110.
G. G. 84 *Than dynnyt the duergh in   angir and yre*
S. F. 34 *and Naked into Newarke   I will mine him noe more*, ferner 75, 85, 90.

2. *a : b | : a : b*
G. G. 77 u. 78 *Ane brighte fyre couth he se   Birnand full stout,*
D. L. 95 *and the crown on her head   was caruen in heauen,*
S. F. 76 *on what wise was best   his warre to beginne*(?)

3. andere formen des doppelreims:

a : a : b | : b : b in Coilȝ. 66 *I wáit na wórthie hárberìe* |
héirè néir-hánd,

a : b | : b : a in S. F. 20 *Soe díd Sir Édward Póynìngs* |
that próued wás of déedes, ferner 21.

Neben den verschiednen formen des doppelreims findet sich
in einigen unsrer denkmäler eine andre besonderheit der stabsetzung: die versgruppen gleicher alliteration.

in Houl. die verse 1 u. 2, 3 u. 4, 13—15, 16 u. 17, 18 u. 19,
32 u. 33, 40—43, 51—53, 55 u. 56, 72 u. 73, 77—80.

in Coilȝ. die verse 5 u. 6.

in G. G. die verse 1 u. 2, 3 u. 4, 5 u. 6, 14 u. 15, 16 u. 17, 18 u. 19,
27 u. 28, 33 u. 34, 35—37, 57 u. 58, 63 u. 64, 66 u. 67,
70 u. 71, 79 u. 80, 96 u. 97, 98 u. 99, 107 u. 108.

in Dougl. die verse 3—5, 27—29, 42 u. 43, 45 u. 46, 57 u. 58,
60 u. 61, 67 u. 68, 86 u. 87, 105 n. 106, 118 u. 119,
121 u. 122.

in Dunb. die verse 1 u. 2, 5 u. 6, 7 u. 8, 9 u. 10, 15 u. 16, 17—20,
25—27, 36 u. 37, 52—55, 56 u. 57, 76 u. 77, 81 u. 82,
84—88, 92 u. 93, 96 u. 97, 98—100.

Wegen mangelhafter stabsetzung hab ich Reply nicht
mit den übrigen denkmälern zusammen behandelt. Unter den
ersten hundert versen finden sich 10 ganz ohne stab. Außerdem
sind halbverse ohne stab vorhanden u. z. 8 an- und 12 abverse.
Regelmäßige verse, d. h. solche mit 2 stäben im an- und einem
stab im abvers, finden sich nur 18; verse mit 2 stäben (einem
im an-, einem im abvers) 10; nur 3 verse haben 3 stäbe im
anvers, dagegen 43 verse 2 stäbe im abvers; ein abvers hat
sogar 3 stäbe. Verse mit 5 stäben (drei im an- zwei im abvers) finden sich vielleicht 2, nämlich die verse 20 u. 76. Der
hauptstab steht 6 mal im 3. takt und 2 mal in der senkung.
Es sind auch einige doppelreime vorhanden: a : b | : b : a in
den versen 8, 43; a : b | : a : b in den versen 62, 63, 72 (?). Es
finden sich auch einige versgruppen aber ohne rücksicht auf die
langzeile, z. b. die verse 20—21 (anv.) und die verse 21 abv.—22.

Bonn.   **Dr. Adolf Schneider.**

Festländische Einflüsse im Mittelenglischen.

Die sprachliche beeinflussung Englands nicht bloß von der franz.-norm. küste, sondern auch von den daran stoßenden niederländischen gebieten aus, ist, so nahe sie an und für sich liegt, noch eine ungelöste frage, mit der sich die wissenschaftliche untersuchung wenig oder gar nicht beschäftigt hat. Das wenige, was Kluge darüber im Grundriss I, s. 942 sagt, scheint mir der wichtigkeit des gegenstandes gegenüber doch etwas gar zu dürftig und beweist nur, wie nötig es ist der frage näher zu treten und wie wenig noch immer die tatsache einer starken vlämischen einwanderung bekannt ist oder berücksichtigt wird. Wohl kann man absehen von dem regen verkehr, der stets mit den niederdeutschen vettern jenseit des meeres bestand, aber das auftreten der „Flemings" im gefolge der erobernden Normannen vor und nach 1100 ist, wie aus gewichtigen historischen zeugnissen hervorgeht, von einer ausdehnung gewesen, welche nicht ohne unmittelbare sprachliche folgen bleiben konnte.

Unter den nicht-franz. elementen, welche Wilhelm der Eroberer heranzog — und es ist bekannt, dass er in starkem umfange auf fremde unterstützung angewiesen war — stand der zähe, tüchtige Fleming in erster linie, winkte ihm doch England ebenso verheißungvoll herüber wie seinem normannischen nachbarn, war doch Wilhelms gemahlin Maud eine flandrische prinzessin, und die flandrischen fürsten seine wie seiner nachkommen waffenbrüder. Zum jahre 1088 finden wir z. b. die anwesenheit des Eustache von Boulogne und vieler flandrischen edeln in Rochester bezeugt; und noch bei könig

Heinrichs thronbesteigung i. j. 1154 heißt es bei Robert von Glouc. vers 9585/86:

> & out of londe drof is fon. wan he eny founde
> & namelyche hom of flaundres. vor hii were mest is fon;

Zu den vertriebenen Flamländern gehört zumal Wilhelm von Lo, dem könig Stephan für treue dienste die grafschaft Kent übergeben hatte, wie die flandrischen chroniken berichten.

Am geschlossensten, am besten bezeugt und am wichtigsten ist die ansiedelung von den durch sturmfluten aus ihrer heimat vertriebenen Flamländern in Rhos und Pembroke (Südwales) zur zeit Heinrichs I.; die hauptzeugnisse ausführlich zusammenzustellen scheint mir nützlich, da es bislang m. w. nicht geschehn ist.[1])

I. **William of Malmesbury** (lebte 1095—1143), Gesta Regum Anglorum, ed. W. Stubbs.

Liber IV, § 311. Porro rex Henricus, excellentis ingenii vir, qui modo regnat, invenit qua commenta illorum (der Walliser) labefactaret arte, Flandritis in patria illorum collocatis, qui eis pro claustro sint et eos perpetuo coerceant.

Liber V, § 401. Walenses rex Henricus, semper in rebellionem surgentes, crebris expeditionibus in deditionem premebat; consilioque salubri nixus, ut eorum tumorem extenuaret, Flandrenses omnes Angliae accolas eo traduxit. Plures enim, qui tempore patris pro materna cognatione confluxerant, occultabat Anglia, adeo ut ipsi regno pro multitudine onerosi viderentur; quapropter cum substantiis et necessitudinibus apud Ros, provinciam Walliarum, velut in sentinam congessit, ut et regnum defaecaret, et hostium brutam temeritatem retunderet.

II. **Polychronicon Ranulphi Higden** mit der übersetzung von Trevisa, ed. Babington.

Band II, S. 152. Sed et Flandrenses, tempore regis Henrici, in magna copia juxta Mailros ad orientalem Angliae plagam habitationem pro tempore accipientes, septimam in insula gentem fecerunt. Iubente tamen eodem rege ad occidentalem Walliae partem apud Haverford sunt translati. Sicque Britannia modo deficientibus omnino Danis et Pictis, his quinque nationibus habitatur in praesenti, videlicet, Scotis in Albania, Britonibus in Cambria, Flandrensibus in Westwallia, Normannis et Anglis permixtim in tota insula.

S. 165. Et quidem gens illa Flandrensis ad occidentem Walliae, quasi Anglica convictu est effecta; fortis est et robusta, bellico conflictu Cambrensibus infestissima . . . etc.

---

[1]) Litteraturangaben bei Ellis E. E. Pron. V, s. 24.

S. 158. Flandrenses vero, qui occidua Walliae incolunt, dimissa jam barbarie, Saxonice satis proloquuntur. (Trevisa: haueþ i-left her straunge speche and spekeþ Saxonliche i-now).

Band VII, S. 432. Gens Flandriae propter desolationem patriae suae per jactationem aequoreae arenae diu vagabunda, locum habitationis a rege Henrico expetiit et obtinuit apud orientalem plagam [Angliae] juxta Twedam. Qui tamen postmodum sub anno regni XI. (= 1111) translati sunt in Westwalliam.

III. Brut y Tywysogion, ed. J. Williams Ab Ithel (wallisisch mit englischer übersetzung) reicht bis zum jahre 1282.

S. 81 (zum jahre 1105). The year after that, a certain nation, not recognised in respect of origin and manners, and unknown as to where it had been concealed in the island for a number of years, was sent by king Henry into the country of Dyved (= West Wales). And that nation seized the whole cantred of Rhos, near the efflux of the river called Cleddyv, having driven off the people completely. That nation, as it is said, was derived from Flanders, the country which is situated nearest to the sea of the Britons. This was on account of the encroachment of the sea on their country, the whole region having been reduced to disorder, and bearing no produce, owing to the sand cast into the land by the tide of the sea. At last, when they could get no space to inhabit, as the sea had poured over the maritime land, and the mountains were full of people, so that all could not dwell there on account of the multitude of men, and the scantiness of the land, that nation craved of king Henry, and besought him to assign a place where they might dwell. And then they were sent into Rhos, expelling from thence the proprietary inhabitants, who thus lost their own country and place from that time until the present day. —

Die wallisische chronik erwähnt die Fleminge noch an einer ganzen reihe von stellen, zu den jahren 1107, 1112, 1113, 1135, 1145, 1163, 1165, 1186, 1193, 1213, 1217, 1218, denn mehr als ein jahrhundert scheinen in der südwestecke von Wales die kämpfe mit den Flemings und den French (Normans) kaum ausgesetzt zu haben.

Jahr 1113 (S. 129): a place .. which had been built by a certain Flemyng prince, named Gilbert, son of Rickert, and were the Flemings were dwelling.

Vgl. (S. 137): .. it happened that an army of Flemings was coming from Rhos ...

1186 (S. 235): the man who slew many of the Flemings, and put them to flight.

Die 3 letzten stellen sind:

1213 (S. 277): a vast army of Flemings and French.

1217 (S. 301): he led his army towards Dyved, against the Flemings, who were suing for peace from him.

1218 (S. 307): ... collected a vast army to go against the Flemmings of Rhos and Pembroke ... And after making peace with the Flemings ...

Von da ab bezeichnet der wallisische chronist die feinde seiner landsleute als Engländer, von Franzosen und Flemingen hören wir nichts mehr. —

Das angeführte material, das sich mit weniger wichtigen oder ausführlichen belegen aus anderen chroniken noch vermehren ließe, reicht völlig hin, um eine vorstellung von der bedeutung der vlämischen einwanderung zu geben; mag sie in geschlossener masse auch nur in Südwales erfolgt und nachzuweisen sein, so waren doch vermutlich in kleineren scharen oder vereinzelt auch sonst Fleminge anzutreffen und wohl imstande, das Englisch ihrer norm. schützer und unmittelbar oder durch jene auch das der einheimischen in einzelnen formen oder wendungen und in der aussprache zu beeinflussen.

Es ergeben sich nun in der tat verschiedene erscheinungen, bei denen uns das Ae., An. und Afrz. völlig im stiche lässt, während vlämischer oder nld. einfluss eine genügende erklärung bietet, erscheinungen, welche meist nicht an eine bestimmte gegend geknüpft, sondern gemeingut wenigstens des Südens oder Südostens geworden sind; es findet sich andresteils aber auch ein denkmal, welches direkten einfluss erkennen lässt und aus einer besonders stark mit Flemingen durchsetzten gegend stammen muss.

I. Spracherscheinungen, welche sich nur durch vlämischen oder nld. einfluss erklären lassen.

1. Ae. *heoman* (wie mir prof. Napier freundlichst mitteilt) 1 mal belegt bei Liebermann, Die Heiligen Englands, s. 15; vgl. auch Zupitzas bemerkungen Academy 1885, November; me. *hymen* (*hemen*) zahlreich im Sir Firumbras, sonst nur ganz vereinzelt belegt, vgl. Zupitza ebenda und Mätzner, Wörterbuch; ne. dialektisch *'men, 'mun* (Devonshire); vgl. Murray,

N. E. D. Das fürwort, welches anscheinend lokalen charakter trägt und wohl kaum über Devonshire und nachbarschaft hinausgedrungen ist, ist offenbar eins mit westfries. *hymen* = 'ihnen', das den anderen germ. dialekten, sicherlich wenigstens dem Ae. und An. fremd ist. Liebermann setzt die ae. Hs. 1050 bis 1075, also ungefähr gleichzeitig mit dem ersten auftreten der Fleminge in England; bei dem allgemeinen sprachlichen charakter der Hs. dürfte wohl das ende des 11. jahrhs. wahrscheinlicher sein. Zu bemerken ist, dass die alte fries. grenze der Sincfal bei Brügge in Flandern war und dass für das „Vrij von Brügge" fries. dialekt sich verhältnismäßig lange behauptet haben soll (Grdr.[1] I, 637).

2. Das rätselhafte me. enklit. fürwort (*h*)*is*, (*h*)*es* = 'sie' (vgl. Morsbach[1]), Anglia Beibl. 1897, s. 331 und Heuser, Anglia Beibl. 1900, s. 302) kommt offenbar aus dem niederld. (und fries.) tonlosen *se* = 'sie'; herleitung aus dem Ae. ist unmöglich.

3. Anlaut. *z* und *v* für *s* und *f* im Südengl. stimmt in überraschender weise zu nld. stimmhaftem *v* und *z*, das schon vor dem 11. jahrh. eingetreten war (wenn auch nicht in der schrift); man vgl. auch *vl* und *vr* in nld. *vleesch*, *vrij* — me. *vlesch*, *vrom*, *zw* in nld. *zwaard* — Ayenb. *zuere*, *zuet*. Bemerkenswert ist, dass im Nld. wie im Engl. romanische wörter der erweichung nicht unterworfen sind; dagegen findet sich dieselbe in me. *velawe* = an. *fêlagi*. Das Ae. zeigt wie das Afries. stimmlosen konsonanten, auf heutigem niedersächs. gebiete findet sich *v* für *f* gar nicht, *z* für *s* nur zum teil (z. b. nicht in Westfalen und großen teilen von Schleswig). Dass ein fremder, von außen kommender einfluss die auffallende me. aussprache vielleicht zunächst als eine art manierierter modeaussprache an stelle der alten einheimischen mit stimmlosem anlt. konsonanten gesetzt hat, scheint ganz klar. Viele der ältesten me. südl. denkmäler sind noch frei davon, ohne dass dialekt. verschiedenheit in betracht kommen kann.

4. Einzele wörter oder ausdrucksweisen heranzuziehen wäre vielleicht eine dankbare aufgabe, ich will es hier unter- lassen, bis auf eins, das mir in ebenso entschiedener weise für das Ndl. charakteristisch wie dem Ae. und Afries. fremd

---

[1] Morsbachs bemerkungen waren mir seinerzeit leider entgangen.

zu sein scheint. Ausdrücke wie *to Gode-ward, to heven-ward, to me-ward, to him-ward* tauchen im Me. hier und da auf, schon in der späteren Sachsenchronik, im Bestiary, im Vox und Wolf etc., auch in der Bibelsprache und dem älteren Ne. finden sich noch beispiele; eigentliches bürgerrecht scheint sie allerdings nicht zu erlangen, sondern ihren fremdartigen charakter nie ganz verloren zu haben. Eine ausnahme bildet der Ferumbras, in dem sie gerade so häufig oder vielleicht noch weit häufiger ist als im Mnld.; doch dieses eigenartige denkmal werden wir jetzt im zusammenhange betrachten müssen.

II. Sir Ferumbras, ed. Herrtage.

Der me. Firumbras zeigt eine fülle von unregelmäßigkeiten und ungewöhnlichen erscheinungen, wie sie selbst in dem an unregelmäßigen denkmälern reichen Me. einzig dasteht. Die nächstliegende erklärung war dialektmischung, und so nahm denn auch der herausgeber Herrtage und ihm folgend Broder Carstens in seiner dissertation an, dass der verfasser ein Süd-länder war, der aber längere zeit in nördlicheren gegenden gelebt hatte. Diese auffassung erklärt ja einige züge, wie stellenweises *a* für ae. *á,* lässt aber die eigentlich fremdartigen und m. e. allein wichtigen züge ganz unberührt. Wahrscheinlich ist sie auch nicht; denn äußere anzeichen weisen deutlich darauf hin, dass die Hs. in der diözese Exeter, mithin im Süden und in der wahrscheinlichen heimat des verfassers und zwar von ihm selber geschrieben ist. Die grundzüge des im Ferumbras er-scheinenden dialektes sind übrigens echt sdw. mit all den charakteristischen erscheinungen jener direkten fortsetzung des alten westsächs. Darüber ist kein zweifel möglich, nur in den zahlreichen fremdkörpern liegt das Ferumbras-problem.

1. Das fremdartige, fast nur hier erscheinende fürwort *hymen (hemen)* = *them* acc. und dat. (vgl. oben): 928, 1119, 1963, 2476, 2691, 2708, 2948, 3094, 3160 etc.

Sehr oft nach präpositionen *of, for, by* etc.: 978, 1107, 1813, 1855, 1950, 2167, 2168, 2201, 2434, 2525, 2559, 2765, 2776, 2919, 3039 (*hymme*) etc., *hymen among* 2515, *hymen by-syde* 2539, *to hymen-ward* 3047 etc.

Daneben ist *hem* gewöhnlich, *þeim* und *ʒam* ganz ver-einzelt.

2. Noch eine der im I. teil behandelten eigentümlichkeiten findet sich in ähnlicher massenhaftigkeit: *to me-ward, to hymen-ward, to Charlis-ward* 73, 446, 570, 919, 1066, 1265, 1421, 1436, 1503, 1551, 1647 etc.

3. Anlaut. *v* für *f,* das in verwanten sdw. denkmälern ganz gewöhnlich ist, ist nicht selten, doch nicht die regel: *vaste* 509, 2565, 4155, 4997, *vynde* 522, 4102, *vet* pl. 2183, *vaat* 5696, *vyue* 1147, *voule* 4427, *vetres* 1313, *verde* 3228, *vores* 1565, *volde* 3028, *vewe* 953, *y-vere* 1269, *y-volde* 5796, *y-volled* (korr. zu *y-f.*) 5829, *uake* 2148, *auonge* 2904, *auynde* 757. Umgekehrte schreibung: *fysage* 1079, 4913.

4. Die endungen *-aþ, -iaþ* = ae. (und afries.) *-aþ, -iaþ* sind um die mitte des 14. jahrhs. völlig einzig und alleinstehend:

-aþ 3. sg. prs. *louaþ* 2256, *hauaþ* 3869; übertragen in *schynaþ* 1695.

-aþ pl. prs. und imp. *wollaþ* 2349, 2883, 3060, 4152; *nemaþ* 1745, *walkaþ* 1799; dazu *schullaþ* (nach analogie von *wollaþ*) 2887, 4512, 4880.

-iaþ (*-eaþ*) im pl. prs. schw. vba II. Cl.: *schewyaþ* 961, *lokeaþ* 1533, 1660, *loucaþ* 4091, *folʒyeaþ* (sdw. *foloweþ*) 1001, *herknyaþ* 2481, 3420, 5038; *prikeaþ* (*-yaþ*) 979, 1106, 1558, 3977, 4387, 4395; dazu aus dem Afrz.: *confortiaþ* 1154, *entendiaþ* 3517, *assentiaþ* 3485, *harneyscheaþ* 2929.

Vgl. auch die inf. *prikea* 3641, *trussyam* 4029 (= *trussya* + *hem*), vgl. fries. inf.-endung *-ia.*

5. *e* neben *a* = ae. *éa* vor *r* + cons. ist dem Me. fremd außer alten denkmälern mit *e* = ae. *œ,* aber dem Niederld. (und besonders dem Afries.) eigentümlich:

scherp(e) 658, 958, 970, 1593, 1992, 2119, 2491, 2655, 2728, 2768, 3095, 3572, 3646, 5096 etc. (*scharp* seltener).

herd(e) 445, 1186, 1225, 1241, 1272, 2502, 2686, 2864, 2998 etc. (*hard* häufiger).

herm 461 (: *helm*) 2578, 3681; *sterk* 2118, 5558; *þearmes* Därme (: *armes*) 948.[1])

Nach *w* steht *a* wie nld. und afries.: *-ward* sehr oft (*-werd* im reim angeglichen selten), *swart* 2908, *warm* 1386.

---

[1]) Auffallend *helue* seite (: *selue*) oft 882, 1440 etc.

6. Einzelheiten:

g in *folȝyeaþ* 1001, *folghede* 1761, *folȝede* 3967, *folȝeþ* 4375 (zu
erwarten *fol(o)wede*), *drogy* tragen 1691 (mnld. *draghen*).

ē in *mere* (gewöhnlich *mare*) O. Draft 424 (: *gere*), *sere* (gew.
sare, sore) : *Olyuer* 501, *heel* (gew. *hol*) : *wȝel* 5651.

ĕ in *feste* adv. (gew. *faste*) 775 (: *berste* vb.), O. Draft 718.

ous (uns) : *barons* 1866, 1912 (lies *ons* wie nld.?).

y ben (konjunktiv) 360, 459; *ben* 3. sg. (konj.) 321, 561,
3847, 5135 (? mnld. *ben* und me. *be* verschmolzen und
vertauscht?).

fry : *cortesly* 3441 (gew. *fre*; sdw. *fry* undenkbar, daher einfluss von nld. *vrij*?).

compþ (seltener *comeþ*) 508, 1364, 3717, 5198 (formen mit *p*
me. nicht belegt, mnld. und afries. häufig).

feer (me. *fers*, mnld. *fier*) 329, 339, 351, 414, 620, 4040, 4090,
5391; *fier* 409, 1583, *fier* : *Byer* 5523, : *monsdidier* 3188.

þat y slep uake (!) (me. nicht belegt, mnld. *vake* schlafe)
2148 (: *take*).

dadest (mnld. *dâdes*) 4944.

sone þas bald darauf (ae. *sôna þæs*, aber me. *þas* kaum
belegt, mnld. häufig) 1257, 1387, 2650, 3009, 3628.

hefd (me. *heued, hed*, mnld. *hofd*) 5621, 5302, 5497.

Unenglisch ist konsequentes *erld* (= *erl*) 150, 343, 348,
410, 416, 457, 584, 651, 1352 etc.

cherld (= *cherl*) : *held* 2207.

daye, -de (neben *dye* 'sterben' 1049, 1065, 1285, 2330, 2581,
2591 etc.[1])

Einige andere punkte will ich der vorsicht halber un-
berücksichtigt lassen, wie häufiges *e* für ae. *ў* = *u-i* (vgl.
afries. *e*) sowie den ausgedehnten gebrauch von *he* für *wey*,

---

[1] Möglich für das Me., aber immerhin auffällig sind auch:

1. *a* neben *o* vor gedecktem *n*, wo sdw. *o*: *hand(es)* 108, 2107, 3080;
    hand : *Roland* oft 1127, 2682, 2839, 3017, 3503 etc.; *hant* : *couenant*
    1406; *haundes* 2788, *haund* : *brand* O. Draft 580 (text *hond* : *brond*), *brand*
    : *Roland* 3004, *understand* : *Roland* 821, *standyng* 5830, sogar *fande*
    2683 (ae. *fandian*), wo doch sichere dehnung, *tange* 1308, *langede* 219.
    Weniger auffällig *thanke(de)* 1302, 1314, 2107 etc.

2. Kontraktion von verb und fürwort me. selten, mnld. (und afries.) oft:
    * *abigget* 1063, *taket* : *schaket* 2204, *leuet* 297; *welcomedem* etc. 2027,
    2055, 3016, 4399, 4599, 5165, 5167 etc.; *trussyam* (*trussya* + *hem*) 4029.

CPSIA information can be obtained
at www.ICGtesting.com
Printed in the USA
BVHW041446160119
537984BV00009B/248/P